轨道交通车辆模块化产品平台构建及应用

张海柱　黎　荣　齐洪峰　丁国富　任坤华　著

西南交通大学出版社
·成都·

图书在版编目（CIP）数据

轨道交通车辆模块化产品平台构建及应用 / 张海柱等著. —成都：西南交通大学出版社，2023.5
ISBN 978-7-5643-9296-3

Ⅰ. ①轨⋯ Ⅱ. ①张⋯ Ⅲ. ①城市铁路 – 铁路车辆 – 模块化 – 研究 Ⅳ. ①U239.5

中国国家版本馆 CIP 数据核字（2023）第 088915 号

Guidao Jiaotong Cheliang Mokuaihua Chanpin Pingtai Goujian ji Yingyong
轨道交通车辆模块化产品平台构建及应用

张海柱	黎 荣	齐洪峰	/ 著	责任编辑 / 李芳芳
丁国富	任坤华			封面设计 / 吴 兵

西南交通大学出版社出版发行
（四川省成都市金牛区二环路北一段 111 号西南交通大学创新大厦 21 楼 610031）
发行部电话：028-87600564　028-87600533
网址：http://www.xnjdcbs.com
印刷：四川玖艺呈现印刷有限公司

成品尺寸　　185 mm×260 mm
印张　13.75　　字数　301 千
版次　2023 年 5 月第 1 版　　印次　2023 年 5 月第 1 次

书号　ISBN 978-7-5643-9296-3
定价　69.00 元

图书如有印装质量问题　本社负责退换
版权所有　盗版必究　举报电话：028-87600562

目　录

第1章　概　述 …………………………………… 001
 1.1　轨道交通车辆模块化产品平台构建背景 …………002
 1.2　产品平台相关技术研究现状 …………………………003
 1.3　轨道交通车辆模块化产品平台构建及应用技术挑战 …020
 1.4　本书主要内容 …………………………………………022

第2章　轨道交通车辆产品平台内涵与技术架构 …… 024
 2.1　产品平台内涵 …………………………………………025
 2.2　产品平台总体框架 ……………………………………028
 2.3　产品平台过程模型 ……………………………………032
 2.4　产品平台应用模式 ……………………………………034

第3章　轨道交通车辆产品平台定位技术 …………… 037
 3.1　产品平台定位框架 ……………………………………038
 3.2　产品平台市场分析 ……………………………………040
 3.3　产品平台市场定位 ……………………………………044
 3.4　应用实例 ………………………………………………049

第4章　轨道交通车辆产品平台规划技术 …………… 060
 4.1　产品平台规划框架 ……………………………………061
 4.2　模块分类特征计算 ……………………………………062
 4.3　公共与差异化模型规划 ………………………………067

4.4 应用实例 ··· 068

第 5 章　轨道交通车辆产品平台构建技术 ······························ 076
   5.1 产品平台构建框架 ··· 077
   5.2 模块配合关系构建 ··· 078
   5.3 公共模块构建 ··· 082
   5.4 适应性模块构建 ·· 086
   5.5 应用实例 ··· 092

第 6 章　轨道交通车辆产品平台更新技术 ······························ 101
   6.1 产品平台更新框架 ··· 102
   6.2 产品平台运营状态分析 ··· 103
   6.3 产品平台更新决策 ··· 105
   6.4 应用实例 ··· 116

第 7 章　轨道交通车辆产品平台配置设计应用 ······················· 121
   7.1 基于公理设计与元模型的产品配置建模 ······························ 122
   7.2 面向订单需求的产品物理模块配置 ···································· 156

第 8 章　轨道交通车辆产品平台系统开发及应用 ···················· 184
   8.1 系统研制背景 ··· 185
   8.2 系统方案设计 ··· 185
   8.3 系统开发及应用验证 ·· 193

参考文献 ·· 203

第1章

概 述

为推进轨道交通车辆制造业生产模式转变与数字化转型，要强化产品平台建设，提高产品设计效率，缩短产品研发、制造、运维周期，降低成本，持续提升产品质量。本章阐述轨道交通车辆模块化产品平台构建的背景与必要性，对国内外产品平台相关技术研究现状进行了总结，并提出轨道交通车辆模块化产品平台构建及应用过程中的所面临的技术挑战。

1.1　轨道交通车辆模块化产品平台构建背景

轨道交通是一种快速大运量公共交通导向运输系统，特征是沿特定的物理轨道成列运行，与之适应的轨道交通车辆作为铁路干线、区域、城市轨道交通的运载装备，包括高速动车组、机车、客车、货车、城轨车辆等。我国轨道交通车辆历经七十余年的发展历程，从仿制、自力更生、自主研发、引进消化吸收再创新、持续全面的自主创新，从追赶到领跑，目前形成了产品谱系最全、运营速度最高、应用场景最丰富、适应环境最复杂的装备体系，能够满足轨道交通不同模式、不同运量、不同环境的多样化需求。

随着科学技术的迅速发展和工业 4.0 的到来，以信息化、数字化、智能化、大数据等为代表的现代技术将对轨道交通车辆制造业的产品、生产方式和管理产生革命性的变化和影响。传统的大规模生产（Mass Production，MP）或单件定制生产（One-of-a-Kind Production，OKP）模式无法同时满足个性化需求和低成本、短交货期等相互矛盾的需求，大规模定制（Mass Customization，MC）已经成为轨道交通车辆制造企业的主要生产模式。模块化产品平台是实现大规模定制的重要途径的，以类似于标准化或大批量生产的成本和时间，提供满足顾客特定需求的产品和服务。

为加快数字化和智能化转型，发展先进制造业，推进互联网、大数据、人工智能与实体经济深度融合，加快建设交通强国、制造强国、网络强国、数字中国，加速向以融合为特征的数字经济、智能经济转型，轨道交通车辆制造企业作为高端装备制造的先进代表，亟待加速推进数字化转型，强化产品平台建设，通过模块化设计，不断提升产品要素、技术要素的共享、复用水平，提高产品设计效率，缩短产品研发、制造、运维周期，降低成本，持续提升产品质量。

由此可见，轨道交通车辆制造企业亟须通过模块化产品平台建设完成企业转型升级。模块化产品平台以服务用户为出发点，用户需要的是操作可靠、方便、低成本、高质量、服务好的产品，通过知识沉淀实现可继承、可重用，提高产品研发效率、效益和质量，并且通过对核心和关键技术的掌握、重要部件的更新换代，完成自身换代升级，进而带动平台下全系列产品的换代升级，最终实现产品对市场的技术引领。然而，目前轨道交通车辆制造企业虽然绝大多数企业都已开展了模块化、产品平台的建设工作，但多处于起步阶段，由于产品种类繁多、技术来源不一，每一家企业的建设思路和实施方案不同，仍存在资源重复投入、利用率低、共享度和协同性差，企业间知识、经验的传承、分享不够，产品多样性导致难以实现集采、影响售后统一布局等问题，缺乏一套系统指导和顶层规划技术，亟待强化模块化产品平台构建与应用工作，打造系列化、模块化、标准化的产品平台，向基于平台的产品开发模式转变，助力轨道交通车辆制造企业转型升级。

1.2 产品平台相关技术研究现状

1.2.1 产品平台基本概念

从企业角度，希望用最低的成本生产出市场表现力好的产品以获取最大利润。但自21世纪以来，世界市场从大规模生产转化为大规模定制，企业的产品开发战略也从以产品为中心转化为以客户为中心。如何在不牺牲企业规模经济的情况下尽可能满足客户多样化、个性化的需求是企业亟待解决的一个问题。在此背景下，产品平台与产品族策略被提出，它包括模块化产品平台与参数化产品平台两种类型。模块化产品平台（Modular Product Platform，MPP）是公共模块的集合，通过重用公共模块与替换差异化模块可以派生出一系列产品[1]；参数化产品平台（Scalable Product Platform，SPP）是公共参数的集合，通过保持公共参数不变与调节差异化参数可以获得一组功能相似、性能不同的产品[2]。

面对激烈的市场竞争环境，产品平台的概念自提出以来发生了一些变化。早期模块化产品平台与参数化产品平台主要处理预定义的需求，即使是变化的需求也是在一定范围内供客户选择，其平台元素为公共模块或公共参数。近年来，为提升企业响应动态变化的市场、客户需求、技术、政策等因素的适应能力，一些新的产品平台概念被提出，如柔性产品平台，适应性产品平台，市场驱动产品平台，以及可持续产品平台，如图1-1所示。

图1-1 产品平台概念的变化

柔性产品平台（Flexible Product Platform，FPP）首次由Suh提出，它由公共模块和柔性模块组成，旨在快速、有效响应动态变化的客户需求[3]。产品平台的柔性是通过修改柔性模块的结构参数来实现,其中柔性模块被定义为"相对于可以达到相同目的的个性化模块,它能以较低的投资成本适应多个产品变体的不同需求"。为了满足动态变化的客户需求,Schuh 等人[4]提出了适应性产品平台(Adaptable Product Platform,APP),通过重复使用工作原理、产品结构和工艺资源来快速生成设计与工艺解决方案,以满足动态变化的客户需求。相对于工艺适应性,目前学界更多考虑的是设计适应性,包括功能、原理以及结构适应性[5]。功能适应性是指除了基本功能需求之外,客户还可以提出一些个性化需求;原理适应性是指可以通过使用多种工作原理来响应动态变化的功能需求;结构适应性是指可以通过修改模块的结构参数来响应动态变化的客户需求。目前适应性产品平台关注更多的是结构适应性,其内涵与柔性产品平台类似,由公共模块与适应性模块组成。

市场驱动产品平台(Market-Driven Product Platform,MDPP)由 Kumar 等人[6]提出。由于当前产品平台侧重于重用模块来节约成本,而很少考虑抢占市场份额以获取范围经济利益。因此,Kumar 等人提出将市场因素(如产品销售量、客户偏好和竞争者因素等)整合到传统产品平台开发中,提出了市场驱动产品平台的概念,以使企业能够同时获得规模和范围经济利益。与柔性产品平台与适应性产品平台响应动态变化的客户需求不同,市场驱动产品平台主要响应动态变化的产品销售量和价格。以市场为导向的产品平台将市场因素整合到工程设计领域,以利润最大化为目标,通过组合优化来获得产品概念设计方案,帮助企业在恰当的市场区间推出恰当的产品组合方案。

可持续产品平台(Sustainable Product Platform,SPP)首次由 Kim 等人[7,8]提出。目前环境问题越来越受到关注,国内外许多机构已经颁布了多个影响产品设计的环境法规。因此,为了在满足客户需求的同时减少对环境的危害,提出了可持续产品平台。可持续产品平台由公共模块与可持续模块组成,具有通用度高、环境可持续度高以及再设计风险低三个特征。

1.2.2 产品平台设计模式

在产品平台开发方面,Simpson[9]认为产品平台设计有两种模式:自底向上设计模式(Bottom-up)与自顶向下设计模式(Top-down),如图 1-2 所示[10]。

1. 自底向上设计模式

自底向上设计模式是一种后置产品平台设计方法,即企业基于已有产品实例,通过对零部件开展模块化与标准化设计开发产品平台,以实现产品的规模化生产。自底向上设计模式的核心是采用相似理论识别公共模块与定制模块,通过重用公共模块保证规模经济效益,通过定制模块的配置、变型或全新设计响应多样化、个性化的客户需求。Stone 等人[11]提出基于产品功能结构分析与相似性分析的产品平台设计方法。该方法分为两个阶段:首先基于功能结构分析划分产品模块;然后基于相似理论识别各产品之间的公共模块。Dahmus 等人[12]面向一族产品建立产品族的功能结构图,在此基础上构建模块的相关性矩阵以识别产品族的公共模块,进而对公共模块开展标准化设计构建产品平台。

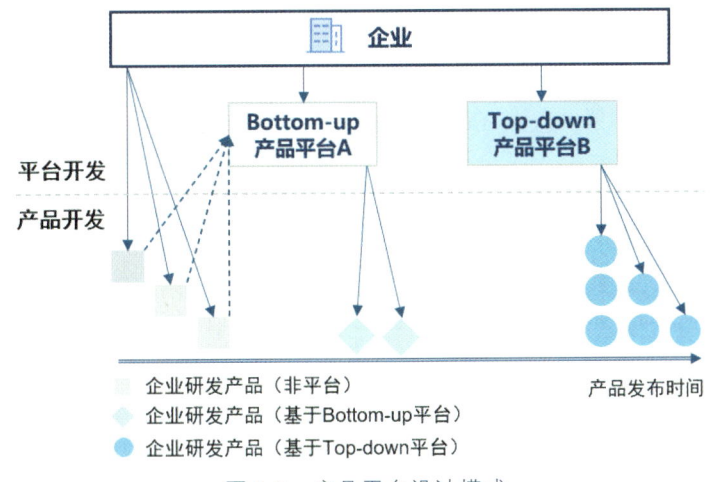

图 1-2 产品平台设计模式

2. 自顶向下设计模式

自顶向下设计模式是一种前置产品平台设计方法，即企业通过市场分析提前开发一个通用的核心产品，在其基础上指导一族产品的开发。自顶向下设计模式的核心是基于各种智能优化方法定义公共参数与定制参数，并且通过改变一个或多个定制参数以满足多样化、个性化的客户需求。Simpson[9]提出的产品平台概念探索法（Product Platform Concept Exploration Method，PPCEM）是该类方法的代表。他还提出了基于纵向衍生战略的产品平台设计模式，即面向细分市场开发出一个可扩展的产品平台。产品平台可以通过改变定制参数快速派生系列产品以满足不同顾客群的需求。PPCEM 方法首先是开展市场细分，并规划出面向各细分市场的系列产品数量及其规格；然后识别公共参数和定制参数；最后采用物理规划方法确定公共参数值以及改变定制参数值实现系列产品的设计。

自底向上和自顶向下设计模式的选择取决于企业实际情况。如果使用现有产品线无法把握新发现的市场机会，或者是刚刚成立的一家新公司，那么自顶向下的模式将比自底向上的模式提供更有效的产品杠杆手段[10]。相反，如果企业已经在某个区间积累了大量产品实例，但是存在很多无价值的差异性，此时则可考虑选择自底向上的模式构建产品平台与产品族以提高模块的重用率。事实上，抛开没有历史数据的新企业或新市场区间，为了降低产品平台与产品族的开发风险，企业应该综合采用自顶向下与自底向上相结合的模式构建产品平台。这意味着所构建的产品平台与产品族既考虑了外部驱动因素（如市场、客户需求、技术、法规等），也考虑了企业的内部资源要素（如产品设计实例、成本等），从而实现规模经济与范围经济的利润最大化。

1.2.3 产品平台设计技术

通过分析产品平台的自底向上与自顶向下设计模式可知，产品平台设计包括四大步骤：产品平台定位、产品平台规划、产品平台构建、产品平台更新。

1.2.3.1 产品平台定位

产品平台定位旨在帮助企业在恰当的市场区间开展产品平台项目的投资建设，其本质是一个决策问题，即帮助企业在哪些市场区间建设产品平台。产品平台定位的前提是市场细分，有因素分析法与聚类分析法两种方式。

因素分析法是指基于市场细分因素（即市场细分变量）将整体市场划分为若干个细分市场，根据因素个数又可分为单因素市场细分与多因素市场细分两种方式[13]。单因素市场细分是指使用一个细分变量及其水平划分市场。多因素分析是指使用多个细分变量及其水平划分市场，有综合因素法与系列因素法两种形式。综合因素法是通过组合市场细分变量来生成市场区间，市场区间个数等于市场细分变量的水平数之积，典型代表是 Meyer[14] 提出的网格法。网格法是一个二维格子图，其横坐标一般为产品特征（如速度等级、电机功率等）或非产品特征（如地区、气候等），纵坐标一般为价格或档次（一般包含低端、中端、高端三个等级）。系列因素法是当市场细分变量具有多项，并且各变量可按一定的顺序由粗到细、由浅入深逐步进行细分。与综合因素法相比，系列因素法在细分过程中排除了某些市场细分变量的水平，因此，它生成的市场区间往往小于综合因素法。聚类分析是指基于产品特征或非产品特征，采用聚类算法将整体市场划分为若干个相似的细分市场[15]。例如，刘兴中等人[16]以地铁车辆历史市场数据为例，采用 K-means 与轮廓系数方法将地铁市场划分为 4 个区间：低速低运量、低速高运量、高速低运量、高速高运量。

在完成市场细分后，企业则需要开展产品平台的市场定位。产品平台市场定位被视为一个决策问题，即通过分析企业在各市场区间的销售额、价格、利润以及通用性等帮助企业决定在哪个市场区间开展产品平台项目的投资建设。例如，Thevenot 等人[17]以通用性、最近 5 年利润、市场占有率为指标，面向 16 个市场区间采用多属性效用理论定位出最具开发价值的 3 个订书机产品族。由于产品平台定位过程中面临市场、客户满意度、技术、政策等不确定性，为降低产品平台项目的投资风险，有学者开始考虑不确定因素开展产品平台定位。例如，Gonzalez-Zugasti 等人[18]考虑了舰船需求量、投资成本等不确定因素，采用风险型决策方法分析了 Catamaran、SES、HYSWAS 三种舰艇的期望利润，然后帮助在恰当的市场区间进行产品平台项目投资。类似地，Suh 等人[3]规划了 12 种未来不确定方案（包括不同的客户需求和产品需求量），然后基于 Monte Carlo 模拟的净现值（Net Present Value，NPV）来计算各方案下柔性产品平台和非柔性产品平台的利润，最终帮助决策者决定是否在目标市场区间开发柔性产品平台。在产品平台定位过程中，除了需要考虑不确定因素外，还需考虑投资决策的时序性，即帮助企业在最恰当的时间开展产品平台建设。然而目前关于产品平台投资时机的研究还较少，但是在产品开发方面已存在大量研究。例如，Jin 等人[19]采用实物期权方法，在传统 NPV 基础上提出期权价值，从而确定了基于产品平台的产品项目的最佳开发时机。

1.2.3.2 产品平台规划

产品平台规划是产品平台设计的核心与关键，它是面向所定位的市场区间，规划市场区间内模块的通用性与差异性,即识别公共模块与差异化模块。目前,产品平台公共与差异化模块规划包括两种模式:定性分析与定量分析,如表1-1所示。

表1-1 公共与差异化模块规划方法

方法类型		参考	指标	识别结果
定性分析	基于映射关系	Li[20]	无	基本模块 柔性模块 个性化模块
	基于启发式规则	Martin[21]	GVI CI-R CI-S NRE成本	标准组件 模块化组件
		Suh[3]	CPI 转化成本	公共平台元素 柔性平台元素 个性化元素
		Hou[22]	变更成本	共享模块 参数化模块 柔性模块
定量分析	分类	Liu[10,23]	VI	公共模块 差异化模块
		Moon[24]	MV CV	公共模块 个性化模块 再设计模块 子-公共模块
		Jung[25]	GVI PCI	平台模块 无价值的差异化模块 有价值的差异化模块 有困惑的通用模块
		Hu[26]	RSI-received RSI-generated	柔性设计模块 稳健设计模块 固定设计模块
	决策	Perlman[27]	利润 制造成本	公共组件 个性化组件
	优化	Simpson[28]	PFPF	公共模块 差异化模块
	推理	Kim[6]	再设计风险 CV SV	公共模块 可持续模块 变体模块 个性化模块

注:代变异指数(Generational Variety Index,GVI);耦合指数-发射(Coupling Index–Supply,CI–S);耦合指数-接收(Coupling Index–Receive,CI–R);非经常性工程(Nonrecurring Engineering,NRE);变更传播指数(Change Propagation Index,CPI);变异指数(Variety Index,VI);模块度(Module Value,MV);通用度(Commonality Value,CV);产品线通用指数(Product Line Commonality Index,PCI);风险敏感性指数(Risk Susceptibility Index,RSI);产品族罚函数(Product Family Penalty Function,PFPF);可持续度(Sustainability Value,SV)。

定性分析是指基于需求与模块之间的映射关系或启发式规则识别模块类型，具体情况如下：

（1）基于需求与模块之间的映射关系规划模块类型。例如，Li 等人[20]通过构建需求与模块之间的映射关系，再根据需求类型识别出模块类型，即基本需求所映射的模块为基本模块，适应性需求、个性化需求所映射的模块分别为柔性模块与个性化模块。

（2）基于启发式规则规划模块类型，即通过计算模块分类指标（如 GVI 与 VI 等），然后基于指标凭借专家经验规划模块类型。例如，Martin[21]基于 GVI、CI-R、CI-S 以及 NRE 成本识别标准化组件与模块化组件。具体地，将高 GVI、NRE 成本、CI-S 以及低 CI-R 视为标准化组件；将高 GVI、CI-R 以及低 CI-S 视为模块化组件。

定量分析是指将模块类型规划视为分类、决策、优化以及推理问题来进行处理，具体情况如下：

（1）分类，即通过将一个指标及其阈值细分为两个指标或者两个区域划分出四个区域，然后模块定位到哪一区域即为该区域所标识的模块类型。例如，Liu 等人[10, 23]以指标 VI 及其阈值（0.5）为准则，将大于阈值的模块视为差异化模块，否则为公共模块。又如 Jung 等人[25]使用 GVI 与 PCI 两个指标及其阈值划分出四个区域：平台模块、有价值的差异化模块、无价值的差异化模块、有困惑的公共模块。

（2）决策，即首先生成由公共与差异化模块组合而成的配置方案，然后评估这些方案的质量、成本、风险等指标并选择最佳方案，在决策出最佳方案的同时即识别出公共与差异化模块。例如，Perlman[27]制定了面向低端与高端汽车市场的配置方案，然后评估每个方案的风险系数，当决策出最优配置方案时即获得公共与差异化模块的规划结果。

（3）优化，即以模块设计参数作为设计变量，以利润/成本/性能等作为目标构建优化模型，在获得模块设计参数值后再判断模块类型。显然公共模块的设计参数值保持不变。例如，Simpson 等人[28]以无人地面车辆为例，构造了一个具有最大功效要求和最小 PFPF 的优化函数，然后使用帕累托遗传算法确定模块的设计参数值。在此基础上，如果模块设计参数值不变，则被标识为公共模块。

（4）推理，即根据推理规则规划模块类型。例如，Kim 等人[7]基于通用度、可持续度以及再设计风险三个指标，采用模糊推理系统识别公共模块、可持续模块、变体模块和个性化模块。具体地，将高可持续度、高通用度以及低再设计风险的模块视为可持续模块。

1.2.3.3 产品平台构建

产品平台构建是指开发产品平台架构，用以支持需求驱动的产品快速定制设计。Ulrich[29, 50]将产品架构定义为：① 产品各功能元素的组织与排列；② 产品功能元素到物理单元的映射；③ 产品物理单元之间接口的确定及相互作用关系。与单个产品架构相比，产品族架构是同时处理多个产品的架构，它需要考虑一族产品中平台元素和非平台元素的设计，由公共基础、差异化使能器、配置机制三部分组成，基于产品族架构可以不断衍生出满足客户需求的新产品。而产品平台架构则是产品族架构的核心，描述了产品平台的组成元素、平台元素之间以及平台元素与非平台元素之间的配合关系。

1. 平台模块设计

平台模块设计是指开发平台模块的配置实例或变型模板。传统产品平台由公共模块组成，即形状与特征在所有产品中相同，只有一个模块实例。因此，公共模块的实例设计是一种统型设计，可以采用多属性决策方法从已有实例中决策出一个最优实例。例如，任坤华等人[30]从模块的通用度、成本、可靠性角度，采用多属性决策方法确定满足需求空间的已有公共模块实例。但自21世纪以来，企业的产品开发战略从以产品为中心转化为以客户为中心，产品平台的内涵已发生了变化。企业除了关注公共模块获取规模经济外，也逐渐将部分核心差异化模块纳入产品平台进行管理以获取范围经济效益，如适应性模块。适应性模块具有两种表达形式[31]：其一是可供选择的配置实例，其二是可参数化调节的变型模板。

适应性模块的配置实例具有多个可选实例，每个实例响应一定的需求区间。配置实例的设计有两种方式：其一是基于已有模块实例进行决策，类似于公共模块设计，区别在于公共模块只设计一个实例，而适应性模块的配置实例一般需要设计2~4个实例。例如，陈刚桦[32]基于已有实例决策出适应不同速度等级的基础制动装置实例。其二是通过多目标优化算法设计多个全新的模块实例。例如，Simpson[9]以性能、成本为目标，通过遗传算法设计了三个通用电机实例。

适应性模块的变型模板是一个支持参数化变型设计的3D结构模型，通过调整其结构参数来适应动态变化的客户需求。变型模板设计的关键在于分析模块设计特征之间的关系，并采用关联设计思想将其关系写入CAD软件中，以支持模块的快速、有序变型。例如，钟元木等人[33]通过分析需求与地铁车体的映射关系，构建了地铁车体变型模板以支持车体的快速设计。类似地，任坤华等人[30]构建了地铁转向架车轴变型模板以支持车轴的快速设计。适应性模块设计的关键在于构建技术指标和结构参数之间的映射规则。一旦技术指标发生变化，变型模板便可以基于映射规则快速调整结构参数以响应技术指标的变化。映射规则可以是计算公式或经验规则，通过关联规则等数据挖掘技术获取[34]。

2. 模块配合关系（接口）设计

模块化产品的多样性是通过模块组合来实现的，其前提是构建具有良好互换性的模块接口。目前关于模块接口的研究较少，主要是对接口的形状与连接型式进行分析[35]，或者针对特定对象的接口标准化进行探讨[36]。传统模块化产品平台提倡设计固定、标准化的接口，因为它可以最大限度地减少所需的信息流。然而，新兴的产品平台（如柔性产品平台与适应性产品平台）则主张设计开放且柔性的接口，以更好地满足动态变化的客户需求。例如，Hu等人[37]在开发开放式架构产品（Open Architecture Products，OAP）时，将适应性设计概念应用于平台模块和附加模块之间的适应性接口设计。首先基于模

块的功能相关矩阵生成接口方案,然后采用形态学矩阵获得接口的可能解。最后,以适应性、工作性能、装配性能和经济性为评价指标,采用模糊层次分析法决策出最佳的适应性接口方案。此外,Zhang 等人[38]提出了一种针对 OAP 的接口适应性改进方法。首先,从功能、结构、制造、操作和维护方面对开放式接口的适应性进行定量分析,然后识别对接口适应性影响最大的位置,最后修改这些位置以提高接口的适应性。

1.2.3.4 产品平台更新

由于客户需求、技术等一直在动态变化,因此所构建的产品平台也应该为适应需求和技术的变化而进化。Jiao 等人[39]提出,如果产品平台不及时更新,那么它的衍生产品将可能会失去市场;相反如,果产品平台能够适时更新,那么它的各代衍生产品将始终保持竞争力。产品平台更新的研究目前主要集中于产品平台演进模式分析与产品平台更新方案的决策。

在产品平台演进模式方面,张换高等人[40]提出在需求与技术推动下,产品平台会发生进化,有优化进化、升级进化、更新进化三种模式。其中,优化进化是对模块的既有特性进行改善;升级进化是以原有平台为基础,增加具有新特性的模块,或者替换、删除原有模块;更新进化对产品平台的核心技术进行更新,使平台在技术上发生根本变化。王浩伦等人[41]同样指出在需求与技术双向拉动下产品平台会发生演进,有快速突破式、渐进式、跳跃式三种模式,其更新程度依次递增。王生辉等人[42]基于核心技术与辅助技术的变更程度,提出四种平台演进模式,分别是平台衍生、平台扩展、平台升级、平台跳跃。其中,平台衍生的更新程度最小,其特点是平台的核心技术保持不变,辅助技术稍微变化;平台扩展的更新程度中等,其特点是核心技术保持不变,而辅助技术发生了很大程度的改变;平台升级的更新程度较高,其特点是核心技术进行了升级,形成了新一代的核心技术,而辅助技术发生了细微变化;平台跳跃的更新程度最高,其特点是核心技术进行了重大升级,并且与之相配套的辅助技术也发生了根本性变化。

在产品平台更新方案决策方面,根据决策变量的不同有三种决策模式:① 对平台的多个方案(版本)进行决策;② 对平台的多个更新策略进行决策;③ 对平台的多个时期状态进行决策。在平台版本决策方面,安玉伟[43]将物元分析的思想与模糊集理论相结合,建立面向产品族设计的公共产品平台评估模型,从通用性、模块性、可扩充性、可制造性、可维护性、总成本、开发周期、市场占有率、客户满意度、开发风险 10 个方面对现有冰箱产品平台版本进行评估,从中选出一个最优的方案进行更新升级。在平台更新策略决策方面,王浩伦等人[44]为了消除决策过程中的主观不确定性和模糊性,将 FAHP 和 TOPSIS 有机结合起来进行定性和定量综合评价,以评估产品族更新策略方案的优劣,其结果显示扩展策略优于升级策略与再设计策略。在平台时期状态决策方面,王浩伦等人[45]指出目前对产品平台的评价大多是静态的,没有考虑市场需求、技术等因素对企业研制能力以及组织管理等方面的影响,难以帮助企业及时确定产品平台的演进方向,因此提出了产品平台状态指数,以评估产品平台在各时期状态,从而更好地帮助企业对产品平台进行更新与升级。

1.2.4 产品平台配置设计应用技术

根据客户个性化需求的特点和产品自身的复杂性，大规模定制可以分为按订单销售（Sale-To-Order，STO）、按订单装配（Assemble-To-Order，ATO）、按订单制造（Make-To-Order，MTO）和按订单设计（Engineer-To-Order，ETO）等几种不同的定制类型[46]。轨道交通车辆是典型的复杂 ETO 产品。复杂 ETO 产品的复杂性体现在：子系统与模块多、结构构成关系复杂、模块属性间关联关系复杂，并且这些数据与关系会随着需求与技术等的发展而动态变化；其深度定制性体现在：与 MTO、ATO 产品相比，其定制不只是由预定义的物理模块的选择与组合来实现，还需要根据客户个性化需求选择不同的功能或技术解，对某些模块进行变型或新设计，设计过程中存在着复杂的参数解算、设计评价与迭代、影响设计决策的多种不确定因素等。

复杂 ETO 产品大规模定制的实施是一项依赖于诸多使能技术的系统工程，所关注的产品配置设计即是其中的一项。产品配置设计是通过对预定义组件及相关设计知识的建模与重用来实现产品定制，追求满足客户个性化需求以获得范围经济效益，同时保证共性设计部分的批量化生产，以维持规模经济效益。产品配置设计是基于产品平台研发模式的主要方法，其研究主要包括产品配置建模与产品配置求解两个方面，各项内容及相互间的关系如图 1-3 所示。

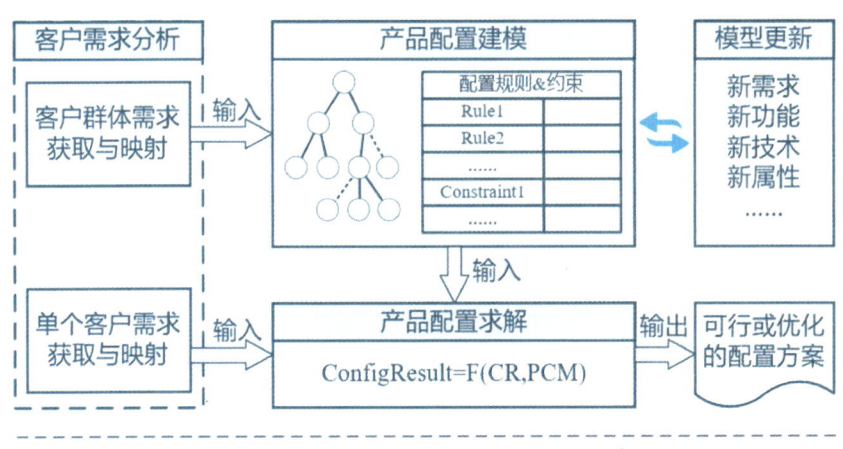

图 1-3 产品配置设计研究内容及相互间的关系

1.2.4.1 产品配置建模

产品配置建模是对企业预定义模块（包括已生产和预研的）及模块间的关联关系、约束关系等配置知识进行组织、表达形成配置模型的过程[47]。其中，模块表达、产品组织结构构建、配置约束或规则提取、配置知识计算机表达等是配置建模的关键问题。配置模型是针对产品族的,它定义了产品族的可配置空间,是实现产品配置设计的基础。现有研究从表达不同类型的配置知识、配置知识的计算机表达等角度提出了多种配置建模方法,如表1-2所示。

表1-2 产品配置建模方法

方法类型	方法说明
基于规则的配置建模	原理:采用产生式规则 if<条件>-then<结论>描述模块或属性参数间的关联关系 特点:知识表示直观,便于推理,但复杂产品的规则提取与一致性维护是个难点
基于结构的配置建模	原理:采用GBOM、与或树、类与特征等描述产品族的part-of、is-a、has-attribute等结构关系; 特点:配置模型的概念化表达效果较好,需要与规则、约束等方法相结合
基于约束的配置建模	原理:采用约束满足问题表达配置模型,包括配置变量、变量值域、变量间约束关系; 特点:配置模型为抽象的数学模型,求解算法多且效率高,但模型缺乏概念化表达,不易理解
基于本体的配置建模	原理:通过定义配置本体(规范化描述配置相关概念和关系)来构建特定产品的配置模型; 特点:可保证配置知识的语义一致性,支持模型共享与重用,模型的逻辑结构定义依赖于规则、结构等方法
基于多视图的配置建模	原理:采用需求、功能或特征、技术、物理实现等多个相互关联的视图来描述产品族模型; 特点:集成多种设计信息,更全面地支持配置设计,但对多样化可配置元素及其约束关系仍考虑不足

1. 基于规则的配置建模

基于规则的配置建模以规则的形式(一般为 if<条件>-then<结论>)描述模块或模块属性参数间的关系,该建模方法与规则推理相结合实现产品配置。赵韩等人[48]从质量功能、性能、几何结构、装配位置、配合公差等维度描述零部件间的关联规则,实现多维关联规则驱动的产品配置。规则的提取与维护是制约配置模型合理性、有效性的关键,耿秀丽等人[49]从产品实例数据中建立配置决策表,采用变精度粗糙集方法实现配置规则的增量式更新;Kusiak等人[50]采用关联规则挖掘与K均值聚类方法从产品销售历史数据中挖掘产品必选件之间、可选件之间、必选件与可选件之间的配置规则,并从挖掘的规则中推理客户将来的购买行为,确定产品基本配置和常用子装配;人工神经网络也可用于配置规则提取[51]。

此建模方法侧重于描述模块间的依赖关系和选配规则,知识表示直观、便于推理,适合于简单产品的配置问题。复杂产品由于模块种类较多、关系复杂,规则的提取和一致性维护是个难点,且仅依赖规则也难以表示复杂的配置关系。

2. 基于结构的配置建模

基于结构的配置建模侧重于表达产品族的结构构成关系,如聚集关系(part-of)、层次关系(is-a)、包含属性(has-attribute)等,具体有基于GBOM(Generic Bill of Material)、与或树、类与特征等的配置建模方法。GBOM是描述一族产品通用结构的模型,由类产品、类部件、类零件等组成,王世伟等人[52]、但斌等人[53]即以GBOM为基础,构建了产品族的配置模型;与或树采用与、或、异或等逻辑表达产品族结构可能的变型,刘裕等人[54]采用与或树表示产品部件的替换与可选关系,将产品配置视为搜索最佳子与或树的过程;刘晓冰等人[55]通过类的封装、继承和类间的特征关系等进行配置建模,并采用面向对象的方式表示模型;Zhang等人[56]构建了MTO产品的配置模型,描述了产品组件的聚集关系、层次关系、关联关系以及组件的属性、端口、资源、约束规则等信息,可支持MTO企业的产品配置和知识管理;鲁玉军[57]采用抽象的产品装配结构(与GBOM类似)来构建ETO产品的配置模型,并定义各层次对象的主模型、主文档、事物特性表等,以实现零部件的快速配置变型设计并生成相应的工程图和工艺过程规划,但该方法用固定的装配结构树对产品族进行建模,仅考虑了物理模块的多样性,未考虑ETO产品中功能、技术解的多样性。

此建模方法清晰地描述了产品族的结构构成,配置模型的概念化表达效果较好,易于理解。产品数据管理软件(Product Data Management,PDM)常采用BOM管理产品数据,因此基于结构的配置模型容易与PDM集成。但该建模方法不便于描述模块间的规则或约束,为有效支持配置求解,需与基于规则、基于约束等方法相结合。

3. 基于约束的配置建模

基于约束的配置建模将产品配置模型表达为约束满足问题(Constraint Satisfaction Problem,CSP)。CSP表示为三元组(V,D,C),其中V表示变量的集合,D表示变量值域的集合,C表示不同变量间约束的集合[58]。在产品配置中,可将模块对象、模块参数与接口等作为变量V,模块可选实例、参数可选值等作为变量的值域D,模块间功能、性能、结构等约束构成集合C。Jannach等人[59]针对分布式配置问题,研究其约束满足问题的知识建模方法;Xie等人[60]考虑实际工程产品配置中许多约束是数学公式或计算程序,提出了改进的CSP方法建立产品配置模型;Yang等人[61]针对模块数量可配置的问题,提出基于基数的配置规则来描述模块数量相关的配置约束,并将配置模型中模块、属性、配置规则等编码为CSP,以采用回溯法(Back Tracking,BT)求解配置方案;此外,有学者提出动态CSP(Dynamic CSP,DCSP)来解决产品配置中模块动态参与配置的问题。例如,Yang等人[62]采用基于DCSP的配置建模方法,将产品模块作为DCSP的变量,结构层次关系作为DCSP的激活变量,配置约束即为DCSP中的兼容性约束,配置时只有高层级模块参与配置,低层级模块不能参与到配置过程中。

与前两种配置建模方法相比,此建模方法采用抽象的数学模型而不是具体的产品物理关系来描述配置模型,约束求解算法较多,可方便地求解产品配置问题。但该方法仅关注模块间约束关系的抽象描述,缺乏配置模型的概念化表达,不易理解。

4. 基于本体的配置建模

本体是对领域内共享概念的规范化描述[63],可实现较高层次的知识抽象,也可描述特定领域的知识。基于本体的配置建模是通过构建配置本体对领域内的相关概念及关系进行规范化定义,包括组件、资源、端口、属性、约束等[64],再将具体产品的结构、属性等代入配置本体构建配置模型。Felfernig 等人[65]提出基于统一建模语言的本体来构建产品配置模型和配置知识库;Yang 等人[66]为快速重用配置知识,提出一种基于本体的、层次化的配置建模方法,在较低层次定义了通用的配置元模型,在较高层次定义了特定领域的配置模型,后者可继承前者中的类和关系,其中配置元模型即定义了配置领域中通用的词汇、术语、关系等;但斌等人[67]采用本体表达产品族的产品实例和模块实例,建立产品族实例本体模型,并基于实例推理方法构建了产品配置框架。

此建模方法可在抽象层次上建立配置知识的语义关系,保证模型的语义一致性,支持配置知识共享与重用。与其他建模方法相比,该方法主要关注于配置模型的计算机语言表达,具体的可配置模块、结构关系、约束规则等的组织与描述需依赖于基于规则、基于约束、基于结构等方法。

5. 基于多视图的配置建模

在产品族建模研究中,一些学者采用多视图的方法来描述产品族模型。例如,Jiao 和 Tseng[68]提出包含功能视图、技术视图和物理视图的产品族架构模型,其中功能视图描述产品族的功能需求,技术视图描述实现需求的技术解及其间的关系,物理视图描述实现技术解的物理实体,通过三个递进的视图描述了产品从抽象到具体的实现方式;类似地,Quéva 等人[69]针对多学科产品族配置知识建模问题,提出包含特征视图、结构视图和实现视图的配置知识建模框架,其中特征视图描述产品功能需求,结构视图描述实现功能需求的抽象载体,实现视图描述抽象载体的物理实现;Fang 和 Wei[70]为支持 ETO 产品的初步设计,构建了以扩展功能解树为主干,集成客户需求、设计实例、设计过程和约束规则的多视图知识模型。

前四种配置建模方法主要关注于产品族结构和配置规则或约束的构建。而第五种建模方法则是从更广泛的角度来描述产品族模型,即采用多个视图来描述多类设计信息,从而更加全面地支持设计过程。但该方法的模型构建难度相对较大,且目前对模型内功能、功能属性、技术、技术属性等多样化配置元素及其间的约束关系等仍考虑不足。

1.2.4.2 产品配置求解

产品配置求解是针对输入的客户定制需求,采用一定的方法在配置模型所描述的配置空间中求解出满足需求与约束的可行配置方案或面向特定指标的优化配置方案的过程[71]。配置求解是获取产品设计方案的关键,对设计效率、成本、质量等有重要影响。

现有研究对产品配置求解问题的考虑主要可以归纳为两个层面：产品架构设计层面与模块实例选配层面。产品架构设计层面是指对产品的功能与技术解构成、关键属性参数取值等进行配置，以确定产品的架构；而模块实例选配层面是指根据已确定的产品架构，对具体模块的技术规格、实例型号等进行配置，以获取可重用或需变型的模型、图纸和技术文档等。根据配置建模方法的差异和所针对配置问题的特点，现有研究提出了多种配置求解方法，如表 1-3 所示。

表 1-3　产品配置求解方法

方法类型	方法说明
基于规则推理的求解	原理：将设计目标与规则的条件相匹配，执行向前或向后推理获得配置结果 特点：求解简单，由于规则提取与维护的难度、规则表示复杂配置知识的局限性，已较少单独使用
基于 CSP 的求解	原理：采用回溯法等在变量值域构成的空间中搜索满足需求与约束的变量取值组合，获得可行配置解； 特点：可用的求解算法较多，但只能获得可行解
基于实例推理的求解	原理：采用相似性匹配获得针对新需求的初始解，经过实例调整得到最终解 特点：快速获取相似解，可提高定制设计的起点，但实例的调整可能较繁琐，是个难点
基于智能算法的求解	原理：采用智能寻优算法从配置空间中求解出特定指标最优的配置方案（一个或帕累托解集）； 特点：可求出单或多目标最优的配置方案，难点在于建立优化目标与配置变量间的函数关系
两阶段式配置求解	原理：将产品架构设计与模块实例选配串联或耦合考虑； 特点：对配置求解思路与过程的扩展，具体求解仍依赖于上述几种方法

1. 基于规则推理的求解

对基于规则的配置模型，可采用规则推理的方法求解配置方案。配置规则描述模块或模块属性间的关系，该关系体现了设计知识和配置求解的执行逻辑。基于规则推理的求解是将模块设计目标与规则的条件部分匹配，根据配置逻辑执行向前或向后推理获得配置结果。该求解方法较简单，许多产品配置研究中均有涉及。例如 Yang 等人[66]基于 SWRL 规则语言表达配置规则，并采用 SWRLTab 将配置规则转化为 JESS 规则，实现了基于 JESS 规则引擎的配置求解；顾巧祥等人[72]采用"事件-条件-动作"规则对产品模块间约束关系和模块事物特性表进行描述，采用向前推理实现了产品必选、可选模块的配置；黄长林等人[73]针对 ETO 产品模块实例配置，提出采用强条件规则实现模块实例的精确配置，弱条件规则实现模块实例的相似配置，但没有说明强弱条件规则如何确定以及弱条件规则推理的不准确性如何处理。由于规则提取与一致性维护的难题和规则对复

杂产品配置知识表达的局限性，如今单独使用规则推理求解配置的研究已较少，多是将该方法与其他求解方法相结合使用。

2. 基于CSP的求解

对基于约束的配置模型，采用CSP求解方法获取配置，即在变量值域构成的空间中搜索满足需求与约束的变量取值组合，作为可行配置解。根据约束所含变量个数，CSP可分为两类[74]：二维约束满足问题（Binary CSP，Bi-CSP），即所有约束均只含两个变量；非二维约束满足问题（non-binary CSP，nCSP），即某些或全部约束含3个或3个以上变量。目前CSP求解方法多是针对Bi-CSP，主要采用回溯法[75]求解。实际产品配置中模块间关系是比较复杂的，通常有3个及以上模块或属性相互约束的情况，即为nCSP。nCSP可采用二重编码或隐变量变换[76]等方法转化为等价的Bi-CSP，因此，回溯法及其相关改进算法也是可用的。也有学者专门研究了nCSP的求解方法，如单泪源等人[77]提出了一种基于动态变量序启发式方法的前向检查法求解nCSP；袁际军等人[78]提出基于关联约束非二维弧一致性的nCSP求解方法。

3. 基于实例推理的求解

实例推理假设相似的需求有相似的解决方案，面对新需求时可通过搜索与新需求相似的既有需求，并调取既有需求的解作为新需求的初始解[79]。在产品配置中，将企业已有产品或模块实例的属性、模型、规则与约束等封装并构建实例库，面向新需求时即可采用实例推理的方法进行配置求解。求解过程为检索—重用—修改—保存，修改得到的新实例可扩充到实例库，以支持未来的检索与重用。实例检索的准确性是该方法的关键，这取决于实例表征变量的选择和相似度算法。Zhu等人[80]提出一种领域粗糙集方法筛选实例的描述特征，即通过去除冗余特征获得表征实例的最小特征集合；赵燕伟等人[81]针对不同取值类型的检索特征，将局部相似度分为点与点、点与区间、区间与区间几类，并提出了不同的相似度算法；Wang等人[82]结合自组织映射与模糊相似优先比方法检索实例，其中自组织映射用于聚类实例以缩减检索范围，而模糊相似优先比用于计算实例的综合相似度。相似实例的调整也是一个关键问题，有研究将实例推理与规则推理、CSP相结合，以解决实例调整的问题。例如，孙毅等人[83]、肖刚等人[84]采用实例推理检索相似实例，采用规则推理修正实例；Lee等人[85]、但斌等人[86]以实例推理获取相似实例并识别其中不满足需求的特征，再采用CSP方法进行调整。

4. 基于智能算法的求解

对可配置模块较多、配置空间较大的产品，满足需求与约束的可行配置方案可能很多，为从中获取特定指标最优的配置方案，智能算法如遗传算法、粒子群优化算法、模拟退火算法等常被用于搜索最优配置解。产品配置优化求解的目标一般有成本、交货期、性能、环保性等。例如，Zhou等人[87]构建了以效用与成本之比最大为目标的配置优化模型，采用遗传算法求解得到最优方案；Wei等人[88]以成本、交货期、性能为目标构建多目标配置优化模型，并采用改进的非支配排序遗传算法（Improved Nondominated Sorting Genetic Algorithm，NSGA-II）求解模型，得到帕累托最优配置方案集；Tang 等人[89]以客户满意度和温室气体排放为目标构建双目标产品配置优化模型，并考虑成本、兼容性等约束，采用遗传算法求解优化配置方案；Zheng 等人[90]针对产品架构设计，提出一种低碳产品设计框架，即先通过实例推理获得与功能需求相似的结构解初始空间，再建立客户满意度、生产成本、碳排放为目标的多目标优化模型，并求解得到帕累托最优结构解集，最后采用距正理想解接近度的排序法获得最佳结构解方案。使用该方法求解最优配置的关键在于建立优化目标与配置变量间的函数关系。

5. 两阶段式配置求解

上述四种配置求解方法多是针对产品架构设计或模块实例选配单个层面的配置问题，而现有部分研究则是将这两个层面的配置问题串联或耦合起来考虑，实现产品系统级和模块级的共同配置，将此类方法称为"两阶段式配置求解"。该方法是对配置求解思路和过程的扩展，其具体的求解则仍是依赖于规则推理、实例推理、CSP 求解或智能优化等方法。例如，Fang 和 Wei[70]提出一种 ETO 产品初步设计方法，首先以总信息含量最小为目标，采用遗传算法搜索出最优的功能与技术解配置，再通过构建参数设计过程模型进行模块的参数与结构设计，获得初步设计方案，但没有考虑物理模块的重用；Levandowski 等人[91]、Zheng 等人[92]将 ETO 产品配置设计描述为两个阶段：基于模块化的产品架构配置和基于模块参数的可拓展配置，该方法可实现设计重用并保持设计柔性，但均没有给出具体的求解方法，仅限于对配置求解思路的探讨；Kristianto 等人[93]将 ETO 产品的大规模定制问题描述为产品与工艺平台的集成配置、模块参数取值配置两个阶段，并采用 Benders 分解和双层随机规划方法进行求解；Du 等人[94]认为产品族设计中模块配置与参数优化是相互耦合的，构建了一个 Stackelberg 博弈模型解决两者联合优化的问题，但该方法是用于规划产品系列而不是面向单个客户的定制设计；武浩远等人[95]针对客户定制需求，提出一种包含类模块配置与模块实例配置的两阶段配置设计方法。

1.2.5 轨道交通车辆产品平台研究现状

轨道交通车辆采用按订单设计的方式满足客户定制需求，即运营商先发布招标条件，车辆制造商根据招标条件进行产品方案设计并报价，经过评标对比后，获得订单的车辆制造商继续进行后续的详细设计、生产制造等环节，并按期向运营商交付车辆。轨道交通车辆是由多系统构成、多学科技术耦合的复杂机电产品，其定制设计过程涉及大量复杂的工程设计知识，设计难度大、周期长。面向新订单需求时，车辆制造商目前采用的仍是以设计人员为主导的、基于经验的定制设计方式，即设计人员根据客户需求和设计经验对既有产品实例进行适应性调整和优化得到新产品。但这种方式对设计知识的沉淀、组织与重用不够，以往的设计积累以工程图纸和技术文档为主，缺乏对设计知识、设计流程等的系统性、规范性梳理和组织，导致设计效率低、研发成本高，且随着设计人员的流动，容易造成设计知识丢失。

为提升轨道交通车辆的设计效率、控制研发成本、加强对多样化需求的适应能力，国内外对轨道交通车辆的产品平台开展了大量研究。王元株等人[96]总结了国外 EMD、GE、阿尔斯通、庞巴迪、西门子、Vossbh 等公司关于机车、高速列车、地铁车辆、磁浮列车等车种的产品平台建设现状。例如西门子公司构建的 Velaro 高速列车平台、Eurosprinter 电力机车平台、Combino 轻轨电车平台，庞巴迪公司构建的 TRAXX 内燃/电力机车平台，阿尔斯通公司构建的 TGV 高速列车平台。与国外相比，国内轨道交通车辆产品平台设计起步较晚，但发展迅速。在理论与技术研究方面，西南交通大学、天津大学等高校基于模块化设计理论，提出了动车组、地铁车辆的产品平台设计方法。其中，西南交通大学丁国富教授团队近年来基于国家自然科学基金、国家"863"计划、国家科技支撑计划等项目积累了一系列理论与技术成果，例如，在平台构建方面，李易峰[97]研究了高速列车转向架的模块化产品平台构建方法，包括模块划分、模块类型识别、产品平台数据模型构建等；林承九[98]分析了高速列车转向架典型部件的参数化产品平台设计，包括需求分析、参数化产品平台构建及其应用；陈刚桦[99]研究了地铁转向架的模块化产品平台构建方法，着重分析了平台通用模块与差异化模块的设计方法；韩鑫[100]则从产品平台状态可持续的角度，系统地研究了城市轨道交通车辆产品平台的构建与更新方法。在需求驱动的定制设计方面，张海柱[101]研究了高速列车转向架的概念设计与结构定制设计方法；曾庆臻[102]将地铁转向架的客户划分多个客户群体，将不同客户群体对需求、产品和模块特征的重要度融合到配置模型中，并采用客户群定位、产品实例配置、模块类型配置、参数配置、实例配置等过程求解得到配置方案；刘兴中[103]面向产品平台设计的前端问题，探讨了地铁车辆产品平台的市场细分、市场定位、需求分析以及产品规划等问题；武浩远[104]在地铁转向架配置中融入了供应商选择，支持求解最优的产品模块及供应商配置方案；郑宇飞[105]将地铁转向架配置分为功能与技术原理配置、模块实例配置两个阶段，并采用购置成本、使用寿命等指标对功能与技术原理配置方案进行评价优选，以购置成本与维修成本之和为目标求解模块实例配置方案。此外，天津大学的黄杨成[106]也探讨了动车组产品平台的设计方法，包括产品规划、模块规划以及基于产品平台的产品族设计。

在应用实践方面，目前中国中车各大主机厂均开展了产品平台建设。例如，四方股份构建了 Cinowa 城际动车组平台，该平台可以支持 140 km/h、160 km/h 以及 200 km/h 速度等级的城际动车组的快速研发。除了动车组产品，四方股份也构建了支持 A 型 80 km/h 与 A 型 100 km/h 的 SDA-80、SDA-100 地铁转向架平台[107]。中车株机构建了 ZMA080、ZMA100、ZMA120、ZME080 地铁转向架平台等[108-110]。其中，ZME080 是 2015 年中车株机公司针对国内外不同环境和业主需求，开发的一种全新 80 km/h 速度等级的 A 型地铁转向架平台，采用模块化设计，大量采用通用部件，能适应高寒、高风沙等恶劣环境，被应用于乌鲁木齐地铁 1 号线、上海轨道交通 1 号线增购、2 号线增购和郑州地铁 5 号线等项目[110]。中车资阳厂基于已有内燃机车产品实例，采用自底向上的设计模式开展了全局性简统与分类简统设计,构建了内燃机车产品平台[111]。为有效支持产品平台战略的实施,中车各大主机厂基于 PDM/PLM 系统开发了产品平台管理工具。例如,中车四方股份基于 TEAMCENTER 软件开发了产品平台配置工具,中车唐车公司基于 WINCHILL 软件开发了产品平台通用模块库。

1.2.6 研究现状小结

（1）产品平台是实现大规模定制生产模式的一种有效策略。为了提高企业响应动态市场与客户需求等外部因素的适应能力,一些新的产品平台概念被提出,如柔性产品平台、适应性产品平台、市场驱动产品平台、可持续产品平台等。然而新兴产品平台虽然考虑了不确定、动态变化的外部因素,但其设计过程多是 One-off（一次性）设计模式,即承认未来市场、客户需求以及环境需求等会发生变化,在产品平台开发之初便通过历史数据分析、情景规划等手段预测未来市场与需求的变化,然后再基于预测结果开发产品平台,以期望所开发的产品平台能够应对未来不确定、动态变化的需求。显然,通过 One-off 设计的新兴产品平台的结果依然是静态的,它无法随着时间动态更新,当未来市场与需求的预测结果不准确时,产品平台将无法进行更新与升级,进而难以保证产品平台的可持续盈利能力。因此,一种可持续性定位、规划、构建以及更新的产品平台概念亟待提出,以维持产品平台的能力。Kim 于 2017 年提出了可持续产品平台,但其"可持续性"是从环境角度提出的,旨在基于平台派生的产品减少对环境危害。而"可持续性"的本意是指一种可以把某种状态或过程在时间上维持下去的能力。综上,为维持产品平台的稳健与适应能力进而保持其竞争力,一种从"状态或过程长久维持"角度所定义的可持续性产品平台仍需进一步研究。

（2）产品平台设计过程包括产品平台定位、产品平台规划、产品平台构建以及产品平台更新。目前学界对此开展了大量研究,但产品平台多是 One-off 设计模式,缺乏以一种持续性的观点开展产品平台设计。在产品平台定位方面,企业很少分析动态变化的市场数据,并且未考虑市场的生命周期与项目的投资时机持续开展产品平台项目的市场定位;在产品平台公共与差异化模块规划方面,也没有以一种动态、持续的方式对模块的通用性与差异性进行规划;在产品平台构建方面,缺乏分析模块的配合关系以及未考虑平台模块的持续性构建;在产品平台更新方面,也未动态评估产品平台的运营状态,并对异常运营的产品平台持续开展模块级的更新与升级。显然,采用静态观点的 One-off 设计难以维持产品平台的稳健能力与适应能力,因此,一套可持续性定位、规划、构建以及更新的产品平台设计方法亟待研究,从而保持产品平台的竞争力。

（3）复杂 ETO 产品,由于其复杂性和深度定制性,建模时需要考虑功能、技术解、物理模块的解耦描述,以及各类对象的属性和属性间的复杂关系,需要建模的对象、属性、关系众多,此为配置模型的空间复杂性;此外,配置模型中的各项内容将随着需求与技术的发展而动态变化,导致配置模型需要动态更新维护,此为配置模型的时间复杂

性。而现有配置建模方法仍缺乏对复杂 ETO 产品中功能、技术解、物理模块等多类可配置对象以及相关属性和关系的描述，对配置模型的动态更新也缺乏考虑（有少数关注配置规则和模块实例更新的研究），即对复杂 ETO 产品配置模型的空间复杂性、时间复杂性仍考虑不足。

（4）复杂 ETO 产品定制需要考虑功能、技术解、物理模块多个层面可配置对象，且物理模块配置时还需要进行变型或新设计，其设计空间庞大、求解过程复杂。现有研究采用产品架构配置和物理模块配置的两阶段方法来逐步缩减设计空间，求解 ETO 产品的配置方案。但在其物理模块配置时仍主要采用遍历产品结构树与规则推理或实例推理、参数化变型设计等方法获取配置方案，这种方式的效率较低且不具备寻优能力。而现有的配置优化方法对复杂 ETO 产品物理模块配置的两个特点仍缺乏考虑，因此无法直接套用：一是配置模型中预定义的物理模块往往无法准确匹配个性化的技术要求，导致优化配置时存在准确匹配与相似匹配两种情况；二是受生产过程中多种不确定性因素、供应链动态变化等的影响，所配置物理模块的生产成本与时间无法准确预测，数据存在不确定性。因此，为提升效率并支持搜索优化解，需要研究适合于复杂 ETO 产品的物理模块优化配置方法。

（5）产品平台策略已被应用于轨道交通车辆设计领域，中国中车大部分大主机厂都已开展了动车组、地铁、机车等产品平台建设，并且基于 PDM/PLM 系统开发了产品平台管理工具。然而，目前企业所构建的产品平台大部分没有考虑外部因素与内部因素的动态性，同时所研制的产品平台管理工具也多是通用模块库，难以实现产品平台的持续性定位、规划、构建、应用以及更新。因此，亟待研制一套支持可持续产品平台设计的管理工具。同时轨道交通车辆是典型的复杂 ETO 产品，为了增强其设计知识的组织与重用、提升设计效率、降低研发成本，学术界与制造企业对其模块化、配置设计方法等已开展了许多研究并开发了一些设计系统原型，但仍需进一步研究，以促进轨道交通车辆快速定制设计的工具化实现。

1.3 轨道交通车辆模块化产品平台构建及应用技术挑战

轨道交通车辆产品平台构建及应用面临以下 6 个方面的关键技术挑战：

1. 如何定义轨道交通车辆可持续产品平台的内涵并且设计其总体框架

目前学界所提出的产品平台多是 One-off 设计模式且设计结果多是静态的，并未考虑产品平台的持续性定位、规划、构建以及更新。为保持产品平台的可持续盈利能力，亟待从"状态或过程长久维持"角度提出一种可持续性产品平台。然而，可持续产品平台还没有一个清晰明确的定义，同时也尚未形成一个总体框架模型指导可持续产品平台的设计，因此，定义可持续产品平台的内涵并且设计其总体框架将是研究的第一项关键问题，是研究工作的理论基础。

2. 如何帮助轨道交通车辆制造企业持续在恰当的时期、采用恰当的策略、在恰当的市场区间开展产品平台项目的投资建设

产品平台定位是产品平台设计的首要步骤，旨在帮助轨道交通车辆制造企业在恰当的市场区间开展产品平台项目的投资建设。目前的研究较少面向动态变化的市场持续开展产品平台项目的市场定位，并且在定位过程中大多忽略了项目的投资时机，因而存在低估项目价值甚至错误定位的风险。因此，面向动态变化的市场，如何在恰当的时间、采用恰当的策略、在恰当的市场区间持续开展产品平台项目的投资建设将是一项关键问题，它决定了研究的起点是否合理。

3. 如何动态捕捉外部与内部信息实现公共与差异化模块的持续性规划

公共模块与差异化模块规划是产品平台设计的核心，其结果直接影响产品平台的通用性与差异性。然而，目前公共与差异化模块规划多是 One-off 模式，较少考虑以一种动态方式对模块的通用性与差异性进行持续性规划，从而无法有效支持产品平台构建结果的更新与升级。因此，如何动态捕捉市场与需求等外部信息以及产品 BOM 与模块设计实例等内部信息，然后用其支持产品平台公共与差异化模块的持续性规划将是一项关键问题，但也是一项难点问题。

4. 如何持续对产品平台进行更新与升级，从而维持产品平台的能力

在需求与技术等因素推动下，产品平台必然会发生演变，否则将会被市场所淘汰。然而目前的研究缺乏对产品平台的运营状态进行动态识别，也较少考虑市场、需求与技术等不确定因素开展产品平台模块级的更新与升级。因此，如何动态识别已构建产品平台的运营状态，并且针对异常运营的产品平台持续在恰当的时期、采用恰当的策略开展模块级的更新与升级也将是研究的一项关键问题。

5. 如何实现轨道交通车辆复杂 ETO 产品配置设计建模与求解

受复杂性和深度定制性的影响，轨道交通车辆这一典型复杂 ETO 产品快速研发面临着两个方面的挑战：一方面，产品数据建模难：为支持其个性化定制，数据建模需要考虑功能、技术解、物理模块的解耦描述，以及各类对象的属性和属性间的复杂关系，需要建模的对象、属性、关系众多且会随着需求与技术的发展动态变化，这些因素导致产品的数据建模难度大；另一方面，定制设计效率低：产品的定制设计需要考虑功能、技术解、物理模块多个层面及相互间的关系，设计空间庞大且定制设计过程复杂，但由于对数据、知识的建模与重用不足、缺乏有效的设计方法支持，导致其设计效率较低。因此，复杂 ETO 产品配置模型构建和面向订单需求的配置设计是一项关键技术挑战。

6. 如何搭建支撑可持续产品平台设计的管理与应用信息化系统

产品平台管理与应用系统软件是企业实施产品平台战略的重要工具。目前轨道交通

车辆制造企业基于 PDM/PLM 系统开发了产品平台管理软件,但大部分是通用模块库工具,缺乏通过分析动态变化的数据实现产品平台的持续性定位、规划、构建、应用以及更新。因此,如何搭建一套支持可持续产品平台设计的管理系统将是研究的最后一项关键问题。

1.4 本书主要内容

本书以轨道交通车辆为研究对象,围绕轨道交通车辆模块化产品平台构建与应用相关技术进行论述,重点提出了一套可持续产品平台设计方法并且研制了一套信息化系统工具以支持产品平台的持续性定位、规划、构建、应用以及更新,阐明了轨道交通车辆产品平台内涵与技术架构,详细论述了产品平台定位、规划、构建、更新以及配置设计应用技术,结合实际项目对所提方法学与系统进行开发验证和应用实施。本书的主要研究内容包括 4 个部分,具体如下:

1. 研究轨道交通车辆产品平台的内涵并设计其总体框架模型

在既有产品平台概念的基础上,定义可持续产品平台的内涵,分析可持续产品平台的组成元素、应用与更新模式;构建包括数据、理论、技术、工具、组件以及系统 6 层可持续产品平台的总体框架模型,在此基础上提出可持续产品平台的过程模型,从而有效指导可持续产品平台设计。

2. 研究轨道交通车辆产品平台定位、规划、构建以及更新技术

(1)产品平台定位技术。

研究市场细分方法,并持续划分市场的生命周期且识别企业的市场份额,从而确定市场区间权重;面向市场区间的不同生命周期及其权重,考虑项目的投资时间持续开展产品平台项目的市场定位,从而帮助企业在恰当的时期、采用恰当的策略、在恰当的市场区间开展产品平台项目的投资建设。

(2)产品平台规划技术。

采集并处理市场与需求等外部数据以及产品 BOM 与模块实例等内部数据,然后通过外部与内部数据计算模块相似度与模块变更度两个分类指标;研究以模块相似度与模块变更度为特征的模块分类器的构建与更新方法,从而实现产品平台公共与差异化模块的持续性规划。

(3)产品平台构建技术。

基于公共与差异化模块规划结果,分析平台模块之间、平台模块与非平台模块之间的关系,构建模块配合信息模型;在此基础上,研究平台模块的持续性构建方法,形成支持产品衍生的产品平台架构。

(4)产品平台更新技术。

分析产品平台的状态指标,如产品平台生命周期、经济性指标、技术性指标,基于

状态指标持续识别产品平台是否正常运营;针对异常运营的产品平台,考虑市场、需求与技术等不确定因素持续开展产品平台模块级的更新与升级。

3. 研究轨道交通车辆产品平台配置设计应用

(1)产品配置建模研究。

为支持轨道交通车辆产品在功能、技术解、物理模块层面的配置,基于公理设计理论构建三个层面相互关联的产品族可配置架构,并分析其中的共性与差异性,理清可能的配置元素及其间的关系。为更好地支持产品的配置设计,借鉴多视图建模方法,以产品族架构为核心将客户需求数据、配置规则知识等进行建模与集成。此外,为便于配置模型的规范化表达和计算机管理,采用元模型方法对其进行表达,并分别构建产品、需求和过程元模型。该项研究的关键在于功能-技术解-物理模块关联映射的产品族架构建模、多样化配置元素间的配置规则分析与元模型表达。

(2)面向订单需求的产品物理模块配置研究。

针对轨道交通车辆产品物理模块配置存在准确匹配与相似匹配、物理模块成本与时间数据具有不确定性等特点,提出一种适合于轨道交通车辆产品的物理模块配置方法。首先通过模块关键属性参数设计获得各模块的技术要求值;再以生产成本最低、交货期最短、技术需求匹配度最大为目标,构建多目标优化配置模型;采用正态分布和 3σ 原则来描述物理模块生产成本与时间数据的不确定性,以支持分析配置方案最差、最可能、最好的情况;采用 NSGA-II 与 TOPSIS 方法求解出最佳配置方案,作为推荐的配置;最后,通过配置变更对推荐配置方案中的相似配置进行调整,得到准确的产品配置方案。该项研究的关键在于不确定成本与时间数据的获取和表达以及多目标优化模型的构建与求解。

4. 研制轨道交通车辆产品平台原型系统与应用验证

在轨道交通车辆产品平台的理论与技术研究基础上,分析系统的应用背景,调研系统的业务需求并且设计系统的总体架构与功能模块方案,采用 C/S 嵌入 B/S 架构的方式开发系统界面,包括平台管理子系统和订单产品定制设计子系统,并对相关方法进行应用验证。

第 2 章

轨道交通车辆产品平台内涵与技术架构

自 21 世纪以来，世界市场从大规模生产转化为大规模定制，企业的产品开发战略也从以产品为中心转化为以客户为中心。为尽可能地帮助企业获取规模与范围经济效益，产品平台策略被提出并已成功应用于汽车、飞机以及轨道交通车辆等领域。近年来，为提高企业响应市场与客户需求等外部因素的适应能力，一些新的产品平台概念被提出，如柔性产品平台、适应性产品平台、市场驱动产品平台等。然而，目前产品平台的设计结果多是静态的且采用 One-off 设计模式，难以支持轨道交通车辆产品平台设计结果的持续性更新与升级，无法将产品平台的稳健与适应能力在时间上延续下去。针对上述问题，提出可持续产品平台的概念。首先，定义了可持续产品平台的内涵，分析了可持续产品平台的组成元素与应用模式；然后，提出了包括数据、理论、技术、工具、组件、系统 6 层轨道交通车辆可持续产品平台的总体框架模型；最后，在总体框架模型基础上，构建了包括产品平台定位、规划、构建、更新的轨道交通车辆可持续产品平台过程模型和应用模式。

2.1 产品平台内涵

2.1.1 产品平台的定义

产品平台是"组成公共架构的模块及其关系（接口）的集合"，基于产品平台，可以快速衍生出一组功能相似、性能不同的产品，即产品族。产品平台与产品族策略可以在不牺牲企业规模经济的情况下，快速满足客户多样化、个性化的需求，从而帮助企业汲取范围经济效益。传统产品平台是一种静态平台，主要处理预定义的需求，即使是变化的需求也是在一定范围内供客户选择。然而，静态产品平台已经越来越难以适应动态变化的市场、客户需求、技术等外部因素，为提升产品平台响应外部因素的适应能力，产品平台需要从静态模式转向动态模式。产品平台的动态性体现在 3 个方面，如图 2-1 所示。

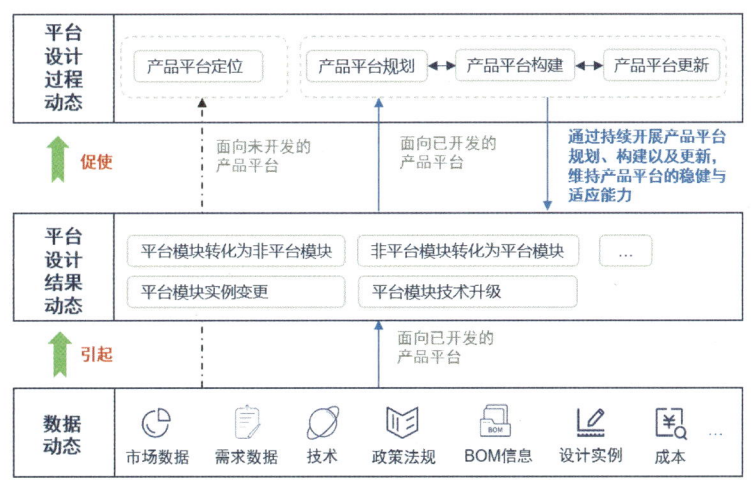

图 2-1　产品平台的动态性

（1）数据的动态性。显然，市场、需求、技术、政策等外部数据是动态变化的，这些外部数据的变化会引起产品 BOM、模块实例、成本等内部数据发生动态变化。

（2）平台设计结果的动态性。针对已开发的产品平台，外部数据与内部数据的变化将会导致产品平台的设计结果发生变化，如平台模块转化为非平台模块、非平台模块转化为平台模块、平台模块实例变更、平台模块技术升级等。

（3）平台设计过程的动态性。针对已开发的产品平台，由于产品平台的设计结果会发生变化，为维持已开发产品平台的能力，需要对产品平台进行持续性规划、构建以及更新。针对未开发的产品平台，由于市场数据如市场生命周期与企业市场份额会动态变化，为帮助企业在恰当的时间、在恰当的市场区间、采用恰当的策略开展产品平台项目的投资建设，需要帮助企业持续开展产品平台定位。

近年来，为提高企业响应市场与客户需求等外部因素的适应能力，一些新的产品平台概念被提出，如柔性产品平台、适应性产品平台、市场驱动产品平台等。然而新兴产品平台虽然考虑了动态变化的外部因素，但其设计过程多是 One-off 设计模式，即承认未来市场与客户需求会发生变化，在产品平台开发之初便通过历史数据分析、情景规划等手段预测未来市场与需求的变化，然后再基于预测结果开发产品平台，以期望所开发的产品平台能够应对未来不确定、动态变化的需求。显然，通过 One-off 设计的新兴产品平台虽然考虑了动态变化的外部因素，但其设计结果依然是静态的，无法随着时间动态更新，当未来市场与需求的预测结果不准确时，产品平台将无法持续更新与升级，从而难以保证产品平台的可持续盈利能力，为此提出可持续产品平台概念。

可持续性（Sustainability）是指一种可以把某种状态或过程在时间上维持下去的能力。Kim 从环境角度出发提出的可持续产品平台，旨在满足客户需求的同时减少对环境的危害[7]。但是，Kim 所提出的产品平台的设计结果依然是静态的且设计过程同样是 One-off 模式，未考虑产品平台的持续性定位、规划、构建以及更新，因此难以将产品平台能力在时间上延续下去。目前已有学者开始关注产品平台的更新升级，但大部分研究是承认产品平台需要进行更新并且只探讨了平台的更新模式，例如优化进化、升级进化、更新进化等。产品平台的更新对象是平台模块及其关系，为维持产品平台的能力，需要帮助企业在恰当的时间、采取恰当的策略、对恰当的模块持续开展更新与升级。因此，产品平台更新仅分析其更新模式还远远不够，还需要研究产品平台模块的持续性规划以及产品平台架构的持续性构建，从而有效支持产品平台模块级的更新与升级。

综上，为维持企业响应动态变化的市场与客户需求等外部因素的能力，从可持续性的本意即"状态或过程长久维持"角度出发，提出可持续性产品平台的概念，保证平台设计结果的状态（即平台能力）可持续，以及平台的设计过程（即定位、规划、构建以及更新）可持续。具体定义如下：可持续产品平台（Sustainable Product Platform，SPP）是组成核心共享架构的公共模块、适应性模块及其关系的集合，通过平台的持续性定位、规划、构建以及更新，可将公共模块的稳健能力与适应性模块的适应能力在时间上延续下去。

与传统模块化与参数化产品平台以及新兴的柔性与适应性等产品平台相比，所提出的可持续产品平台具有以下特点：

（1）平台的设计过程可持续。动态变化的外部数据与内部数据将会引起产品平台的设计结果发生变化，为维持产品平台的稳健与适应能力，产品平台不能采用One-off设计模式，而是应该对已开发的产品平台进行持续性规划、构建以及更新。因此，所提出的可持续产品平台将会基于历史数据建立可量化的数学模型，然后使用动态数据来修改这些模型不断指导产品平台的规划、构建以及更新；而针对未开发的产品平台，所提出的可持续产品平台将会考虑动态变化的市场数据持续开展产品平台项目的市场定位，从而帮助企业在恰当的时间、采用恰当的策略、在恰当的市场区间持续开展产品平台项目投资建设。

（2）平台设计结果的状态可持续。由于可持续产品平台可对已开发平台持续开展规划、构建以及更新工作，因此它有能力将平台设计结果的状态，即产品平台公共模块的稳健能力与适应性模块的适应能力在时间上延续下去，从而保证产品平台的可持续盈利能力。

由于可持续产品平台设计结果的状态与平台设计过程可持续，因此，与现有产品平台相比，它能够持续响应动态变化的市场与客户需求等外部因素，可以保持并且提升企业的市场竞争力。

2.1.2 产品平台的组成

在界定可持续产品平台概念与特点后，进一步对可持续产品平台的组成元素进行分析。传统产品平台由公共模块组成，为提高产品平台响应客户需求的适应能力，适应性产品平台将适应性模块纳入产品平台元素进行管理。目前，轨道交通车辆产品平台设计领域常见模块定义如表2-1所示。

表2-1 公共、适应性以及个性化模块的定义与示例

类型	定 义	示 例
公共模块	其形状与特征在产品族产品中几乎完全相同，受需求影响而产生的变更可能性低	侧梁梁体 轴箱弹簧 垂向减振器
适应性模块	其形状与特征在产品族产品中不完全相同，受需求影响而产生的变更可能性较高，可通过构建配置实例或参数化模板响应多样化的客户需求	电机 齿轮箱 车轴
个性化模块	其形状与特征在产品族产品中几乎完全不同，受需求影响而产生的变更可能性高，一般需要特殊定制	显示屏 座椅 多媒体设备

可持续产品平台组成元素与适应性产品平台类似，包括公共模块与适应性模块两类。但是，两类模块的内涵又与适应性产品平台有所不同，因为它们具有"可持续性"特点，即能够对产品平台组成元素开展持续性规划、构建以及更新，从而维持产品平台模块的稳健与适应能力。具体地，公共模块在设计之时已经考虑了可持续性，它能够响应未来一段时间客户需求的变化而不发生变更，并且随着时间可以进行更新与升级，因此能够把稳健能力在时间上延续下去。适应性模块同样考虑了可持续性，它对动态变化的市场与客户需求等外部因素具有适应能力，通过选择不同的配置实例或修改参数化模板的结构参数能够快速响应多样化的客户需求，并且随着时间可以进行更新与升级，因此能够把适应能力在时间上延续下去。

2.2 产品平台总体框架

在界定轨道交通车辆可持续产品平台内涵以后，进一步提出轨道交通车辆可持续产品平台的总体框架，以指导可持续产品平台设计。可持续产品平台总体框架包括6层：数据层、理论层、技术层、工具层、组件层、系统层，如图2-2所示。

1. 数据层

数据层是可持续产品平台设计的数据基础，包括外部数据，如市场数据、需求数据、技术、政策法规等，也包括内部数据，如产品物料清单（Bill of Material，BOM）、产品设计实例、成本等。各类数据的定义、来源以及作用如表2-2所示。

图2-2 可持续产品平台总体框架模型

表 2-2 可持续产品平台数据层分析

数据项			定义	来源	作用
外部数据	市场数据	产品销售量	企业在一定时期内实际卖出的产品数量	行业公开数据 企业交易数据管理系统	用以计算产品利润,从而指导产品平台定位、产品平台更新 用以表征产品的市场表现,从而计算客户需求的偏好
		产品价格	企业在一定时期实销产品价值的货币表现形态	行业公开数据 企业交易数据管理系统	用以计算产品利润,从而指导产品平台定位、产品平台更新
	需求数据	订单需求	购买者(如地铁运营商)对产品提出的性能、结构、运维等要求,具有规范性	企业订单需求管理系统	用以计算订单客户的需求偏好、需求变异度、需求变更率
		乘客需求	乘客对产品的期望与偏好,具有模糊性	问卷调查 社交平台数据挖掘	用以计算乘客的需求偏好
	技术		某一领域有效的理论和研究方法的全部,以及在该领域为实现目标而解决设计问题的规则的全部	专家经验 专利数据挖掘	用以指导产品平台定位与更新管理 用以指导产品平台架构中模块实例的设计
	政策法规		国际或者国家制定的规定、办法、准则以及行业的规范、和条例规章等	政府公开数据 行业公开数据	用以指导产品平台定位与更新管理
内部数据	BOM 信息		物料清单,以数据格式来描述产品结构的文件,是计算机可以识别的产品结构数据文件	企业 PDM 系统	用以计算模块通用度 用以分析需求-模块映射关系
	设计实例		历史模块与产品设计结果的描述,包括性能、结构、接口等特征的具体化	企业 PDM 系统	用以计算模块相似度 用以支持产品平台架构设计
	成本		为达到一定目的而付出或应付出资源的价值牺牲,包括销售、生产、运维成本等	企业 PDM/PLM 系统	用以计算产品利润,从而指导产品平台定位与产品平台更新 用以支持产品平台模块实例决策

2. 理论层

理论层是可持续产品平台设计的理论基础，包括大规模定制、模块化设计、产品平台设计、适应性设计、机器学习等。其中，大规模定制、模块化设计、产品平台设计理论已经成熟，可持续产品平台设计需要借鉴这些基础理论进行创新，而适应性设计与机器学习理论则是指导产品平台规划与构建的关键。各项理论的内涵及意义如表 2-3 所示。

表 2-3 可持续产品平台理论层分析

理论项	内涵	意义
大规模定制	大规模定制是一种在不牺牲规模经济的情况下，通过高度柔性、灵敏与集成的方式为每个顾客提供个性化设计的产品或服务	使得企业既能实现批量化生产以获取规模经济，又能满足客户多样化、个性化的需求以获取范围经济 模块化、产品平台与产品族设计的前提与基础
模块化设计	模块化设计是从系统观点出发，用分解方法构建模块体系，然后再运用组合方法通过模块组合形成系列产品	指导复杂产品的模块划分与模块组合 指导产品的模块标准化设计、系列化设计
产品平台与产品族设计	产品平台与产品族设计是在模块化基础上，识别公共与差异化模块（或参数），然后通过重用公共模块与替换（或新设计）差异化模块快速派生出一系列产品，即产品族	指导公共模块与差异化模块规划 指导公共参数与差异化参数规划 指导基于产品平台的产品族设计
适应性设计	适应性设计是在产品功能与原理基本保持不变的情况下，对现有产品的结构进行局部更改，以使产品的性能和质量增加某些附加值	指导适应性模块的参数化设计
机器学习	机器学习是一门多学科交叉专业，涵盖概率论、统计学以及复杂算法等知识，以计算机为工具真实模拟人类的学习方式，并将现有内容进行知识结构划分来有效提高学习效率	指导公共模块与差异化模块规划 指导模块的标准化与系列化设计

3. 技术层

技术层是可持续产品平台设计的技术基础，包括实物期权、回归分析、贝叶斯推理、分类回归树（Classification and Regression Tree，CART）、多属性决策、聚类分析、灰色关联分析、关联设计、风险型决策等。各项关键技术的定义及作用如表 2-4 所示。

第 2 章 轨道交通车辆产品平台内涵与技术架构 031

表 2-4 可持续产品平台技术层分析

技术项	定 义	作 用
实物期权	实物期权是基于金融期权概念提出的，指企业进行长期投资决策时拥有的、能对决策时尚不确定因素改变行为的权利	用以产品平台定位，帮助企业在恰当的时间在恰当市场区间采用恰当的策略投资产品平台项目
回归分析	回归分析是指确定两种或者两种以上变量之间定量关系的一种统计分析方法	用以计算需求属性的效用值，从而识别客户需求偏好
贝叶斯推理	贝叶斯推理是推论统计的一种方法，它基于贝叶斯定理，在有证据及信息时更新特定假设的概率	用以计算需求变化情况下模块发生变更的概率
CART 决策树模型	CART 是一种预测模型，它可利用已知的多变量数据构建预测准则，进而根据其它变量值对一个变量进行预测	用以训练模块分类器，实现公共与差异化模块的持续性规划
多属性决策	多属性决策是指在考虑多个属性的情况下，选择最优备选方案或进行方案排序的决策问题	用以开展公共模块实例与适应性模块的配置实例决策
聚类分析	聚类分析是指将对象的集合划分为由相似对象组成的多个类别的分析过程	用以规划适应性模块配置实例的系列个数
灰色关联分析	灰色关联分析是根据因素之间发展趋势的相似或相异程度衡量因素之间的关联程度	用以规划适应性模块变型模板的公共参数与差异化参数
关联设计	关联设计是实现变型设计的一种关键技术，它是利用参数化设计原理，建立零部件间的驱动关系，表现为零部件间几何元素的重用，使用上游零部件设计信息对下游设计过程进行约束与控制	用以指导适应性模块的变型模板设计
风险型决策	风险型决策也称为统计型或随机型决策。面临至少两个发生概率为已知的随机自然状态，至少有两个可供选择的行动方案，且已知损益矩阵的决策	用以计算市场、技术等不确定因素下更新产品平台架构的期望值，从而帮助企业在恰当的时间采用恰当的策略更新产品平台

4. 工具层

工具层是可持续产品平台设计的工具基础，包括 Matlab、SPSS、Jupyter、Office、JDK、Oracle、Catia、Creo、AutoCAD 等。其中，Matlab 可以支持蒙特卡洛仿真、期权价值计算等；Jupyter 可以支持市场与需求数据的统计分析、回归分析、聚类分析、模块分类器构建等；Catia 与 Creo 可以支持参数化变型模板的开发；JDK 与 Oracle 支持产品平台管理系统软件的开发。

5. 组件层

组件层是可持续产品平台设计的实施过程，包括 4 大步骤，即产品平台定位、产品平台规划、产品平台构建以及产品平台更新。

6. 系统层

系统层是可持续产品平台设计的软件实现，包括产品平台设计系统与产品定制设计子系统。产品平台设计系统旨在管理产品平台的基础数据，如市场、需求、设计实例等，并基于基础数据实现产品平台定位、规划、构建以及更新；产品定制设计系统旨在基于所构建的产品平台（族）通过配置设计与变型设计实现产品变体的快速衍生。

2.3 产品平台过程模型

在轨道交通车辆可持续产品平台总体框架模型的基础上，提出轨道交通车辆可持续产品平台过程模型，用以指导轨道交通车辆可持续产品平台设计，包括 4 大步骤：产品平台定位、产品平台规划、产品平台构建、产品平台更新，如图 2-3 所示。

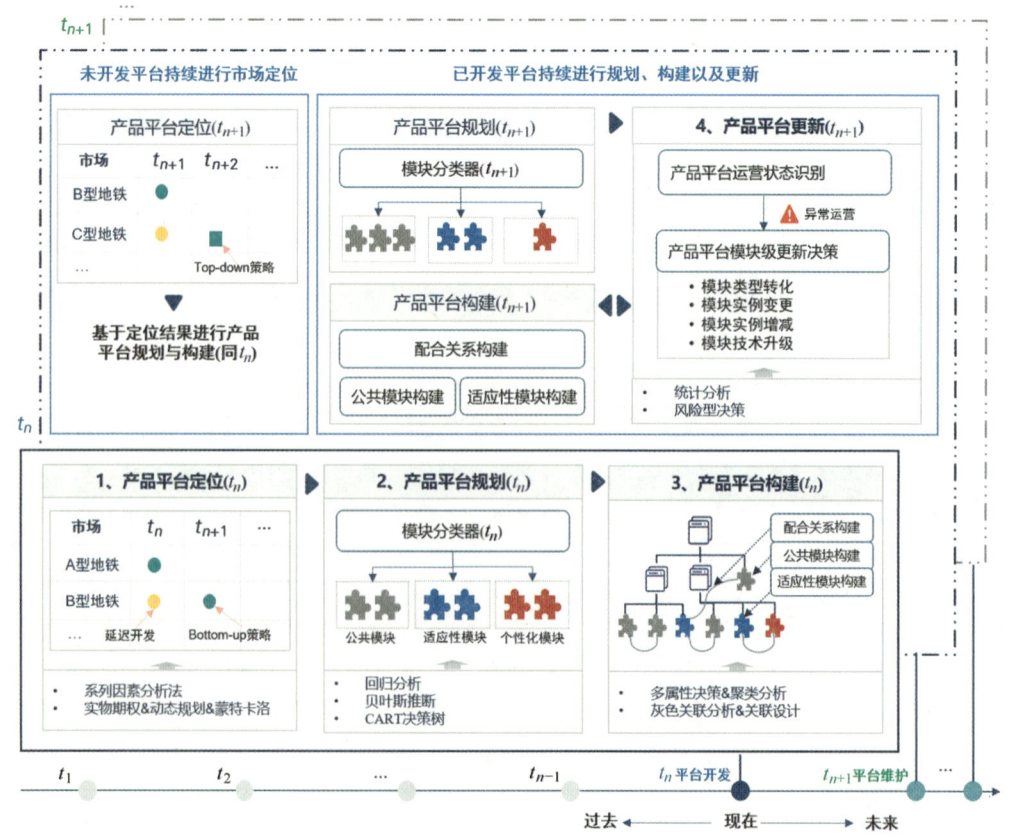

图 2-3 可持续产品平台过程模型

1. 产品平台定位

产品平台定位是产品平台设计的首要步骤，旨在帮助企业在恰当的时间、采用恰当的策略、在恰当的市场区间开发恰当的产品平台。然而，目前的研究较少面向动态变化的市场持续开展产品平台项目的市场定位，并且在定位过程中大多忽略了市场区间的生命周期以及项目的投资时机，难以帮助企业获得最佳投资方案。因此面向动态变化的市场，将实物期权思想融入产品平台的市场定位中。首先，采用系列因素分析法将整体市场划分为若干个细分市场，基于 Logistic 曲线识别各细分市场的生命周期，分析企业的市场份额，最终基于市场生命周期与企业市场份额确定市场区间的权重；然后面向市场区间的不同生命周期及其权重，考虑市场与需求等不确定因素，采用实物期权方法帮助企业在恰当的时间、采取恰当的策略持续开展产品平台项目的组合投资建设。

2. 产品平台规划

产品平台规划是指识别公共与差异化模块，它是产品平台设计的核心与关键，旨在帮助企业在通用性与多样性之间获得最佳平衡，从而获得良好的规模经济与范围经济效益。目前公共与差异化模块规划多是 One-off 模式，并没有考虑动态、持续性规划，从而不便于已构建产品平台的更新与升级。因此，将动态捕捉多源外部数据以及企业内部实例数据，然后基于相似理论、回归分析、贝叶斯推断等技术计算模块相似度与模块变更度指标；在此基础上采用 CART 决策树算法构建可动态更新的模块分类器，从而实现公共模块与差异化模块的持续性规划。

3. 产品平台构建

产品平台构建是指开发支持产品快速派生的产品平台架构，由公共模块、适应性模块以及模块配合关系组成，包括公共模块构建、适应性模块构建以及模块配合关系构建。公共与差异化模块规划结果随着时间会动态变化，从而致使产品平台架构也会发生变化，然而目前学界对此研究还比较匮乏。将讨论平台模块之间、平台模块与非平台模块之间的配合关系，构建模块配合信息模型；然后基于多属性决策方法开展公共模块构建，持续获得最佳的公共模块实例；结合多属性决策、聚类分析、灰色关联分析、关联设计等方法开展适应性模块构建，持续获得适应性模块的配置实例与变型模板。

4. 产品平台更新

产品平台更新是产品平台设计的维护性工作，旨在帮助企业对已构建的产品平台架构在恰当的时间、采用恰当的策略进行更新与升级，从而保持产品平台的可持续盈利能力。在需求与技术等因素推动下，产品平台必然会发生演变，否则将会被市场所淘汰。然而，目前的研究缺乏对产品平台的运营状态进行动态识别，也较少考虑市场、需求与技术等不确定因素持续开展产品平台模块级的更新与升级。因此，动态捕捉产品平台的状态指标，如产品平台生命周期、产品平台经济性指标以及产品平台技术性指标，并基

于这些指标评估产品平台的运营状态;针对异常运营的产品平台,分析在市场、需求以及技术等不确定因素影响下,采用风险型决策方法指导产品平台架构进行持续性更新与升级,从而维持产品平台的稳健能力与适应能力。

总之,为维持产品平台的稳健与适应能力,可持续产品平台的开发过程与现有产品平台有所不同,其对比结果如表2-5所示。

表2-5 现有产品平台与可持续产品平台开发过程的对比分析

开发过程	对比项	现有产品平台	可持续产品平台
产品平台定位	是否考虑不确定因素	部分	是
	是否考虑项目的投资时机	无	是
	是否考虑市场区间的生命周期	无	是
	是否考虑持续性定位	无	是
产品平台规划	是否采取定量分析	部分	是
	是否采取数据驱动方式	无	是
	是否考虑持续性规划	无	是
产品平台构建	是否考虑模块配合关系	部分	是
	是否考虑公共模块构建	部分	是
	是否考虑适应性模块构建	极少	是
	是否考虑持续性构建	无	是
产品平台更新	是否捕捉产品平台运营状态	极少	是
	是否开展模块级更新	极少	是
	是否考虑不确定性因素	极少	是
	是否考虑持续性更新	无	是

2.4 产品平台应用模式

基于企业历史设计数据以及市场与需求等外部数据,结合模块化设计、产品平台设计、机器学习等开发轨道交通车辆可持续产品平台,在此基础上可进一步形成产品族架构,从而支持未来轨道交通车辆产品的快速定制设计。轨道交通车辆可持续产品平台(族)的应用模式如图2-4所示。面向新的订单需求,所构建的产品族架构通过公共模块的完全重用、适应性模块的配置设计或变型设计、个性化模块的定制设计可以帮助企业快速生成满足多样化、个性化需求的产品。

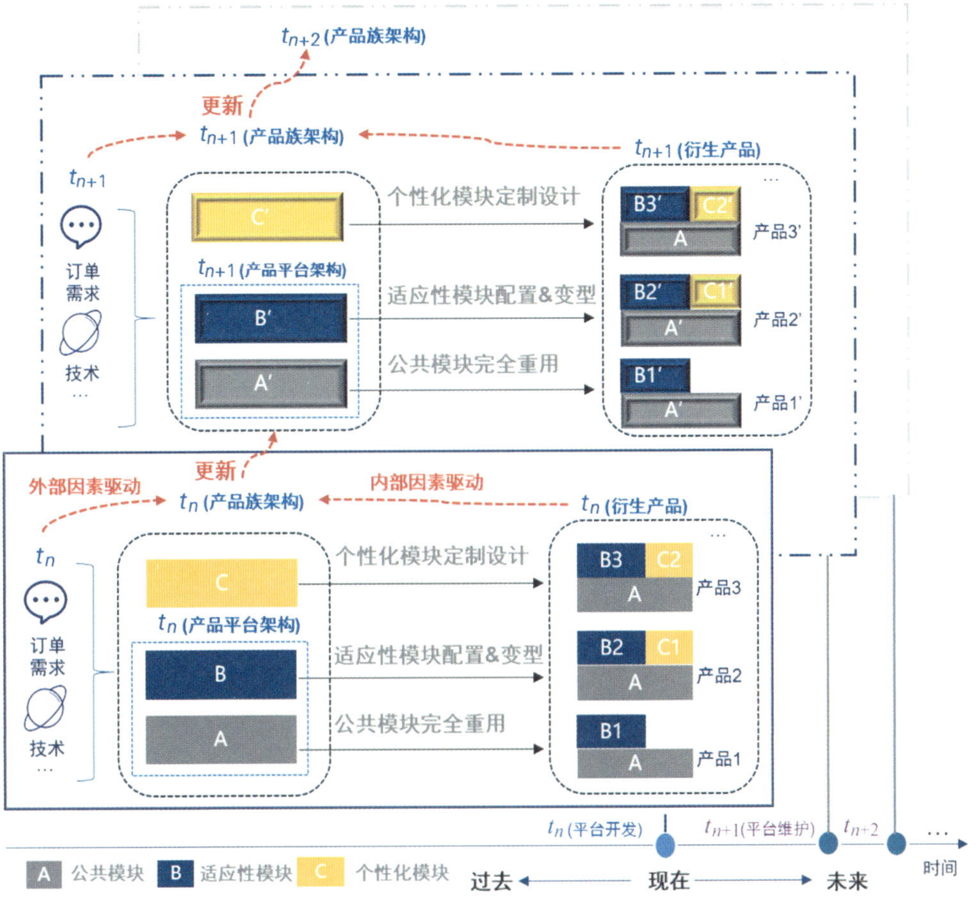

第 2 章 轨道交通车辆产品平台内涵与技术架构 035

图 2-4 可持续产品平台（族）的应用模式

与传统产品平台的静态模式不同，可持续产品平台认为产品族架构并非一成不变的，它在需求与技术等外部因素的驱动下，势必会产生新的模块实例与产品实例，而这些内部实例数据也将会驱动产品族架构发生改变，更新后的产品族架构将会被用于下一时期的产品设计。因此，为维持产品平台的能力以及保持企业的市场竞争力，应动态捕捉外部数据与内部设计实例数据，对已构建的产品族架构进行持续性更新与升级，从而更好地支持下一代产品的快速定制设计。

产品平台架构是产品族架构的基础与核心，描述了平台模块及其模块配合关系。由于面向可持续产品平台设计，因此暂不考虑个性化模块的设计，只关注产品平台架构设计。

基于前述可持续产品平台的定义、组成元素、应用分析可知，可持续产品平台是在传统模块化产品平台与参数化产品平台的基础上提出的。为更好地界定可持续产品平台的内涵，从核心问题、平台元素组成、平台应用模式以及应用案例四个方面对可持续产品平台与模块化产品平台、参数化产品平台进行对比分析。对比分析结果如表 2-6 所示。

表 2-6 模块化、参数化、可持续产品平台对比分析

对比项	模块化产品平台	参数化产品平台	可持续产品平台
核心问题	平衡多样性与成本之间的矛盾	平衡多样性与性能之间的矛盾	平衡多样性与性能、成本之间的矛盾,并且关注产品平台的持续性设计以维持产品平台的稳健与适应能力
组成元素	公共模块	公共参数	公共模块 适应性模块
应用模式	通过公共模块的重用、个性化模块的配置获得出一系列功能不同的产品	通过保持公共参数不变与调节非平台参数获得一组功能相同、性能不同的产品	通过公共模块的重用,适应性模块的配置设计或变型设计,个性化模块的定制设计获得功能不同、性能不同的产品

第3章

轨道交通车辆产品平台定位技术

产品平台定位是产品平台设计的首要步骤，它旨在帮助企业在恰当的期间、采用恰当的策略、在恰当的市场区间投资建设产品平台。产品平台定位的前提是市场细分，即将整体市场划分为若干个细分市场。在此基础上，企业面向各细分市场进行产品平台定位，决定什么时候、采用什么策略、在哪些市场区间投资建设产品平台。传统产品平台定位多是 One-off 模式且通常采用净现值法，但该方法在进行项目估价时往往假设企业决策不能延迟而且只能选择投资或不投资，因而存在低估项目价值甚至错误定位的风险。针对净现值法的不足，实物期权将金融期权的思想运用到实物投资领域，对收益不确定性和投资可延迟性等项目进行决策将更加有效。然而，目前产品平台定位还很少考虑项目的投资时机以及市场的生命周期，难以帮助企业获得最佳投资方案。针对上述问题，提出可持续产品平台定位方法。首先，采用系列因素分析法划分轨道交通车辆市场，基于 Logistic 曲线识别各细分市场的生命周期并且计算企业的市场份额，从而确定市场区间权重；然后，基于实物期权思想构建产品平台市场定位模型，并基于动态规划与蒙特卡洛模拟方法帮助企业在恰当的时间、采用恰当的策略、在恰当的市场区间持续开展产品平台项目的组合投资建设。

3.1 产品平台定位框架

产品平台定位是产品平台设计的起点，其结果直接影响产品平台项目的投资利润。产品平台定位是帮助企业"在什么时间（when）""在什么市场区间（where）""用什么策略（what）""用多少钱（how much）""投资几个产品平台（how many）"。假设在一个市场区间投资建设一个产品平台，则"投资几个产品平台"可以理解为"在哪几个市场区间投资产品平台"，而"用最少的钱"则与产品平台定位的目标相关。综上，产品平台定位的目标是项目组合投资的利润最大化，决策变量则有三个，分别如下：

（1）什么时候投资。显然，在同一时刻开展所有产品平台建设的风险较高，企业需要合理规划产品平台项目的投资时机。在市场表现力较差时企业可以采取延迟投资方式，而在市场表现较好时则可以选择立即投资。因此，选择恰当的时间进行产品平台投资建设非常关键。

（2）采用什么开发策略。除了识别产品平台项目的建设时机外，还需要确定产品平台的开发策略。面向不同的市场生命周期会导致不同的开发策略，例如在兴起期由于没有积累足够多的产品实例，因此一般采用 Top-down 设计模式，而在成长期与成熟期已经积累了大量实例，则应该基于已有实例并且考虑外部需求采用混合开发模式。产品平台开发策略的选择将会影响产品平台的最终效益，是产品平台定位的关键决策变量。

（3）投资建设几个产品平台。面向不同的市场区间，企业需要在各市场区间开展产品平台项目以获得规模经济与范围经济。然而，企业人力、物力以及技术资源有限，很难在所有市场区间都实施产品平台战略。因此，选择有利可图的市场区间进行产品平台的组合投资建设将变得至关重要。

传统项目投资大部分是采用净现值法（Net Present Value，NPV）帮助企业在当下选择投资或者放弃投资，若 NPV>0，则选择投资；若 NPV<0，则选择放弃投资。但是，NPV 未考虑项目的投资时机，因此会给项目投资带来一定的风险。实物期权分析作为金融期权的一种发展，被用来进行投资决策分析，其最大的特点是除了选择与放弃投资两个选项外，还拥有延迟投资等期权选项。项目的投资价值不仅来自于项目运行过程中的价值，还包括未来投资机会的价值，这种投资机会可以视作金融期权中的看涨期权，把一项实物资产视作实物期权，其实就是给予了投资者择时投资的权利。因此，为帮助企业选择最佳投资时机，将基于实物期权方法开展产品平台项目的市场定位。可持续产品平台定位的框架如图 3-1 所示，它具有以下特点：① 考虑了产品平台项目的投资时机；② 面向不同的市场生命周期，各产品平台项目采取不同的开发策略；③ 考虑了面向多个市场区间的产品平台项目的组合投资建设。

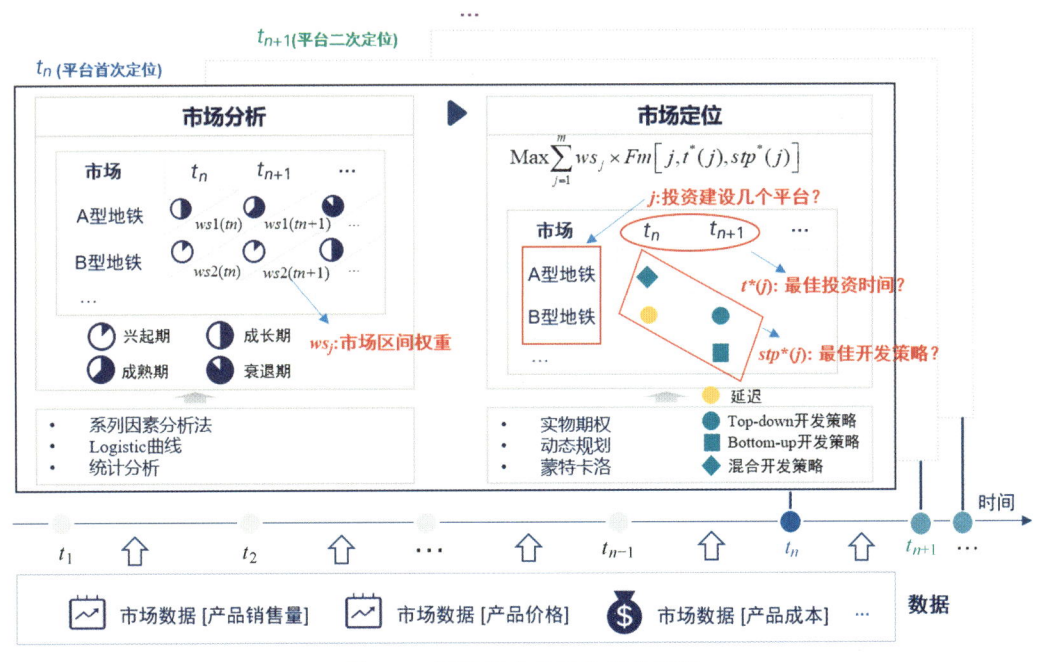

图 3-1　可持续产品平台定位框架

产品平台定位包括市场分析与市场定位两大步骤。市场分析是市场定位的前提，首先将整体市场划分为需求上大体相似的若干个细分市场，然后按照各细分市场的产品运营里程或线路等数据划分市场的生命周期，包括兴起期、成长期、成熟期、衰退期，进一步基于运营线路数据计算企业的市场份额，最终根据市场生命周期与企业市场份额确定市场区间权重。市场定位是在市场分析的基础上，结合企业自身的资源与技术优势，考虑产品销售量、价格以及成本等不确定因素，帮助企业决策应该在哪些市场区间开展

产品平台项目,以及每个产品平台的最佳投资时间与最佳开发策略。

3.2 产品平台市场分析

3.2.1 市场细分

市场细分旨在确定有多少个市场区间,它是市场营销理论发展到20世纪50年代提出的一个重要概念,由温德尔·斯密[112]总结企业的实践经验提出来的。所谓市场细分,是指根据消费需求的差异性,把某一产品(或服务)的整体市场划分为在需求上大体相似的若干个细分市场,即子市场[113]。

现代社会中,随着社会经济的飞速发展与人民收入水平的不断提高,消费者对商品和服务的需求日趋多样化。然而,企业资源与技术能力是有限的,难以满足市场上所有消费者的需求,只能满足某几类消费者群体的需求。为此,市场需求的"多样性"与企业资源的"有限性"之间的矛盾导致了市场细分概念的产生,以帮助企业识别目标市场开展项目投资建设。

目前市场细分方法有因素分析法与聚类分析法。因素分析法是指基于市场细分因素(即市场细分变量)将整体市场划分为若干个细分市场,根据因素个数又可分为单因素市场细分法与多因素市场细分法。单因素市场细分方法是指基于一个市场细分变量将整体市场划分为若干个细分市场,如根据性别将服装市场划分为男性市场与女性市场。多因素市场细分法则是采用多个市场细分变量开展市场细分,根据市场细分变量的水平是否穷尽又可分为综合因素法与系列因素法[13]。聚类分析是指基于产品特征或非产品特征,采用聚类算法将整体市场划分为若干个相似的细分市场[15]。城轨车辆属于复杂产品系统,具有多项市场细分变量,并且各变量可按一定的顺序由粗到细、由浅入深逐步进行细分。因此,将采用系列因素分析法进行城轨车辆市场细分,与综合因素细分法相比,系列因素细分法在细分过程中排除了某些市场细分变量的水平,因此它生成的市场区间往往少于综合因素细分法,提高了市场细分的效率。系列因素分析法如图3-2所示,可以逐层选择每个市场细分变量的水平,然后生成市场区间。例如,图3-2中首次进行产品平台定位时,市场细分变量 i 选择了 i_2 水平,市场细分变量 j 选择了 j_1、j_2、j_3 三个水平,从而生成了3个市场区间。

系列因素分析法实施的关键在于准确识别市场细分变量,即用来划分市场时的细分标准,包括产品特征与非产品特征两种类型。其中,产品特征主要指产品的关键性能与结构等特征,如速度等级、车体宽度、车体材料等特征;非产品特征则包括地理、气候等特征。市场细分变量的识别依赖于市场人员与资深设计师。首先,让参与者列举产品平台的市场细分变量,包括市场细分变量的项及其水平。其中,市场人员主要关注非产品特征,而设计师则关注产品特征;然后,采用焦点小组的方式确定市场细分变量的项及其水平。市场细分变量的识别需遵循以下原则:

第 3 章　轨道交通车辆产品平台定位技术　041

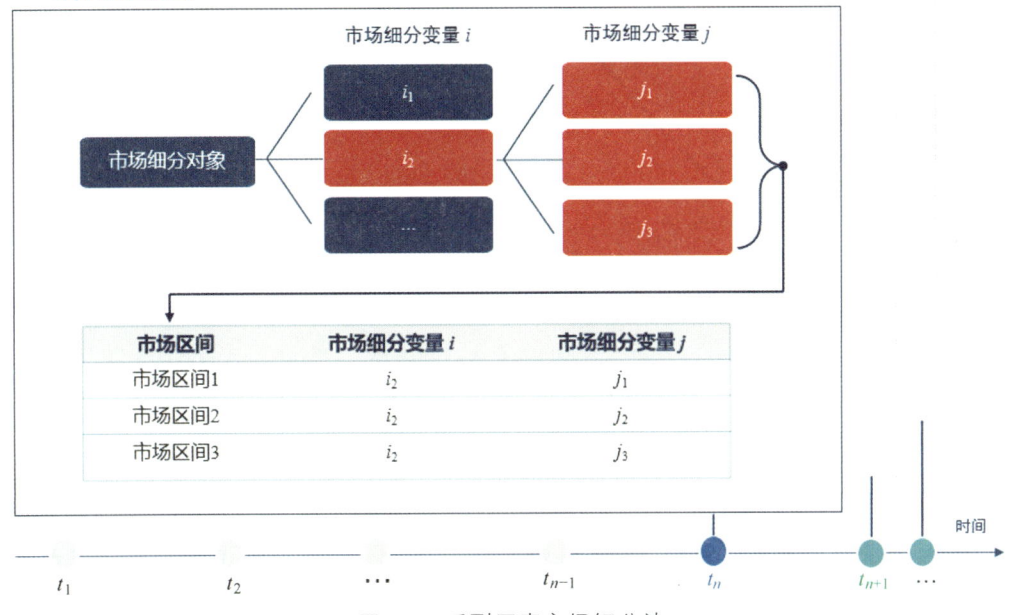

图 3-2　系列因素市场细分法

（1）可区分性。市场细分变量必须具有可区分性，即基于市场细分变量可以把整个市场划分为若干个细分市场。

（2）数量适中。市场细分变量必须是一些具有可区分性的关键特征，其数量不宜太多，一般不超过 5 个。

（3）相对稳定性。市场细分变量必须是一些稳定的特征，即基于市场细分变量细分后的市场在一定时间内保持相对稳定。

值得注意的是，虽然识别的市场细分变量具有稳定性，但它随着时间依然有发生变更的可能性，因此在每次开展产品平台定位之前都需要对市场细分变量的信息进行更新与确认。

3.2.2　市场生命周期划分

在完成轨道交通车辆市场细分以后，需要统计分析各细分市场的运营线路数量或者运营里程等数据，然后基于生命周期理论识别各细分市场的生命周期。市场生命周期是指一个市场就像人的生命一样，要经历出生、成长、成熟、衰老、死亡等阶段。市场生命周期包括 4 个阶段：兴起期、成长期、成熟期、衰退期，如图 3-3 所示。

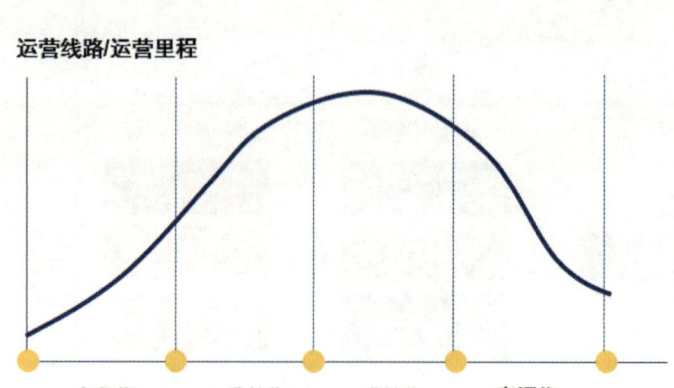

图 3-3　市场生命周期曲线

识别市场生命周期对产品平台定位具有重要意义，它有助于企业了解整体市场的发展形势，从而将资源向投资潜力大的市场区间倾斜，例如处于兴起期与成长期的市场区间。此外，市场生命周期也会影响前述的三种产品平台开发模式，即 Top-down 设计模式、Bottom-up 设计模式、混合设计模式。市场生命周期的特点及平台设计模式如表 3-1 所示。

表 3-1　市场生命周期特点及平台设计模式

周期	特点	产品平台设计模式
兴起期	在此周期有新产品上市，但销售缓慢	此周期发布了少量产品，可以考虑以已发布产品为核心，采取 Top-down 设计模式开展产品平台建设
成长期	在此周期的产品已经发布了一段时间，具有相当知名度，销售快速增长	此周期已经积累了一定程度的产品数据，应采用混合设计模式开展产品平台建设，刺激产品进一步增长
成熟期	在此周期的产品销售量增长趋势减缓，产品已被大部分潜在购买者所接受	此周期已经积累了大量产品数据，应采用混合设计模式开展产品平台建设，刺激产品进一步增长
衰退期	在此周期的产品销售量显著衰退，利润也大幅度滑落	此周期积累的产品数据达到最大值，若市场容量依然较大且有盈利空间，则可以考虑采取 Bottom-up 方式开展产品平台建设，通过减少无价值的差异性获得经济效益；若市场容量较小且利润空间已经不大，则可选择放弃产品平台的投资建设

目前，市场生命周期的识别方法广泛采用 Logistic 曲线拟合法。Logistic 曲线是皮埃

尔·弗朗索瓦·韦吕勒在研究人口增长时提出的，是一种典型的 S 函数，可以用来识别市场生命周期，详细过程可参考文献[114，115]。

3.2.3 企业市场份额分析

除了识别市场生命周期外，还需要分析企业在各市场区间的产品销售量或运营线路数量，进而计算企业在各市场区间的"市场占有率"，即市场份额。市场份额是指某企业某一产品（或品类）的销售量在市场同类产品（或品类）中所占比重，反映企业在市场上的竞争力。市场份额的计算公式如下[116]：

$$Ms_{ei,j}(t) = \frac{n_{ei,j(t)}}{n_{tol,j(t)}} \tag{3-1}$$

式中：$Ms_{ei,j}(t)$是 t 时刻第 i 个企业在第 j 个市场区间的市场份额；

$n_{ei,j}(t)$是 t 时刻第 i 个企业在第 j 个市场区间的产品销售总量（或运营线路总量）；

$n_{tol,j}(t)$是 t 时刻第 j 个市场区间内所有企业的产品销售总量（或运营线路总量）。

识别企业市场份额对产品平台定位同样具有重要意义，通常企业的市场份额越高，意味着企业在该市场区间的竞争力越强，产品平台的投资价值越高。此外，市场份额同样会影响产品平台设计模式。例如，假设企业在某个市场区间的"市场占有率"为 0，意味着企业并未在该市场区间发布产品，即没有积累产品实例数据。因此，无论该市场区间处于成长期还是成熟期，该企业也只能采取 Top-down 设计模式。

3.2.4 市场区间权重计算

"市场区间权重"反映了面向某个市场区间开展产品平台项目投资建设的价值，与市场生命周期与企业市场份额相关。市场区间权重的计算公式如下：

$$ws_i(t) = \lambda_{ml} \times sml_i(t) + \lambda_{ms} \times sms_i(t) \tag{3-2}$$

式中：$ws_i(t)$是 t 时刻第 i 个市场区间的权重；

λ_{ml}，λ_{ms}分别是 t 时刻市场生命周期与企业市场份额的权重；

$sml_i(t)$是 t 时刻第 i 个市场区间的市场生命周期得分；

$sms_i(t)$是 t 时刻第 i 个市场区间的企业市场份额得分。

其中，λ_{ml} 与 λ_{ms} 可以基于 AHP 方法获得，分别取 0.55 与 0.45。通过文献与专家调研，规定产品平台定位时处于兴起期、成长期、成熟期、衰退期的 $sml_i(t)$ 分别为 9 分、8 分、7 分、5 分，若定位周期跨越了多个生命周期则取均值。$sms_i(t)$可以采用最大值归一化方法获得企业在每个市场区间的"企业市场份额"得分，最大值为 9 分。

显然，"市场区间权重"会影响产品平台项目的市场定位，市场区间权重越高，意味着该市场处于兴起期或成长期并且企业在该市场的竞争力较高，因此企业在该市场开展产品平台项目的投资价值将越大。

3.3 产品平台市场定位

3.3.1 模型假设

产品平台市场定位是在市场分析的基础上，帮助企业在恰当的时间、采用恰当的策略、在恰当的市场区间开展产品平台项目的投资建设，本质是一种考虑投资时机的项目组合决策问题，包括"什么时候投资""采用什么开发策略""在哪几个市场区间建设产品平台"三个决策变量。产品平台市场定位具有以下特点：

（1）充满不确定因素。产品平台项目面临众多不确定因素，例如产品销售量、产品销售价格、产品投资成本、技术以及政策法规等。这些不确定因素与投资利润息息相关，增加了产品平台市场定位的难度与风险。

（2）投资时机的可选择性。企业在开展产品平台项目投资时，除了选择投资与放弃投资两个选项外，还可以采取延迟投资方式。若当前时刻目标市场的表现力较差但其前景被看好，此时企业可以选择观望，等待下一时期再做出是否投资的决定。

（3）开发策略的多样性。目前产品平台项目具有三种开发模式，即 Top-down 设计模式、Bottom-up 设计模式以及混合设计模式。为降低产品平台开发项目的风险，面向不同的市场生命周期与企业市场份额，企业应该采取不同的平台开发策略。

（4）投资项目的组合性。假设面向一个市场区间建设一个产品平台，企业则应该建设多个产品平台。然而企业资源有限，很难在所有市场区间都实施产品平台策略。因此，在企业自身资源约束下，选择哪些市场区间开展产品平台建设将变得非常重要。

针对上述产品平台定位的特点，利用蒙特卡洛仿真创建不确定因素模型，考虑市场区间的生命周期并结合企业市场份额选择恰当的产品平台开发策略，将实物期权方法应用于面向单个市场区间的产品平台项目投资决策，最后基于市场区间权重，以投资利润最大化为目标、考虑企业资源约束实现产品平台项目的组合投资决策。产品平台定位过程中的相关模型假设如下：

（1）每个市场区间构建一个产品平台。

（2）若市场区间内已经构建了产品平台则不再开展市场定位，但已构建的产品平台需要更新与升级。

（3）产品平台项目建设不考虑项目的建设周期。

（4）在投资有效期内，投资者只能做一次投资决策。

（5）无风险利率是固定的、非随机。

（6）产品销售量、销售价格以及平台派生产品成本、平台维护成本具有不确定性，并且服从几何布朗运动。

3.3.2 模型构建与求解

产品平台市场定位的模型构建与求解过程如图 3-4 所示，可以持续开展产品平台项目的市场定位，首次定位与后续定位过程类似，仅是剔除已定位的市场区间。具体来说：首先，需要模拟单个市场区间内不确定因素的随机过程，并且计算面向单个市场区间的项目价值；其次，以项目价值最大化为目标开展单个项目的投资决策，从而获得面向单个市场区间的最佳投资时间、策略以及利润；最后，基于单个项目决策结果开展项目组合投资决策，从而获得面向所有市场的产品平台定位结果。

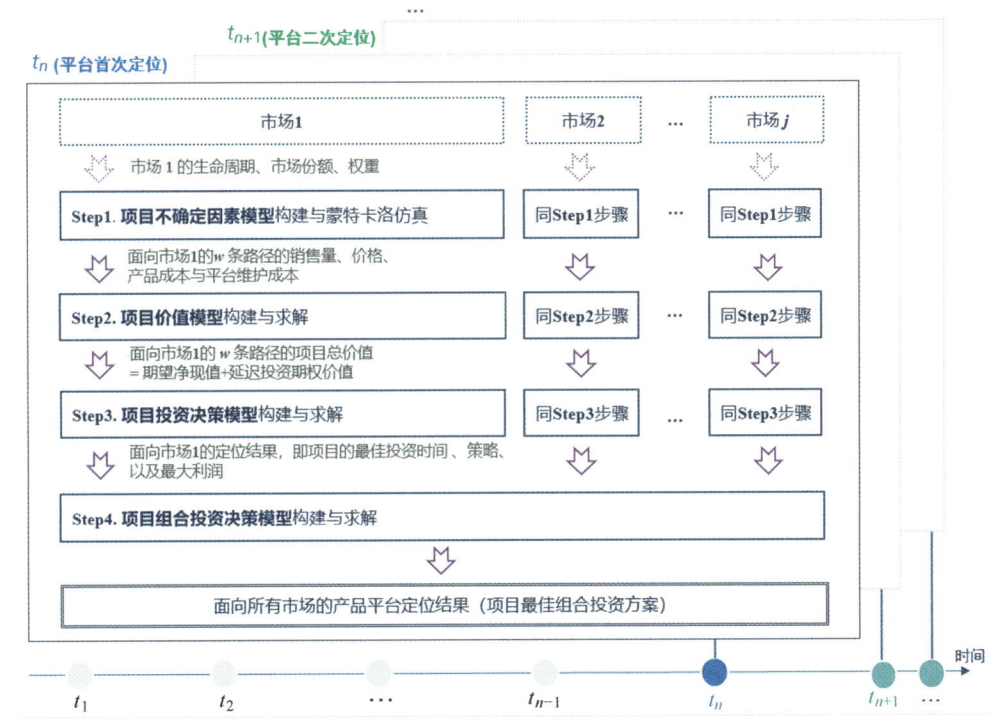

图 3-4 产品平台市场定位模型的构建与求解过程

Step1 项目不确定因素模型构建与蒙特卡洛仿真。

产品平台定位过程中面临产品销售量、销售价格、成本、政策等不确定因素，主要考虑销售量、销售价格以及平台派生产品成本、平台维护成本四类不确定因素。

1. 销售量

产品销售量是指企业在一定时期内实际促销出去的产品数量，是评估企业市场表现力的一个重要指标。基于产品销售量不确定性的研究，认为产品销售量的变化服从几何布朗运动。市场区间 j 下的产品销售量的仿真公式如下[117]：

$$\mathrm{d}pd(j,t) = \alpha_{pd,j}\, pd(j,t)\mathrm{d}t + \sigma_{pd,j}\, pd(j,t)\mathrm{d}W_{pd}(j,t) \tag{3-3}$$

式中：$pd(j,t)$ 是 t 时刻第 j 个市场的产品销售量；

$dW_{pd}(j,t)$ 是 t 时刻第 j 个市场产品销售量的维纳过程的独立增量；

$\alpha_{pd,j}$ 与 $\sigma_{pd,j}$ 分别是第 j 个市场的产品销售量的漂移率和波动率。

2. 销售价格

销售价格是商家根据实际情况提高或降低指导价得到的最终售价，是产品价值的货币表现形式，很大程度上影响了企业的产品利润。基于产品价格不确定性的研究，认为产品价格的变化服从几何布朗运动[118]：

$$dpp(j,t) = \alpha_{pp,j} pp(j,t)dt + \sigma_{pp,j} pp(j,t)dW_{pp}(j,t) \quad (3\text{-}4)$$

式中：$pp(j,t)$ 是 t 时刻第 j 个市场的产品销售价格；

$dW_{pp}(j,t)$ 是 t 时刻第 j 个市场产品销售价格的维纳过程的独立增量；

$\alpha_{pp,j}$ 与 $\sigma_{pp,j}$ 分别是第 j 个市场的产品销售价格的漂移率和波动率。

3. 平台派生产品成本

平台派生产品成本是基于产品平台开发单个产品所产生的成本。在未建设产品平台之前，企业并不能准确获得平台派生产品成本。假设平台派生产品成本是原始产品成本的 90%，成本普遍被认为服从几何布朗运动，因此假设平台派生产品价格的变化服从几何布朗运动[119-121]：

$$dpDC(j,t) = \alpha_{pDC,j} pDC(j,t)dt + \sigma_{pDC,j} pDC(j,t)dW_{pDC}(j,t) \quad (3\text{-}5)$$

式中：$pDC(j,t)$ 是 t 时刻第 j 个市场的平台派生产品成本；

$dW_{pDC}(j,t)$ 是 t 时刻第 j 个市场平台派生产品成本的维纳过程的独立增量；

$\alpha_{pDC,j}$ 与 $\sigma_{pDC,j}$ 分别是第 j 个市场的平台派生产品成本的漂移率和波动率。

4. 平台维护成本

平台维护成本是产品平台构建完成以后在维护产品平台过程中所产生的成本。假设单个时期的平台维护成本是平台投资成本的 5%，并且认为其价格的变化服从几何布朗运动：

$$dPMC(j,t) = \alpha_{PMC,j} PMC(j,t)dt + \sigma_{PMC,j} PMC(j,t)dW_{PMC}(j,t) \quad (3\text{-}6)$$

式中：$PMC(j,t)$ 是 t 时刻第 j 个市场的平台维护成本；

$dW_{PMC}(j,t)$ 是 t 时刻第 j 个市场平台维护成本的维纳过程的独立增量；

$\alpha_{PMC,j}$ 与 $\sigma_{PMC,j}$ 分别是第 j 个市场的平台维护成本的漂移率和波动率。

在完成上述 4 类不确定因素描述后，采用蒙特卡洛方法对市场区间 j 的产品销售量、产品销售价格、平台派生产品成本以及平台维护成本进行仿真，获得 w（$w=1,\cdots,W$）条路径，N 为每条路径的决策点数量，$N=T/\Delta t$，Δt 为步长。具体公式如下：

$$pd(j,t+\Delta t) = pd(t) \times \exp\left[\left(\alpha_{pd,j} - \frac{\sigma_{pd,j}}{2}\right) \times \Delta t + \sigma_{pd,j}(\Delta t)^{\frac{1}{2}} \varepsilon_{pd,j}\right] \quad (3\text{-}7)$$

$$pp(j,t+\Delta t) = pp(t) \times \exp\left[\left(\alpha_{pp,j} - \frac{\sigma_{pp,j}}{2}\right) \times \Delta t + \sigma_{pp,j}(\Delta t)^{\frac{1}{2}}\varepsilon_{pp,j}\right] \quad (3\text{-}8)$$

$$pDC(j,t+\Delta t) = pDC(t) \times \exp\left[\left(\alpha_{pDC,j} - \frac{\sigma_{pDC,j}}{2}\right) \times \Delta t + \sigma_{pDC,j}(\Delta t)^{\frac{1}{2}}\varepsilon_{pDC,j}\right] \quad (3\text{-}9)$$

$$PMC(j,t+\Delta t) = PMC(t) \times \exp\left[\left(\alpha_{PMC,j} - \frac{\sigma_{PMC,j}}{2}\right) \times \Delta t + \sigma_{PMC,j}(\Delta t)^{\frac{1}{2}}\varepsilon_{PMC,j}\right] \quad (3\text{-}10)$$

Step2 项目价值模型构建与求解。

项目价值是指产品平台项目的投资价值。传统项目价值的计算普遍采用净现值方法，即项目价值等于期望净现值。然而，项目除了包括选择投资与放弃投资两个选项外，还有一种选择是推迟投资，即企业具有延迟投资期权价值。因此，采用实物期权方法的项目价值等于期望净现值与延迟投资价值之和。

首先，需要针对市场区间 j 的第 w 条路径，计算 T 内各个时间点 t 在第 w 条路径下的期望净现值 $NPV(j,w,t,stp)$。净现值是投资项目整个生命周期的现金流量折现到基期的现值之和，然后减去初始投资。计算公式[122-124]如下：

$$NPV(j,w,t,stp) = \sum CF(j,w,t,stp)(1+r)^{-t} - PIC(j,stp) \quad (3\text{-}11)$$

式中：r 是折现率；

$PIC(j,stp)$ 是市场区间 j 下采取 stp 策略的产品平台投资成本；

stp 是产品平台投资策略；

$CF(j,w,t,stp)$ 是 t 时刻市场区间 j 下第 w 条路径采取 stp 策略所获得的净现金值。

其中，stp 为包括三种类型，即 A：Top-down 开发策略，B：Bottom-up 开发策略，C：混合开发策略。而净现金值 $CF(j,w,t,stp)$ 与产品销售量、产品价格等相关，计算公式如下：

$$CF(j,w,t,stp) = pd(j,t,stp)[pp(j,t,stp) - pDC(j,t,stp)] - PMC(j,t,stp) - Tax(t)$$
$$(3\text{-}12)$$

式中：$pd(j,t,stp)$ 是 t 时刻市场区间 j 下第 w 条路径采取 stp 策略的产品销售量；

$pp(j,t,stp)$ 是 t 时刻市场区间 j 下第 w 条路径采取 stp 策略的产品销售价格；

$pDC(j,t,stp)$ 是 t 时刻市场区间 j 下第 w 条路径采取 stp 策略的平台派生产品成本；

Tax 是税收成本。

其次，基于期望净现值计算结果，针对市场区间 j 的第 w 条路径，计算 T 内各个时间点 t 在第 w 条路径下的延迟投资期权价值 $OPV(j,w,t,stp)$。采用动态规划方法，从最后一个时间点 T 往前逐步进行计算 $t<T$ 时刻延迟投资期权的价值，计算公式[125], [126]如下：

$$OPV(j,w,t,stp) = \begin{cases} \max\{NPV(j,w,t,stp),0\}, \text{if } t = T \\ e^{-tr}NPV(j,w,t,stp), \text{if } 1 \leqslant t < T \end{cases} \quad (3\text{-}13)$$

最后，基于期望净现值与延迟投资期权价值，针对市场区间 j 的第 w 条路径，计算 T 内各个时间点 t 采取 stp 策略的项目总价值 $TPV(j,w,t,stp)$，计算公式[118]如下：

$$TPV(j,w,t,stp) = NPV(j,w,t,stp) + OPV(j,w,t,stp) \quad (3-14)$$

Step3 项目投资决策模型构建与求解。

在获得针对市场区间 j 的第 w 条路径在 t 时刻的项目价值以后，可以规划出面向市场区间 j 第 w 条路径在 T 内的最佳投资时间 $t^*(j,w)$。决策思路如下：当 T 内某个时刻项目总价值大于期望投资利润时则可开展投资，否则选择延迟投资。产品平台项目 j 的第 w 条路径的决策模型如下：

$$index = \text{find}[TPV(j,w,t,stp) \geqslant ep(j)] \quad (3-15)$$

式中：$t^*(j,w) = index(1)$；

$ep(j)$ 是指面向市场区间 j 的期望投资利润；

$index$ 是指市场区间 j 下第 w 条路径所有大于期望投资利润的时间数组；

$index(1)$ 是指数组中的第一个时间元素。

在获得面向市场区间 j 第 w 条路径在 T 内的最佳投资时间 $t^*(j,w)$ 后，则可计算面向市场区间 j 下第 w 条路径的项目投资利润，计算公式[118, 126]如下：

$$Fm(j,w) = TPV(j,w,t^*(j,w),stp) \quad (3-16)$$

进一步，可以决策出市场区间 j 内所有模拟路径的最佳投资时间 $t^*(j)$，即所有模拟路径中出现次数最多的数值（众数），决策规则如下：

$$t^*(j) = Mode[t^*(j,w)] \quad (3-17)$$

式中：$Mode[t^*(j,w)]$ 是市场区间 j 下第 w 条路径的最佳投资时间的众数[118, 26]。

进一步，可以获得面向市场区间 j 的投资利润，是所有模拟路径投资利润的均值，计算公式如下：

$$Fm(j) = \frac{1}{W}\sum_{1}^{W} Fm(j,w) \quad (3-18)$$

Step4 项目组合投资决策模型构建与求解。

在获得面向市场区间 j 的项目投资决策结果后，需要考虑面向多个市场区间的组合投资方案。以最大总利润为目标，以企业资源为约束条件，决策出产品平台项目的最佳组合投资方案，包括投资几个产品平台，每个产品平台的最佳投资时间，以及每个产品平台的最佳投资策略。t 时刻项目组合决策模型如下：

$$opt \quad \text{Max} \sum_{j=1}^{m} ws_j \times Fm(j) \times I[j,t(j)]$$

s.t. $1 < t < T$

$$I[j,t(j)] = \begin{cases} 1, \text{if } t(j) = t^*(j) \\ 0, \text{if } t(j) \neq t^*(j) \end{cases} \quad (3\text{-}19)$$

$$\sum_{j}^{m} PIC(j,t) \times I[j,t(j)] \leqslant C(t)$$

式中：ws_j 是第 j 个市场区间的权重；

$PIC(j,t)$ 是 t 时刻企业在面向市场区间 j 的平台投资成本；

$C(t)$ 是 t 时刻企业的成本约束。

3.4 应用实例

自 1969 年我国第一条地铁在北京开通运营以来，城市轨道交通取得了较快的发展，尤其是近 20 年来市场规模逐步扩大。截止到 2018 年年底，大陆地区共有 36 个城市开通运营城市轨道交通，运营线路 174 条，运营线路总长 5282 km[1]。某主机厂（以下简称为"Z 企业"）在此背景下研制了多个城轨车辆产品，但依然存在零部件重用率低与市场适应性差等问题，因此决定实施产品平台策略。产品平台定位是产品平台设计的首要步骤，旨在帮助企业在恰当的时间、采取恰当的策略、在恰当的市场区间开展产品平台建设。本例分别以 2018 年与 2019 年展示产品平台的持续性定位，主要以 2018 年首次产品平台定位进行阐述。

3.4.1 城轨车辆市场分析

3.4.1.1 市场细分

于 2018 年年底采用系列因素分析法进行市场细分。基于专家调研与城市轨道交通车辆技术标准分析，识别出第一市场细分变量为地区，包括国内与国外两个水平；第二市场细分变量为运量，包括高运量（4.5~7 万人次/h）、大运量（2.5~5 万人次/h）、中运量（1~3 万人次/h）以及小运量（0.6~1 万人次/h）四个水平；第三市场细分变量为轮轨系统，包括钢轮双轨、胶轮单轨、胶轮导轨、磁浮轨、现代有轨五个水平；第四市场细分变量为牵引力提供方式，包括黏着力与电磁力（采用直线电机）两个水平。基于上述四个市场细分变量及其水平，将整个城轨车辆市场划分为 8 个市场区间，如图 3-5 所示。

轨道车辆 8 个市场区间介绍如下[127]：

1. A 型地铁列车市场区间

A 型地铁列车适用于高运量的城市轨道交通系统，6 车辆编组时单向运能可达到 4.5~7 万人次/h，适用于市区内大客流运输。不同线路运营速度等级有：80 km/h、

100 km/h、120 km/h，车体材质一般为铝合金或不锈钢。典型代表有上海轨道交通 1 号线车辆、广州地铁 1 号线车辆等。

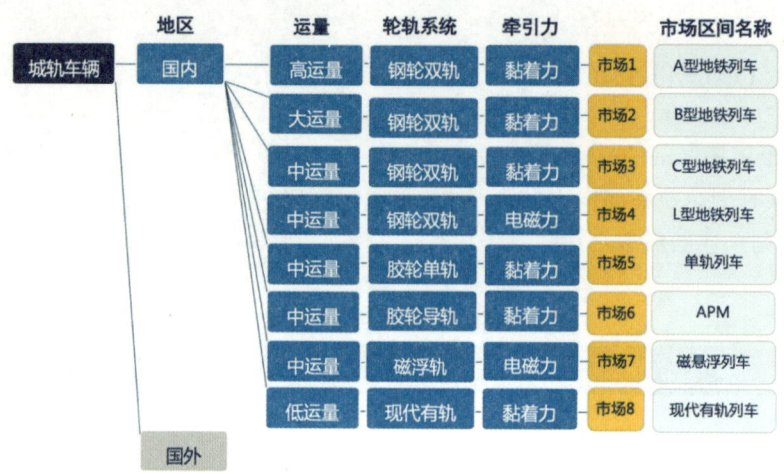

图 3-5 城轨车辆市场细分结果（2018 年）

2. B 型地铁列车市场区间

B 型地铁列车是国内研发最早、应用最广的地铁车辆，适用于大运量的城市轨道交通系统，6 车辆编组时单向运能可达到 2.5～5 万人次/h。不同线路运营速度等级有：80 km/h、100 km/h、120 km/h，车体材质一般为铝合金或不锈钢。典型代表有北京地铁 5 号线车辆、成都地铁 1 号线车辆等。

3. C 型地铁列车市场区间

C 型地铁列车适用于中运量的城市轨道交通系统，6 车辆编组时单向运能可达到 1～3 万人次/h。不同线路运营速度等级有：80 km/h、100 km/h、120 km/h，车体材质一般为铝合金或不锈钢。典型代表有上海地铁 5 号、6 号、8 号线车辆等。

4. L 型地铁列车市场区间

L 型地铁列车为直线电机驱动、轮轨导向的中运量城市轨道交通系统，适于隧道开挖断面小、线路坡度大的地区。不同线路运营速度等级有：90 km/h、100 km/h，车体材质一般为铝合金或不锈钢。典型代表有广州地铁 4 号、5 号、6 号线车辆等。

5. 单轨列车市场区间

单轨车辆是适用于城区地上空间的中运量轨道交通系统，采用胶轮走行，爬坡能力强，转弯半径小，噪声与振动能够被周边居民所接受。运能 1～3 万人次/h，运营速度一般为 90 km/h。典型代表为重庆轻轨 3 号线车辆等。

6. APM 列车市场区间

自动旅客捷运系统（Automated People Mover systems，APM），又称作自动导轨快捷

运输系统(AGTS),是一种无人自动驾驶、立体交叉、适用于中运量的城市轨道交通系统。运能1~3万人次/h,运营速度一般为90 km/h。典型代表广州珠江新城APM线车辆等。

7. 磁悬浮列车市场区间

中低速磁悬浮列车是适用于城区地上空间的中运量轨道交通系统,挤占地面空间小、无轮轨噪声,爬坡能力强。地面运能1~3万人次/h,运营速度一般为100 km/h。典型代表为长沙机场线车辆等。

8. 现代有轨列车市场区间

现代有轨电车是适用于城区地面道路的小运量快速公共交通,车站可与公共汽车兼容,路权按需设置。现代有轨电车与地面运行的特点使其乘降非常便利。运能0.6~1万人次/h,运营速度一般为70 km/h。典型代表有沈阳浑南线车辆等。

3.4.1.2 市场生命周期划分

在完成城轨车辆市场细分以后,需要统计各市场区间已运营的线路条数、运营里程数等。基于公开数据整理,截止到2018年年底,以运营线路数作为准则可获得节3.4.1.1中8个市场区间的市场占比[1],如图3-6所示。

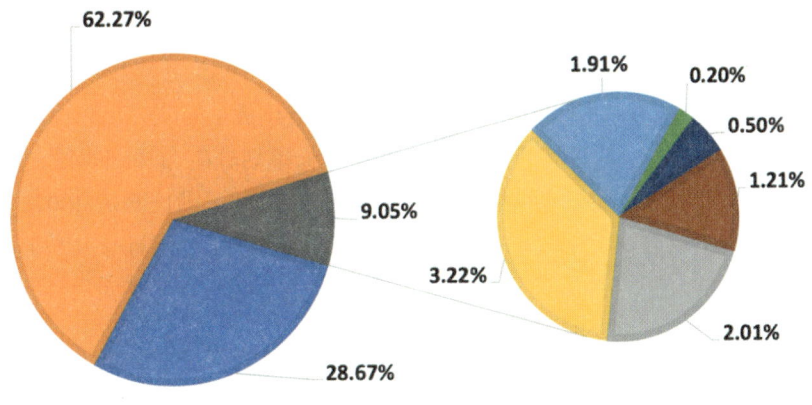

图3-6 城轨车辆市场区间占比(2018年)

其中,B型地铁列车区间的市场容量最大,占比62.27%,其次是A型、L型、C型地铁列车、单轨列车、现代有轨列车、中低速磁悬浮列车、APM列车。虽然B型地铁列车区间的市场容量最大,但是A型地铁列车近年来发展迅速。因此,以A型地铁列车市场区间为例开展市场分析与市场定位。基于A型地铁列车市场区间的时变运营线路数据,采用Logistic曲线拟合法实现市场生命周期的划分。基于公开数据整理,1993—2018年的A型地铁列车部分运营线路数据如表3-2所示[127]。

表 3-2 A 型地铁列车市场区间运营线路数据（1993—2018）

时间	运营城市	新增运营里程/km
1993	上海	7.39
1994	无	无
1995	上海	16.1
1996	上海	2.923
1997	广州	4.625
…	……	…
2009	上海、深圳	83.38
2010	上海、广州、深圳、南京	196.853
…	……	…
2015	北京、上海、南京	98.36
2016	深圳、武汉、北京、上海	164.73
2017	上海、广州、重庆、武汉、成都	259.22
2018	上海、重庆、武汉、乌鲁木齐	125.43

基于表 3-2 数据，采用三点法获得 Logistic 曲线模型 $y(t)=A/(1+B\times e^{-k\times t})$ 的 A、k、B 三个初始值，分别为 10.5、0.375、0.617。然后，运用 SPSS 工具对三个变量的初始值进行优化，结果为 372、0.151、60。基于 A、k、B 变量值生成 Logistic 生长曲线，即 $y=372/(1+60\times e^{-0.151\times t})$，进一步基于增长率与相对累计增长率划分生命周期阶段，得到结果如图 3-7 所示。A 型地铁市场区间的兴起期是 1993—2001 年，成长期是 2002—2021 年，成熟期是 2022—2041 年，2042 年开始步入衰退期。类似地，可以识别出其余 7 个市场区间的生命周期，在此不再赘述。

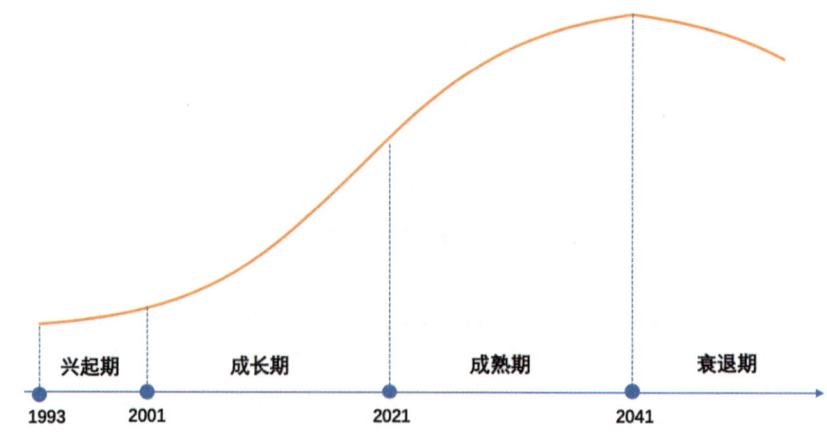

图 3-7 A 型地铁列车市场的生命周期曲线（2018）

3.4.1.3 企业市场份额分析

在识别市场生命周期以后,进一步分析企业在各市场区间的"市场占有率"。以 A 型地铁市场区间为例,基于公开数据整理统计运营线路数量[127],采用公式(3-1)可获得 Z 企业在 A 型地铁市场区间的市场份额排第二,占比 25%,如图 3-8 所示。

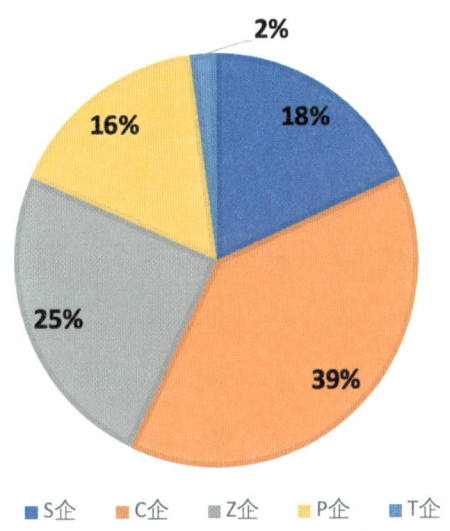

图 3-8　A 型地铁市场区间企业市场份额(2018 年)

3.4.1.4 市场区间权重计算

在完成市场生命周期划分与企业市场份额计算以后,便可进行市场区间权重分析,从而帮助企业更好地开展产品平台项目的组合投资建设。基于市场生命周期划分与企业市场份额计算结果,采用公式(3-2),可获得 Z 企业面向所有市场区间的权重,结果如表 3-3 所示。

表 3-3　市场区间权重(2018)

序号	市场区间	总权重	市场生命周期得分	企业市场份额得分
1	A 型地铁列车	6.24	7.5	4.7
2	B 型地铁列车	7.05	7	7.1
3	C 型地铁列车	4.95	9	0
4	L 型地铁列车	4.95	9	0
5	单轨列车	4.95	9	0
6	APM 列车	4.95	9	0
7	磁悬浮列车	9.5	9	10
8	现代有轨列车	7.60	8	7.1

3.4.2 城轨车辆市场定位

针对城轨车辆市场定位具有不确定性、投资的可选择性、开发策略的多样性、投资组合的多样性等特点，采用实物期权帮助企业在恰当的时间、采用恰当的策略、在恰当的市场区间开展产品平台项目的组合投资。采用 Matlab 工具，基于蒙特卡洛方法开展 8 个市场区间的不确定因素建模，以 A 型地铁区间首次市场定位为例进行说明，初始数据如表 3-4 所示。

表 3-4 A 型地铁列车市场区间不确定模型基本参数（首次平台定位）

项	子项	取值	备注
销售量	初始值	600 辆	据历史市场数据
	漂移率	0.03	据企业期望销售量估算
	波动率	0.1	据历史数据估算
销售价格	初始值	800 万	据专家调研与公开资料整理
	漂移率	0.02	据企业期望价格估算
	波动率	0.02	据历史数据估算
平台派生产品成本	初始值	630 万	据产品开发成本估算
	漂移率	−0.02	据企业期望产品成本估算
	波动率	0.02	据历史数据估算
平台维护成本	初始值	10 500 万	平台投资成本的 5%
	漂移率	−0.02	据企业期望维护成本估算
	波动率	0.02	据历史数据估算

为降低模拟误差率，进行了 10 000 次模拟，此时误差率可以被控制到小于 0.000 1。为了更直观地表示销售量、销售价格、平台派生产品成本、平台维护成本的变化趋势，图 3-9、图 3-10、图 3-11、图 3-12 分别选取了 100 次模拟路径以表示销售量、销售价格、平台派生产品成本、平台维护成本的变化，其中红色虚线为模拟路径的均值。

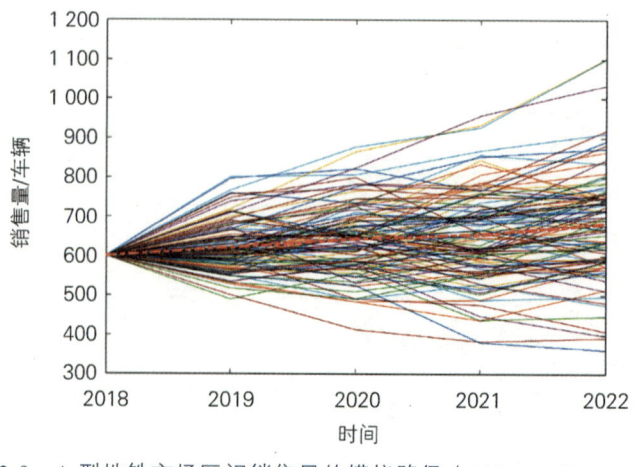

图 3-9 A 型地铁市场区间销售量的模拟路径（100 out of 10 000）

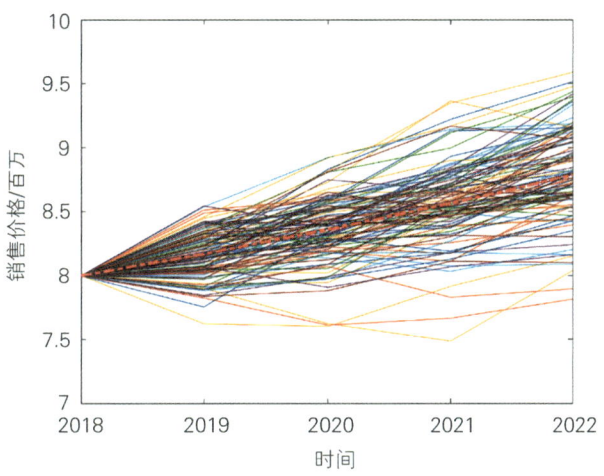

图 3-10　A 型地铁市场区间销售价格的模拟路径（100 out of 10 000）

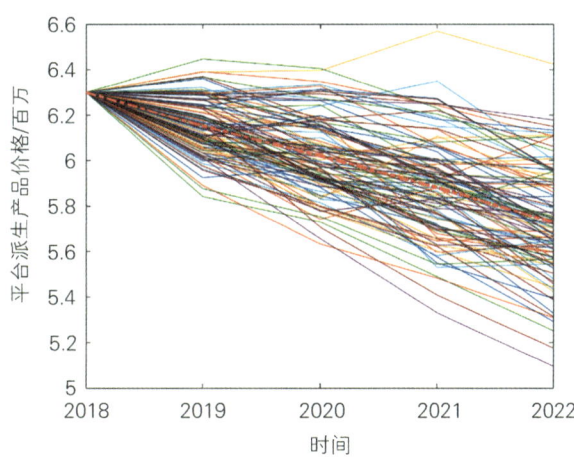

图 3-11　A 型地铁市场区间平台派生产品成本的模拟路径（100 out of 10000）

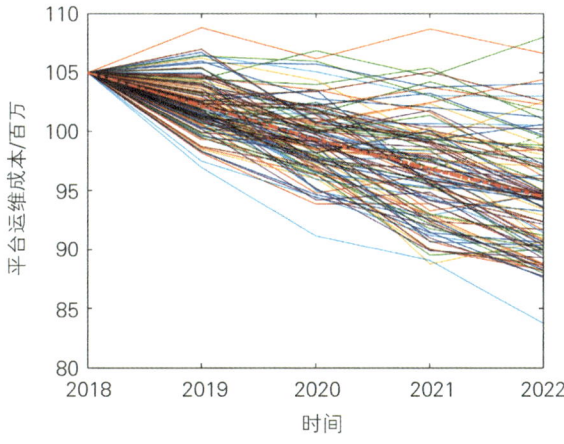

图 3-12　A 型地铁市场区间平台维护成本的模拟路径（100 out of 10 000）

进一步，采用 Matlab 工具计算面向 A 型地铁市场区间每条路径在 2018—2022 年期间的期望净现值，2018—2022 年期间 A 型地铁市场区间处于成长期与成熟期，并且企业市场份额不为 0，因此采用混合开发策略。面向 A 型地铁市场区间、10 000 条路径下的项目期望净现值如图 3-13 所示，其中红色虚线为模拟路径的均值。

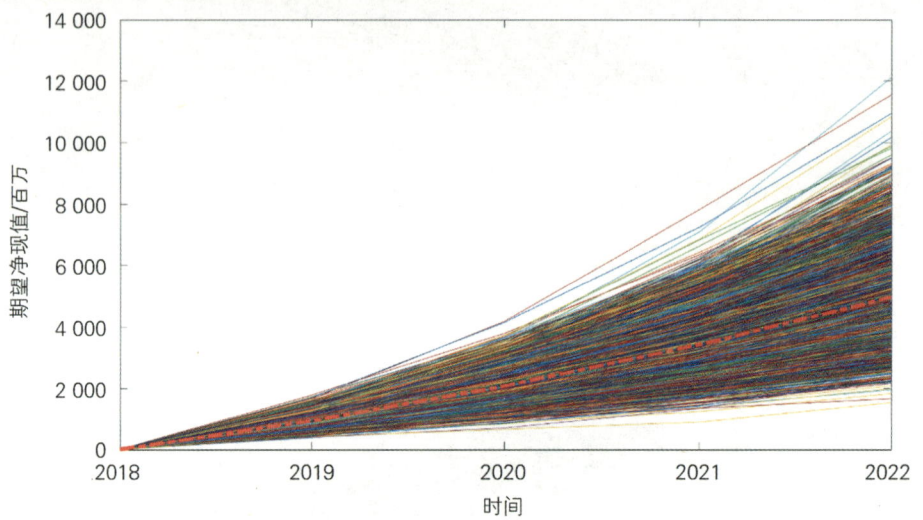

图 3-13　A 型地铁市场区间项目期望净现值（10 000 次模拟）

进一步，采用 Matlab 工具计算面向 A 型地铁市场区间每条路径在 2018—2022 年期间的延迟期权价值与总价值，其结果分别如图 3-14、图 3-15 所示，其中红色虚线为模拟路径的均值。

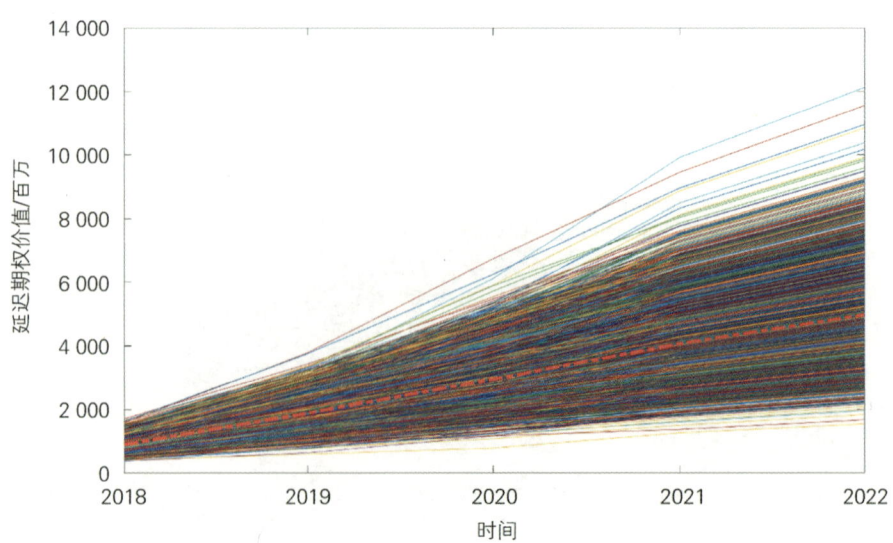

图 3-14　A 型地铁市场区间项目延迟投资期权价值（10 000 次模拟）

第 3 章 轨道交通车辆产品平台定位技术　057

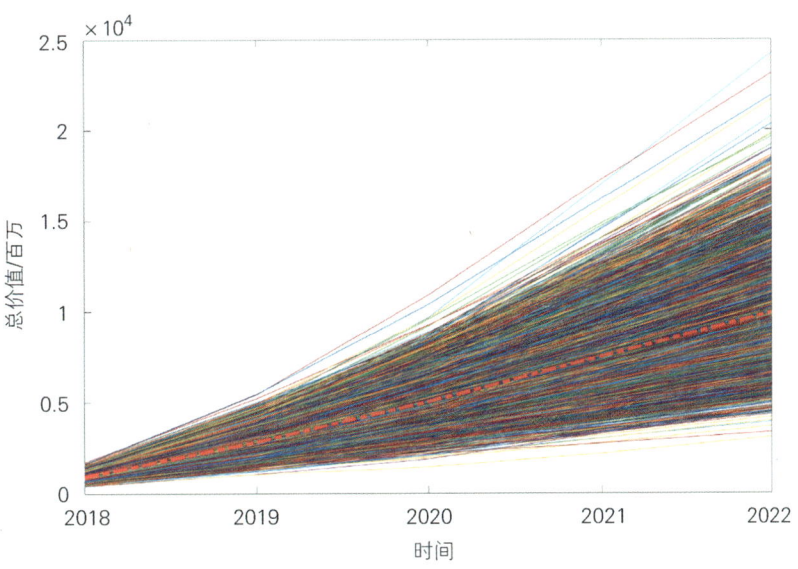

图 3-15　A 型地铁市场区间项目总价值（10 000 次模拟）

基于公式（3-16），设项目的期望利润为 20 亿，采用 Matlab 工具决策出面向 A 型地铁市场区间的项目最佳投资时间，为便于可视化，只选取 10 000 次模拟中的 100 次结果作为展示，如图 3-16 所示。其中，2018、2019、2020、2021、2022 年所占比例分别为 0%、28.14%、71.86%、0%、0%。由此可知，项目的最佳投资时间是 2020 年。

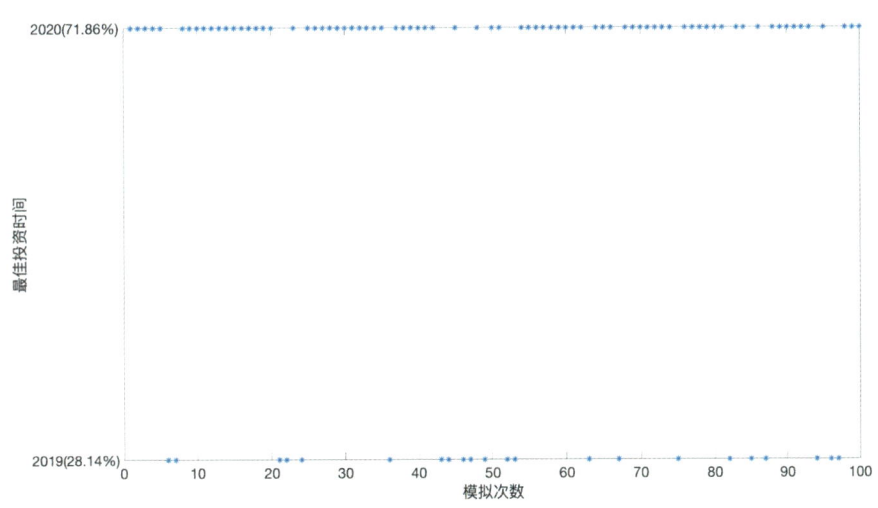

图 3-16　A 型地铁列车市场区间最佳投资时间模拟结果（首次平台定位）

图 3-17 显示了面向 A 型地铁列车市场区间的项目最佳投资价值随模拟路径的变化，均值为 21.51 亿。面向 A 型地铁市场区间的项目投资决策结果如表 3-5 所示。

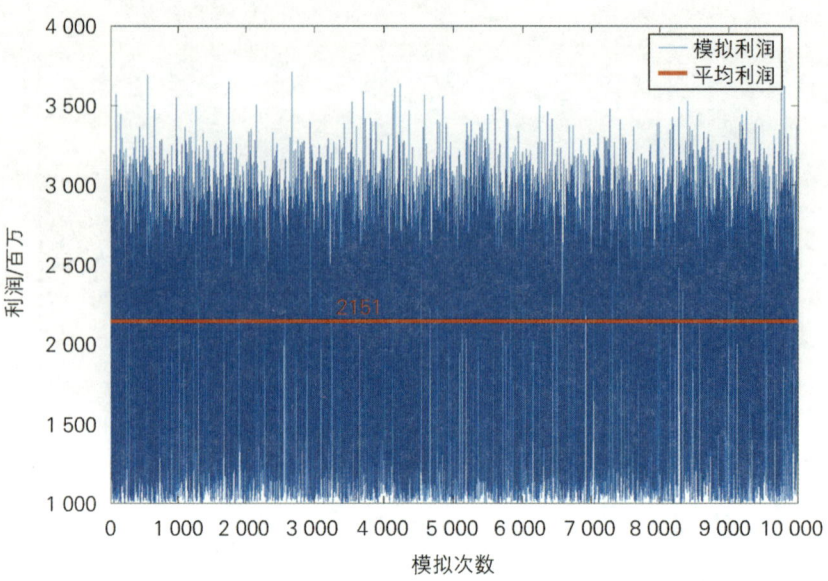

图 3-17　A 型地铁列车市场区间投资项目期望价值模拟结果（首次平台定位）

表 3-5　A 型地铁列车市场区间产品平台市场定位结果（首次平台定位）

序号	项	值
1	最佳投资时间（年）	2020
2	最佳投资策略	混合设计模式
3	最大利润价值（亿）	21.51

与 A 型地铁列车市场区间投资决策类似，决策出其余 7 个市场区间的投资方案，然后基于项目组合投资决策模型，获得最终的产品平台市场定位结果，如表 3-6 所示。

表 3-6　城轨车辆产品平台市场定位结果（首次平台定位）

市场区间	2018	2019	2020	2021	2022
A 型地铁列车	延迟	延迟	混合设计		
B 型地铁列车	延迟	混合设计			
C 型地铁列车	延迟	延迟	延迟	延迟	Top-down
L 型地铁列车	延迟	延迟	延迟	延迟	Top-down
单轨列车	延迟	延迟	延迟	延迟	Top-down
APM 列车	延迟	延迟	延迟	延迟	延迟
磁悬浮列车	延迟	延迟	延迟	Top-down	
现代有轨列车	延迟	延迟	混合设计		

与2018年年底首次产品平台定位过程类似,于2019年年底继续开展产品平台市场定位,最终的产品平台定位结果如表3-7所示。

表3-7 城轨车辆产品平台市场定位结果(二次平台定位)

市场区间	2019	2020	2021	2022	2023
A型地铁列车	延迟	混合设计			
C型地铁列车	延迟	延迟	延迟	Top-down	
L型地铁列车	延迟	延迟	延迟	Top-down	
单轨列车	延迟	延迟	延迟	Top-down	
APM列车	延迟	延迟	延迟	延迟	延迟
磁悬浮列车	延迟	延迟	Top-down		
现代有轨列车	延迟	混合设计			

通过表3-6与表3-7的对比分析可知,第二次产品平台定位时B型地铁产品平台项目已经开始建设,因此不再需要进行市场定位,而A型地铁、C型地铁、L型地铁、单轨列车、APM列车、磁悬浮列车以及现代有轨列车在2019—2022年期间的定位结果与首次产品平台定位相同,企业可以尝试于2020年以混合设计模式开展A型地铁产品平台与现代有轨列车产品平台项目建设。

通过应用实例分析可知,可持续产品平台考虑了项目的投资时机,除了立刻投资与不投资选项外,还具有延迟投资选项,从而帮助企业在恰当的时间开展产品平台建设。例如,由表3-6可知,B型地铁产品平台项目在2018年的开发价值低于期望利润,因此采取延迟投资策略;但在2019年的项目价值达到预期,所以采取混合设计模式开发产品平台。如此,既降低了产品平台项目的投资风险,也避免了企业错过良好的投资时机。此外,可持续产品平台可以进行持续性定位,即针对未开发产品平台的市场区间,可以持续分析项目的投资价值帮助企业完成投资建设。例如,由表3-7可知,企业在2018年开展产品平台定位以后可以继续在2019年开展产品平台定位,通过最新的市场数据计算项目的投资价值帮助企业持续在恰当的时间、采用恰当的策略、在恰当的市场区间开展产品平台项目的投资建设。

第 4 章

轨道交通车辆产品平台规划技术

产品平台设计的核心与关键是开展产品平台规划，即识别所定位的市场区间内哪些模块是公共模块，以保证企业的规模经济效益；哪些模块是差异化模块，以保证企业的范围经济效益。目前产品平台规划包括定性分析与定量分析两种方法。定性分析主要是凭借专家经验去主观识别模块的类型；定量分析则是以量化指标如模块相似度与模块变更度等通过分类、决策、优化或者推理识别模块的类型。然而，即使是定量分析方法，目前也很少有研究考虑以一种动态、持续的方式识别公共与差异化模块，而这对于产品平台设计又是必要的。毫无疑问，客户需求、技术等随着时间动态变化，势必会致使模块发生变更，从而导致模块的通用性或差异性也发生变化。公共与差异化模块的持续性规划将有助于企业在恰当的时间对已构建的产品平台进行更新与升级，从而维持产品平台的稳健与适应能力。针对上述问题，提出一种可持续产品平台规划方法。首先，基于外部数据与内部数据计算模块相似度与模块变更度；然后，基于模块相似度与模块变更度指标构建可动态更新的模块分类器，从而实现公共与差异化模块的持续性规划。

4.1 产品平台规划框架

在完成产品平台定位后，需要面向目标市场区间开展产品平台规划，即识别公共与差异化模块，其中差异化模块包括适应性模块与个性化模块。产品平台规划是产品平台设计的核心与关键，直接影响产品平台的规模与范围经济效益。可持续产品平台规划框架如图 4-1 所示。与传统产品平台规划方法相比，它具有以下特点：① 它可以追踪外部与内部数据持续识别模块的分类特征；② 它可以构建可更新的模块分类器，从而实现公共与差异化模块的持续性规划。

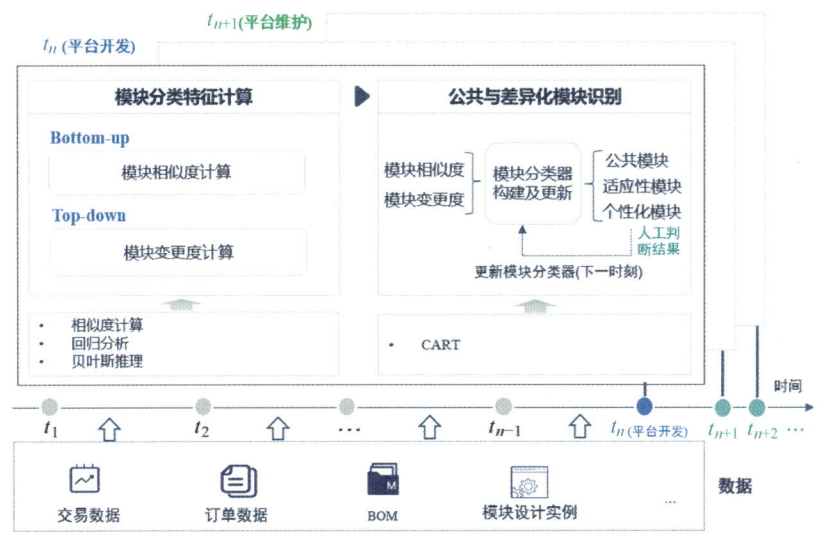

图 4-1　可持续产品平台公共与差异化模块规划框架

可持续产品平台规划包括模块分类特征计算和公共与差异化模块规划两大步骤。模块分类特征计算是通过分析企业的产品 BOM、设计实例等内部数据计算模块相似度，再基于产品交易、订单需求等外部数据分析需求与模块之间的影响关系，从而计算模块变更度。公共与差异化模块规则是指基于模块相似度与模块变更度，采用机器学习的 CART 分类算法构建支持动态更新的模块分类器；然后使用模块分类器实现公共模块、适应性模块以及个性化模块的持续性规划；最后将公共模块与适应性模块纳入产品平台组成元素进行开发与管理。

4.2 模块分类特征计算

模块分类特征是指用于区分模块类型的特征，包括模块相似度与模块变更度。模块相似度是一种基于 Bottom-up 思想、通过分析企业已有实例而获得的分类特征，模块相似度越高，则模块越可能被视为公共模块。为更准确地实现公共与差异化模块的规划，除了分析模块相似度以外，还应该考虑外部需求变更给模块带来的变更可能性。例如，某些模块相似度低，但它受需求变化而产生的变更可能性也低。此时该类模块将不能被视为差异化模块，因为它的差异性是无价值的，企业应该消除已有模块实例中无价值的差异性，将其规划为公共模块并通过统型设计开发唯一的公共模块实例，以实现规模经济效益。因此，除了计算模块相似度以外，还应该基于 Top-down 思想、通过分析外部驱动因素如需求变更对模块的影响以计算模块变更度。模块变更度越低，则模块越可能被视为公共模块。

4.2.1 模块相似度计算

模块相似度（Module Similarity Index，MSI）反映了模块已有实例之间的相似度。其值越高，意味着该模块在性能与结构等方面的变化越小。值得注意的是，这里模块相似度并非模块 j 与对比模块之间的相似度，而是假设模块 j 具有 nc 个实例，通过计算模块 j 的两两实例之间的相似度而判断该模块在性能与结构等方面的变化情况。两两实例对比共有 $nc(nc-1)$ 种情况，若 MSI 为 1，则证明模块的所有实例完全相同；若 MSI 为 0，则证明模块的所有实例完全不同。MSI 的计算公式如下：

$$MSI_j(t) = \frac{\sum_{r=1,s=1,r\neq s}^{nc(t)} MS_{rs,j}(t)}{nc(t)[nc(t)-1]} \qquad (4\text{-}1)$$

式中：$MSI_j(t)$ 是 t 时刻第 j 个模块的相似度；

$nc(t)$ 是 t 时刻模块 j 的累计实例数；

$MS_{rs,j}(t)$ 是 t 时刻模块 j 的第 r 与 s 个实例之间的相似度，基于欧式距离获得[128]。

从公式（4-1）可看出，模块相似度的计算依赖于产品 BOM 与模块设计实例数据，因此，如何采集与处理产品 BOM 与模块设计实例数据是识别 MSI 的基础与关键。产品 BOM 数据记录了产品的结构组成信息，可以通过遍历产品 BOM 统计企业在各时期有哪些模块。模块设计实例数据记录了已有产品模块的设计特征及其实例值，可以用于计算模块实例之间的相似度。目前，中国中车各大主机厂均已采用产品数据管理（PDM）系统来管理产品设计信息，包括 BOM 和模块实例等。例如中车四方股份采用的 TEAMCENTER 系统，中车唐山公司采用的 WINCHILL 系统等。因此，BOM 信息可从企业 PDM 系统中获得，所识别的结果可用十元组表示，即<时间，产品名称，模块名称，模块编码，模块图号，上层装配图号，材料名称，材料编码，数量，单位>。基于"时间"与"模块名称"信息可以统计 t 时刻的模块名称全集。中车四方股份的 TEAMCENTER 系统与中车唐山公司采用的 WINCHILL 系统除了管理 BOM 外，还支持基于设计特征的模块实例库管理。因此，基于设计特征的模块实例信息也可以基于企业 PDM 获得，识别结果可以用七元组表示，i.e.<时间，模块名称，模块编码，模块实例名称，设计参数项，设计参数值，单位>。

为了便于模块相似度计算，需要对采集的模块实例进一步处理，构建统一的模块设计实例信息表，如图 4-2 所示。

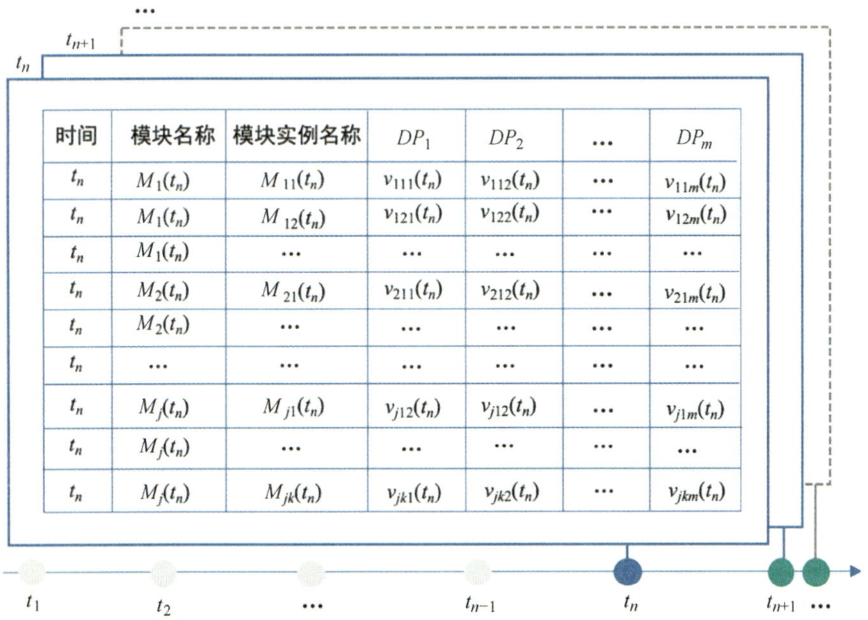

时间	模块名称	模块实例名称	DP_1	DP_2	...	DP_m
t_n	$M_1(t_n)$	$M_{11}(t_n)$	$v_{111}(t_n)$	$v_{112}(t_n)$	...	$v_{11m}(t_n)$
t_n	$M_1(t_n)$	$M_{12}(t_n)$	$v_{121}(t_n)$	$v_{122}(t_n)$	...	$v_{12m}(t_n)$
t_n	$M_1(t_n)$	...	...	...	...	...
t_n	$M_2(t_n)$	$M_{21}(t_n)$	$v_{211}(t_n)$	$v_{212}(t_n)$	...	$v_{21m}(t_n)$
t_n	$M_2(t_n)$	...	...	...	...	...
t_n	...	...	...	...	...	...
t_n	$M_j(t_n)$	$M_{j1}(t_n)$	$v_{j12}(t_n)$	$v_{j12}(t_n)$	...	$v_{j1m}(t_n)$
t_n	$M_j(t_n)$	...	...	...	...	...
t_n	$M_j(t_n)$	$M_{jk}(t_n)$	$v_{jk1}(t_n)$	$v_{jk2}(t_n)$	...	$v_{jkm}(t_n)$

图 4-2 模块设计实例信息表示意图

模块设计实例信息表中，$M_j(t_n)$ 是基于产品 BOM，通过遍历算法获得的 t_n 时刻叶子节点全集；$M_{jk}(t_n)$ 是通过遍历算法获得的 t_n 时刻 j^{th} 模块的 k^{th} 模块实例；DP_m 是通过遍历算法获得的 t_n 时刻的设计参数项全集；$v_{jkm}(t_n)$ 是 t_n 时刻第 j 个模块第 k 个实例关于第 m 个设计参数的值。

4.2.2 模块变更度计算

模块相似度考虑了既有资源的重用情况,却缺乏分析外部驱动因素如需求变更对模块的影响,从而会导致模块的通用性与差异性规划不佳。需求是产品设计的源头与终点,很大程度上决定了模块是否需要发生变更。因此,将基于 Top-down 思想,首先计算需求变更率、需求变异度以及需求偏好度;然后进一步分析需求与模块之间的影响关系,从而计算模块变更度。

1. 需求变更率计算

需求变更率反映了需求的值发生变更的概率。识别需求变更率可以帮助设计师了解哪些需求在未来最有可能发生变化。需求变更率的计算公式如下:

$$RCP_i(t) = \frac{nrl_i(t)}{np(t)} \quad (4\text{-}2)$$

式中:$RCP_i(t)$ 是 t 时刻第 i 个需求的变更率;

$nrl_i(t)$ 是 t 时刻第 i 个需求的累计水平总数;

$np(t)$ 是 t 时刻累计产品总数。

从公式(4-2)可看出,需求变更率的计算依赖于需求实例数据,因此,如何采集与处理订单需求数据便是识别需求变更率的基础与关键。目前,许多公司已经开发了需求管理系统来管理订单需求,例如中车四方股份的 TEAMCENTER 系统可以管理项目订单。这些系统管理的需求多是结构化数据,因此可以提取需求项及其值(水平)。但是,对于没有需求管理系统的公司,只能手动分析订单文档以提取需求项及其值。面向第一种情况,即假设企业具有需求管理系统。所识别的结果可以用四元组来表示,即<时间,交易产品名称,交易产品的需求项,交易产品的需求值>。

为了便于需求变更概率的计算,需要对采集的数据进行处理,即构建需求实例信息表,旨在获得交易产品在每个时期的需求项及其值的完整信息集,如图 4-3 所示。

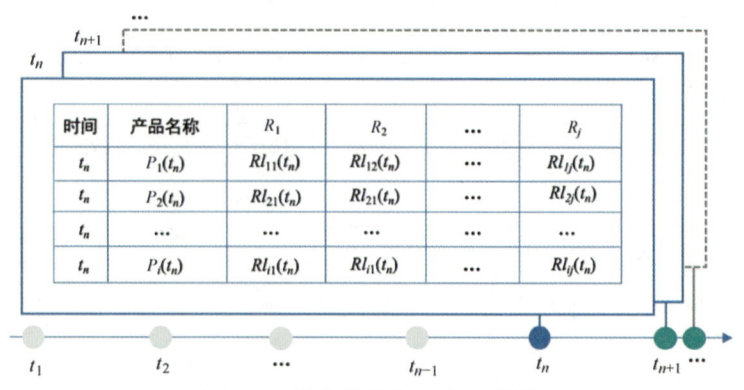

图 4-3 需求实例信息表示意图

需求实例信息表中,$P_i(t_n)$ 是 t_n 时刻的第 i 个交易产品;R_j 是 t_n 时刻的所有交易产品的需求项的最大集合;$Rl_{ij}(t_n)$ 是 t_n 时刻第 i 个交易产品第 j 个需求的水平值。

2. 需求变异度计算

需求变异度反映了产品需求实例值（水平）的变化程度，其计算依赖于前述需求实例信息表，计算公式如下：

$$RVD_i(t) = 1 - \frac{\sum_{r=1,s=1,r \neq s}^{np(t)} RS_{rs,j}(t)}{np(t)[np(t)-1]} \quad (4-3)$$

式中：$RVD_i(t)$ 是 t 时刻第 i 个需求的变异度；

$RS_{rs,i}(t)$ 是 t 时刻第 r 与 s 个产品实例关于第 i 个需求的相似度；

$np(t)$ 是 t 时刻的累计产品总数。

3. 需求偏好度计算

需求偏好度反映了客户对产品某属性的感兴趣或关注程度，通常基于人工方法获得，例如联合分析与 KANO 模型等，但上述方法费时费力。针对该问题，提出基于交易数据动态获取客户需求偏好。具体地，在获得交易产品评分和需求实例信息之后，可以基于回归分析计算需求的效用值。效用值越高，对产品总分的贡献就越大，效用值可以被看作是偏好度[129, 130]，其计算公式如下：

$$y(t) = \beta_0(t) + \beta_1 x_1(t) + \beta_2 x_2(t) + \beta_3 x_3(t) + \cdots + \beta_n x_n(t) \quad (4-4)$$

式中：$y(t)$ 是 t 时刻已交易产品的评分；

$\beta_0(t)$ 是回归模型在 t 时刻的常数；

$x_1(t) \cdots x_n(t)$ 是 t 时刻的需求项；

$\beta_1 \cdots \beta_n$ 是 t 时刻需求项的回归系数，即效用值。

对公式（4-4）的回归系数进行归一化，便可获得 t 时刻第 i 个需求的偏好度，即 $RPD_i(t)$。需求偏好度的计算依赖于交易产品评分，因此，如何采集与处理交易数据便是识别需求偏好度的基础与关键。目前，许多公司已经开发了交易数据管理系统，这意味着企业可以获得时变的交易信息，识别结果可以用三元组表示，即 <时间, 产品名称, 产品销售量>。为了便于需求偏好的计算，有必要对采集的数据进行处理，即构建交易产品评分表，它旨在评估每个时期已交易产品的得分，如图 4-4 所示。

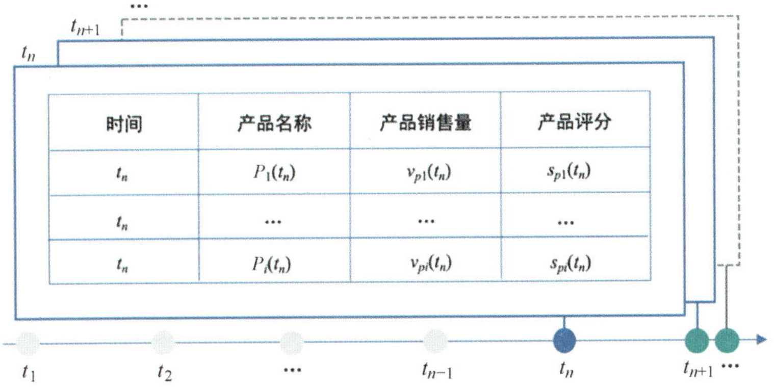

图 4-4 交易产品评分表示意图

产品交易评分表中，$P_i(t_n)$ 是 t_n 时刻的第 i 个交易产品；$v_{pi}(t_n)$ 是 t_n 时刻第 i 个交易产品的销售量；$s_{pi}(t_n)$ 是 t_n 时刻第 i 个交易产品的得分，评分规则如下：将 t_n 时刻最大和最小销售量划分为 9 个区间，依次为 9 至 1 分，$P_i(t_n)$ 落入哪个区间即为该区间所标记的分数。显然，销售量越高，交易产品的得分越高，客户对这些产品越满意。

4. 模块变更度计算

在完成需求变更率、需求变异度以及需求偏好度分析后，还需进一步分析需求对模块的影响，计算需求驱动的模块变更度。模块变更度（Module Change Index，MChI）反映了模块由于客户需求或其他模块变更而发生变更的程度，可根据下式计算获得：

$$MChI_j(t) = \frac{\sum_{i=1}^{nr(t)} RCP_i(t) \times RVD_i(t) \times RPD_i(t) \times MP_j \mid R_i(t)}{nr(t)} \quad (4-5)$$

式中：$MChI_j(t)$ 是模块 j 在 t 时刻的变更度；

$RCP_i(t)$ 是第 i 个需求在 t 时刻的变更率；

$RVD_i(t)$ 是第 i 个需求在 t 时刻的变异度；

$RPD_i(t)$ 是第 i 个需求在 t 时刻的偏好度；

$MP_j \mid R_i(t)$ 是在 t 时刻由第 i 个需求引起的模块 j 发生变更的概率；

$nr(t)$ 是 t 时刻的需求总数。

其中，$MP_j \mid R_i(t)$ 由贝叶斯网络推断获得，它的计算需要分析需求与模块之间的关系，构建模块变更条件概率表，如图 4-5 所示，具体参考文献[7，26]，可以利用 Netica 软件计算获得。

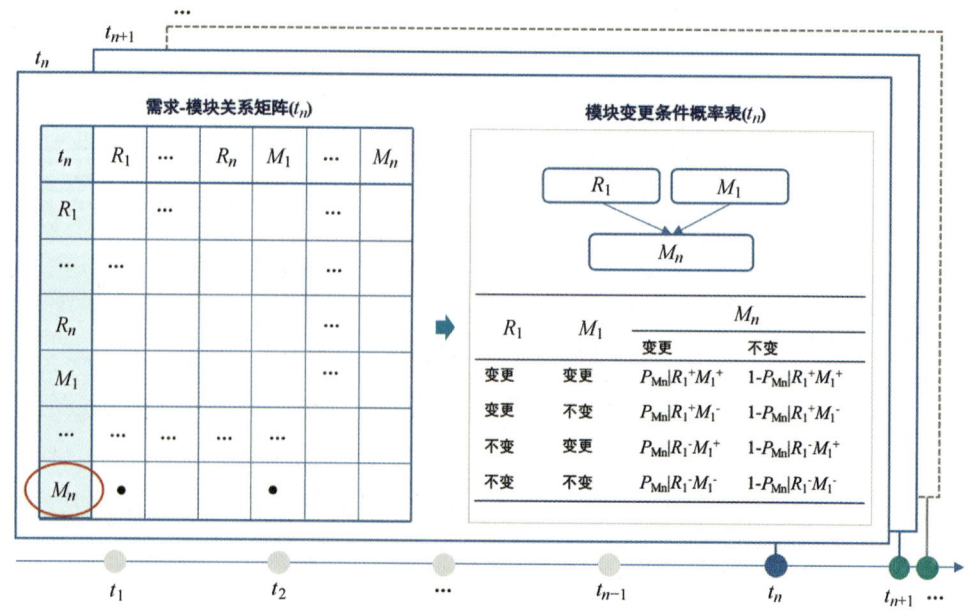

图 4-5　模块变更条件概率表示意图

4.3 公共与差异化模型规划

公共与差异化模块规划本质是个分类问题，包括公共模块、适应性模块以及个性化模块。因此，将基于模块相似度与模块变更度，通过构建模块分类器实现公共模块、适应性模块以及个性化模块的规划。此外，为实现公共与差异化模块的持续性规划，还讨论了模块分类器的更新方法。

4.3.1 模块分类器构建

目前，有监督分类算法包括支持向量机、神经网络、决策树等。公共、适应性以及个性化模块类型识别是一个多分类、解释性需求强的问题，而决策树可以处理多维度输出的分类问题，并且相比于神经网络之类的黑盒分类模型解释性更强，因此将采用决策树算法构建模块分类器[131]。

决策树是一个有监督的分类模型，其本质是选择一个能带来最大信息增益的特征值进行树的分割，直到叶子节点的纯度到达一定阈值。决策树的经典模型包括 ID3、C4.5 以及 CART[131]。其中，CART 在 ID3 与 C4.5 的基础上进行了很多提升，CART 为二叉树，运算速度快，并且使用 Gini 系数作为变量的不纯度量，减少了大量的对数运算。Gini 系数反映了从数据集中随机抽取两个样本，其类别标记不一致的概率。因此基尼指数越小，则数据集纯度越高。采用 CART 算法构建模块分类器，其构建过程如图 4-6 所示。

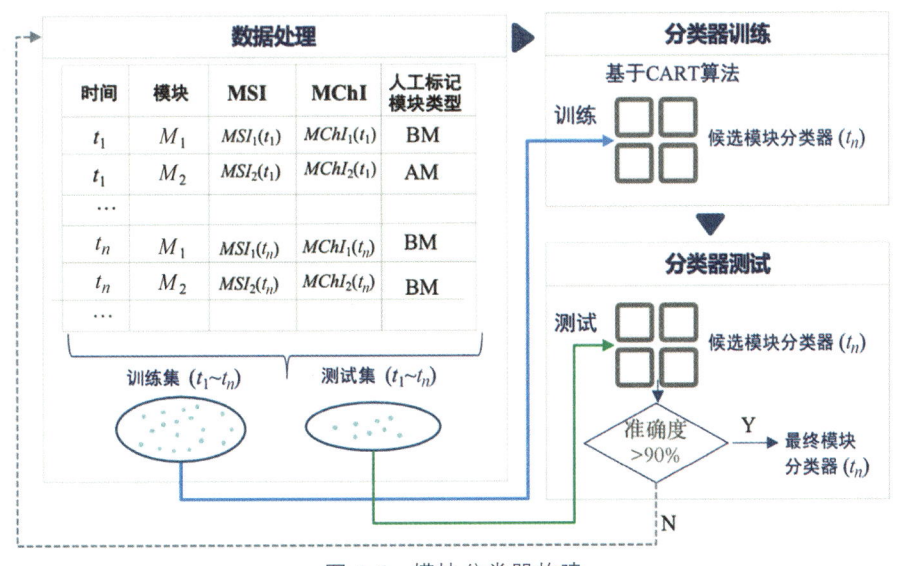

图 4-6 模块分类器构建

首先，基于 t_1 至 t_n 时刻模块相似度与模块变更度指标，由工程师判定模块的类型，从而获得样本数据，并且将样本数据划分为训练集 D 与测试集 T；然后，采用二元切分法，使用基尼指数（Gini）来选择最好的数据分割特征。具体地，选择基尼系数最小的

特征 A 和对应的特征值 a。根据这个最优特征和最优特征值，把数据集划分成两部分 D_1 和 D_2。对左右的子节点递归进行上述步骤生成模块分类器。最后，将测试集 T 输入模块分类器，计算模型的准确度，当模型准确度高于90%时认为分类器有效。

4.3.2 模块分类器应用与更新

模块分类器构建完成以后，t_n 时刻以后的数据（即 t_{n+1}，t_{n+2}，…）便可基于分类器实现模块类型的持续性规划，并且还可以根据人工判断结果将误分类数据召回至训练集重新训练、更新模块分类器。模块分类器的应用与更新过程如图 4-7 所示。

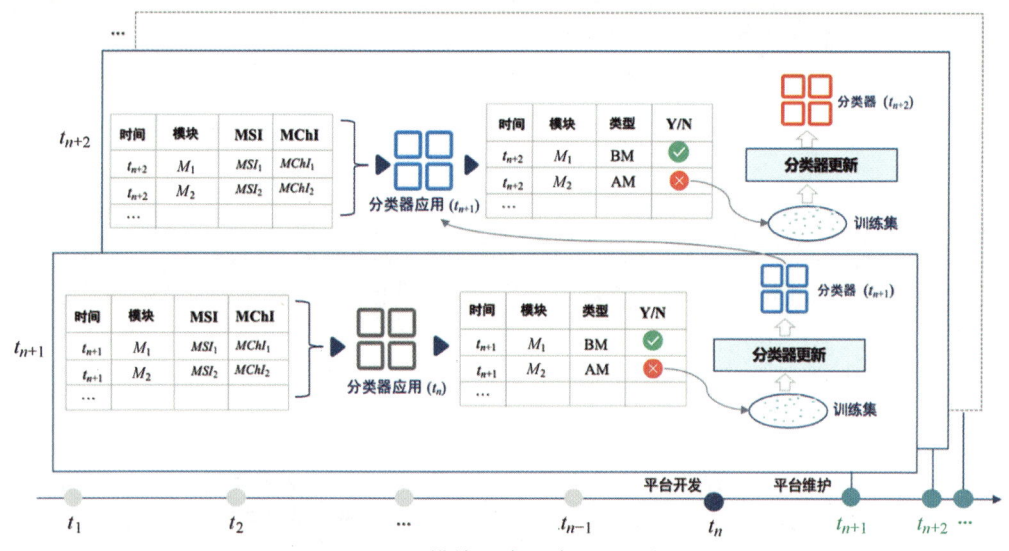

图 4-7　模块分类器应用及更新

具体地，基于 t_{n+1} 以后时刻各模块的相似度与变更度指标，并将结果输入分类器，分类器便会自动预测出 t_{n+1} 以后时刻各模块的类型。进一步，工程师对分类器识别的结果进行判断是否开展更新，从而获得公共、适应性、个性化模块的规划结果。

为提高模块分类器的预测准确率，可以对误判数据进行召回从而对已构建的模块分类器进行修正。例如，根据 t_{n+1} 时期模块类型判断结果，将误判样本召回至 t_n 时期的训练样本中并再次训练模型，以获得更加准确的分类器。然后该分类器将被用于下一时刻（t_{n+2}）的模块类型规划。通过该方式可以持续提高模块分类器的准确率，从而获得更加准确的公共与差异化模块规划结果。

4.4　应用实例

以 A 型地铁产品平台为例，2020 年年初开展产品平台建设，其余产品平台的公共与差异化模块规划类似。基于企业截止到 2019 年年底的产品交易数据、订单需求数据、产品 BOM 数据以及模块设计实例数据开展 A 型地铁产品平台公共与差异化模块规划，为产品平台架构设计奠定基础。

4.4.1　A 型地铁产品平台模块分类特征计算

4.4.1.1　模块相似度计算

基于产品 PDM 系统，统计已有产品 BOM 与模块设计实例，获得各模块在各时期的设计实例信息表。其中，车轴模块的设计实例信息在 2019 年的结果如表 4-1 所示。

表 4-1　A 型地铁模块设计实例信息表（2019 年）

序号	时间	模块名称	模块实例名称	模块设计特征		
				轴身直径/mm	轮座直径/mm	……
1	2019	车轴	CZc1	180	201	
2	2019	车轴	CZc2	180	201	
3	2019	车轴	CZc3	182	202	
4	2019	车轴	CZc4	182	202	
5	2019	车轴	CZc5	184	204	
6	2019	车轴	CZc6	184	204	
…	…					

基于 A 型地铁产品模块设计实例信息表，采取公式（4-1）计算模块截止到 2019 年的模块相似度，其中 2019 年的结果如表 4-2 所示。

表 4-2　A 型地铁模块相似度（2019 年）

序号	时间	模块代号	模块名称	模块相似度
1	2019	M1	电机	0.46
2	2019	M2	车轴	0.46
3	2019	M3	车轮	0.53
4	2019	M4	侧梁	0.5
5	2019	M5	横梁	0.39
6	2019	M6	齿轮箱	0.42
7	2019	M7	轴箱弹簧	0.6
8	2019	M8	空簧	0.5
9	2019	M9	排障装置	0.33
10	2019	M10	加速度传感器	0.3
11	2019	M11	温度传感器	0.17
12	2019	M12	位移传感器	0.25
…	…			

4.4.1.2 模块变更度计算

基于企业交易数据系统,收集企业截止到 2019 年的交易产品型号及其销量,并对其累计产品销售量进行处理,获得交易产品评分表,其中 2019 年的结果如表 4-3 所示。类似地,基于订单需求数据系统,收集企业截止到 2019 年已交易产品的需求项及其水平,并对订单需求数据进行处理,获得需求实例信息表,其中 2019 年的结果如表 4-4 所示。

表 4-3 A 型地铁交易产品评分表(2019 年)

序号	时间	产品名称	累计产品销量/车辆	产品得分
1	2019	SH01A01	88	1
2	2019	SH01A02	160	4
3	2019	SH02A01	248	6
4	2019	SH11A01	264	7
5	2019	SH11A02	60	1
6	2019	SH11A03	60	1
7	2019	SH16A01	276	7
8	2019	WH06A01	240	6
9	2019	WH21A01	100	2
10	2019	SZ01A01	198	5
11	2019	SZ05A01	348	9
12	2019	SZ11A01	264	7
13	2019	ZZ05A01	234	6
...	...	...	...	...

表 4-4 A 型地铁需求实例信息表(2019)

序号	时间	产品名称	需求项		
			R_1 速度等级/(km/h)	R_2 载客量/(人/辆)	R_3 车体宽度/m
1	2019	SH01A01	80	310	3
2	2019	SH01A02	80	310	3
3	2019	SH02A01	80	310	3
4	2019	SH11A01	100	310	3
5	2019	SH11A02	100	310	3
6	2019	SH11A03	100	310	3

第4章 轨道交通车辆产品平台规划技术　071

续表

序号	时间	产品名称	需求项		
			R_1速度等级/(km/h)	R_2载客量/(人/辆)	R_3车体宽度/m
7	2019	SH16A01	120	310	3
8	2019	WH06A01	80	310	3
9	2019	WH21A01	100	310	3
10	2019	SZ01A01	80	320	3.1
11	2019	SZ05A01	80	310	3.1
12	2019	SZ11A01	120	320	3.1
13	2019	ZZ05A01	80	320	3
…	…	…	…	…	…

基于A型地铁交易产品评分表与需求实例信息表，分别采用公式（4-2）~（4-4）计算各时期的需求变更率、需求变异度以及需求偏好度，从而为模块变更度计算的奠定数据基础，其中2019年的结果如表4-5所示。

表4-5　A型地铁需求变更率、变异度、偏好度（2019年）

序号	时间	需求代号	需求名称	需求变更率	需求变异度	需求偏好度
1	2019	R1	速度	0.21	0.62	0.63
2	2019	R2	载客量	0.14	0.36	0.62
3	2019	R3	轴重	0.21	0.67	0.67
4	2019	R4	车体宽度	0.14	0.36	0
5	2019	R5	编组	0.21	0.54	0.62
6	2019	R6	车体材料	0.07	0	0.63
7	2019	R7	启动加速度	0.29	0.58	1
8	2019	R8	平均加速度	0.43	0.6	0.34
9	2019	R9	噪声	0.36	0.82	0.64
10	2019	R10	轨距	0.07	0	0.63
11	2019	R11	坡度系数	0.29	0.63	0.62
12	2019	R12	环境最高温度	0.36	0.73	0.63
13	2019	R13	环境最低温度	0.29	0.65	0.6
…	…	…	……	…	…	…

进一步，分析需求与模块之间的关系，构建需求-模块变更条件概率表，基于贝叶斯推理获得需求变更情况下的模块变更可能性，其中"R1速度"变更所引起的模块变更可能性如图4-8所示。然后，采用公式（4-5）计算模块变更度，结果如表4-6所示。

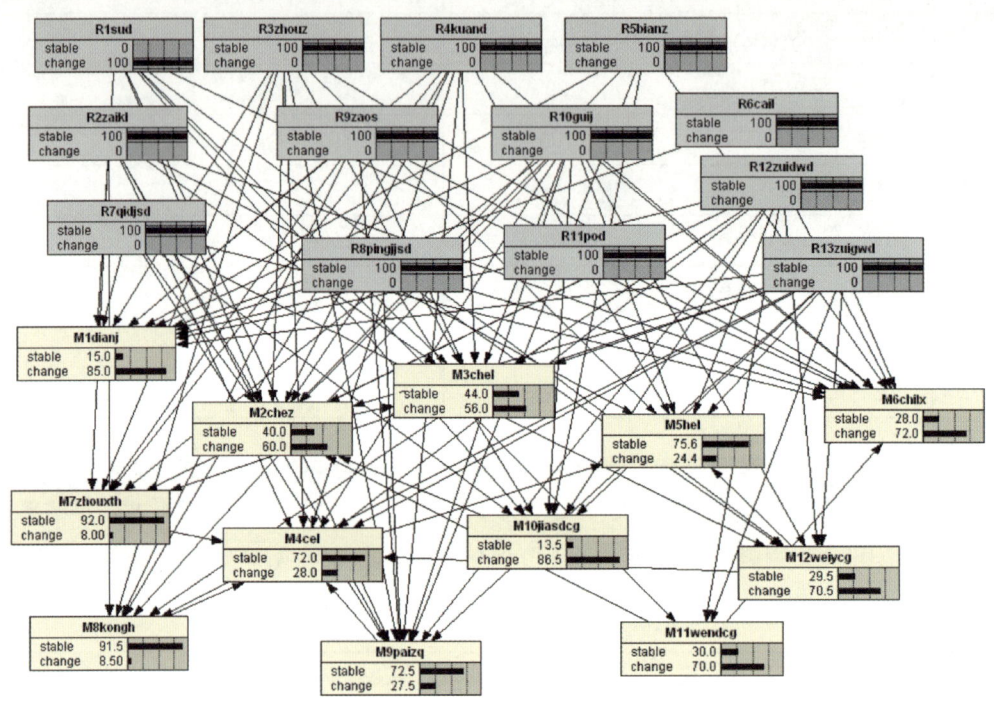

图 4-8　A 型地铁模块变更可能性贝叶斯推理示意图（2019 年）

表 4-6　A 型地铁模块变更度（2019 年）

序号	时间	模块代号	模块名称	模块变更度
1	2019	M1	电机	1
2	2019	M2	车轴	0.86
3	2019	M3	车轮	0.82
4	2019	M4	侧梁	0.33
5	2019	M5	横梁	0.28
6	2019	M6	齿轮箱	0.87
7	2019	M7	轴箱弹簧	0.09
8	2019	M8	空簧	0
9	2019	M9	排障装置	0.13
10	2019	M10	加速度传感器	0.98
11	2019	M11	温度传感器	0.98
12	2019	M12	位移传感器	0.95
…	…	…	……	…

4.4.2　A 型地铁产品平台公共与差异化模块规划

4.4.2.1　A 型地铁模块分类器构建

首先，基于前述识别的模块相似度与模块变更度指标，召集工程师判断模块类型，从而获得样本数据，共计 57 个，划分为两类：训练集 45 个，测试集 12 个。45 个训练集中公共模块 20 个、适应性模块 16 个、个性化模块 9 个。然后，采用 CART 方法对训练集进行训练，获得模块分类器，如图 4-9 所示。

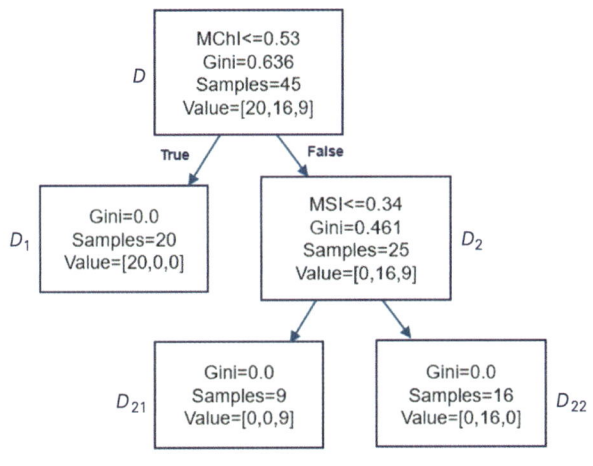

图 4-9　CART 模块分类器

由图 4-9 可知，模块分类器的首要分类特征为模块变更度（MChI）并且特征值为 0.53，此时基尼系数为 0.636，样本 D 纯度不高，包括 20 个公共模块、16 个适应性模块、9 个个性化模块。进一步，基于 MChI 及其特征值将 45 个训练样本 D 划分为训练样本 D_1 与 D_2。其中，D_1 的样本数量为 20，此时基尼系数为 0，样本纯度已经达到最高，20 个全部为公共模块，实现了公共模块的分类；D_2 的样本数量为 25，分类特征变为模块相似度（MSI）并且特征值为 0.34，此时基尼系数为 0.461，样本 D_2 的纯度相对于 D 已经变高，但纯度还是不够，包括 16 个适应性模块与 9 个个性化模块。进一步，基于 MSI 及其特征值将 25 个训练样本 D_2 划分为训练样本 D_{21} 与 D_{22}。其中，D_{21} 的样本数量为 9，此时基尼系数为 0，样本纯度已经达到最高，9 个全部为个性化模块，实现了个性化模块的分类；D_{22} 的样本数量为 16，此时基尼系数为 0，样本纯度同样已经达到最高，16 个全部为适应性模块，实现了适应性模块的分类。

最后，将 12 个测试集对模块分类器进行测试，模型准确率为 100%。采用 CART 所构建的模块分类器可解释性强，由图 4-9 可知，模块分类器的首要分类特征是 MChI，利用 MChI 把模块划分为低变更模块集与高变更模块集。低变更模块集合即为公共模块集；高变更模块集合进一步利用 MSI 进行划分，若 MSI 大于 0.34，则模块被划分为适应性模块，否则被划分为个性化模块。

4.4.2.2 A 型地铁模块分类器应用与更新

假设已知 2020 年年底模块的相似度与变更度指标，基于模块分类器预测 2020 年的模块类型，结果如表 4-7 所示。

表 4-7　A 型地铁模块类型识别结果（2020 年）

序号	时间	模块名称	MSI	MChI	模块类型（分类器）	模块类型（人工）
1	2020	M1	0.46	1	适应性模块	适应性模块
2	2020	M2	0.46	0.71	适应性模块	适应性模块
3	2020	M3	0.53	0.52	公共模块	适应性模块
4	2020	M4	0.5	0.38	公共模块	公共模块
5	2020	M5	0.39	0.35	公共模块	公共模块
6	2020	M6	0.42	0.66	适应性模块	适应性模块
7	2020	M7	0.6	0.12	公共模块	公共模块
8	2020	M8	0.5	0	公共模块	公共模块
9	2020	M9	0.33	0.15	公共模块	公共模块
10	2020	M10	0.35	0.65	适应性模块	个性化模块
11	2020	M11	0.27	0.76	个性化模块	个性化模块
12	2020	M12	0.25	0.67	个性化模块	个性化模块
…	…	…	…	…	……	……

由表 4-7 可知，模块分类器识别的结果有两个与专家判断得不一致，即 M3 与 M10。因此，需要将误判结果放到训练集继续开展训练，更新后的模块分类器如图 4-10 所示。

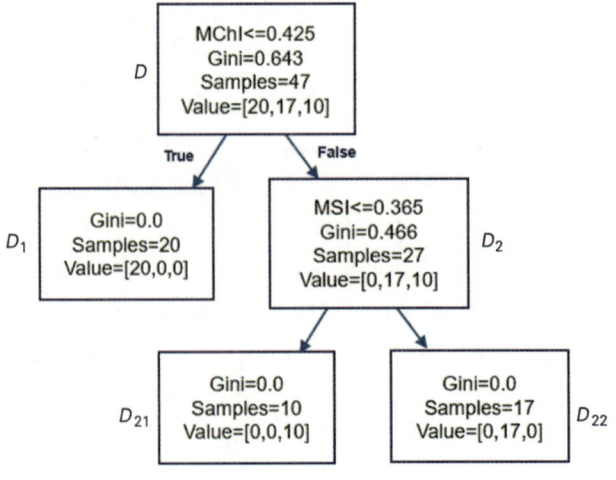

图 4-10　更新后的 CART 模块分类器

由图 4-10 可知，更新后的模块分类器的阈值已经发生了变化，MChI 的判断阈值从 0.53 调整为 0.425；MSI 的阈值从 0.34 调整为 0.365。显然，调整后的模块分类器的准确率会得到提升，从而更好地支持公共与差异化模块的持续性规划。

通过应用实例分析可知，可持续产品平台基于机器学习算法构建了模块分类器，通过动态识别模块在各时期的模块相似度与变更度，然后输入模块分类器可以持续获得公共与差异化模块规划结果。例如，由表 4-7 可知，当输入 2020 年模块的相似度与变更度以后，便可基于模块分类器自动识别出模块的类型。与传统产品平台规划相比，由于它可以实现公共与差异化模块的持续规划，因此将能更好地支持产品平台的更新与升级，从而维持产品平台的稳健与适应能力。此外，模块分类器随着时间还可以动态更新，例如由图 4-10 可知，模块分类器的阈值将会发生变化。如此，可动态更新的模块分类器将会提高公共与差异化模块持续性规划的准确率。

第 5 章

轨道交通车辆产品平台构建技术

产品平台构建是指开发支持产品快速派生的产品平台架构，由公共模块、适应性模块及其配合关系组成。目前，产品平台对公共与差异化模块规划的研究较多，而对产品平台架构设计的研究较少且多是 One-off 设计模式。然而，公共与差异化模块规划随着时间会动态变化，从而致使产品平台架构也会发生变化，因此研究产品平台架构的持续性构建具有重要意义。针对上述问题，提出一种可持续产品平台构建方法，以有效支持产品平台架构的持续性更新与升级。首先，分析了模块之间的配合关系，并且构建了模块配合信息模型；然后，采用多属性决策方法开展公共模块的持续性构建，采用 K 均值聚类、多属性决策、灰色关联分析以及关联设计等方法开展适应性模块的持续性构建。

5.1 产品平台构建框架

在完成公共与差异化模块规划、识别可持续产品平台的组成元素以后，需要构建可持续产品平台架构，从而支持产品变体的快速派生。产品平台架构是企业衍生产品变体的核心架构，包括公共模块、适应性模块以及模块配合关系。面向新的订单需求，通过公共模块的完全重用、适应性模块的配置设计或变型设计可以帮助企业快速生成满足多样化客户需求的产品。可持续产品平台构建框架如图 5-1 所示，具有以下特点：

（1）分析了公共模块、适应性模块以及个性化模块之间的关系，并且构建了可更新的模块配合信息模型。

（2）通过识别已有模块实例的可重用性、可靠性、成本等指标帮助企业持续性决策出最佳公共模块实例。

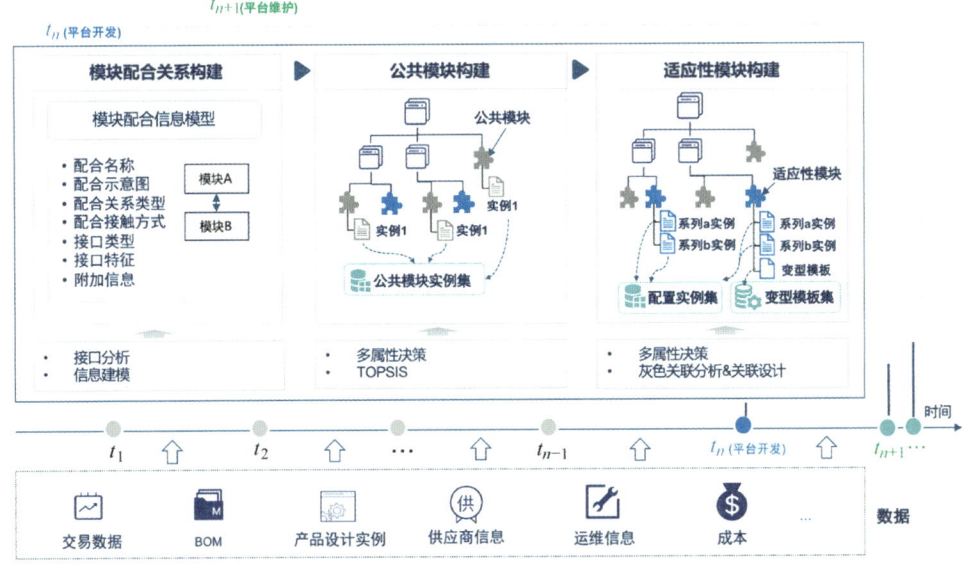

图 5-1 可持续产品平台构建框架

（3）通过聚类分析持续性规划适应性模块的配置实例系列，并且通过构建需求-设计特征网络模型指导变型模板的构建。

可持续产品平台架构设计包括三个步骤：① 模块配合关系构建；② 公共模块构建；③ 适应性模块构建。模块配合关系构建旨在分析公共模块、适应性模块以及个性化模块之间的配合特点，然后构建模块配合信息模型；公共模块构建是基于模块配合信息模型与需求分析结果，采用多属性决策方法从已有模块实例中决策出一个最优模块实例；适应性模块构建包括配置实例与变型模板构建两部分，配置实例构建是采用聚类分析规划模块系列，然后采用多属性决策定义每个系列的配置实例；变型模板构建是针对自制件，除了构建配置实例外，还需分析需求与设计特征之间的关系，然后采用关联设计方法构建支持参数化变型的3D变型模板。

5.2 模块配合关系构建

5.2.1 模块配合类型及其特点

基于前述产品平台公共与差异化模块规划可知，识别的模块包括3类：公共模块、适应性模块、个性化模块。三类模块可产生6种关系。此外，模块与模块之间有两种接触方式：一种是直接式接触，另一种是间接式接触，即设计中间接口件，如图5-2所示。

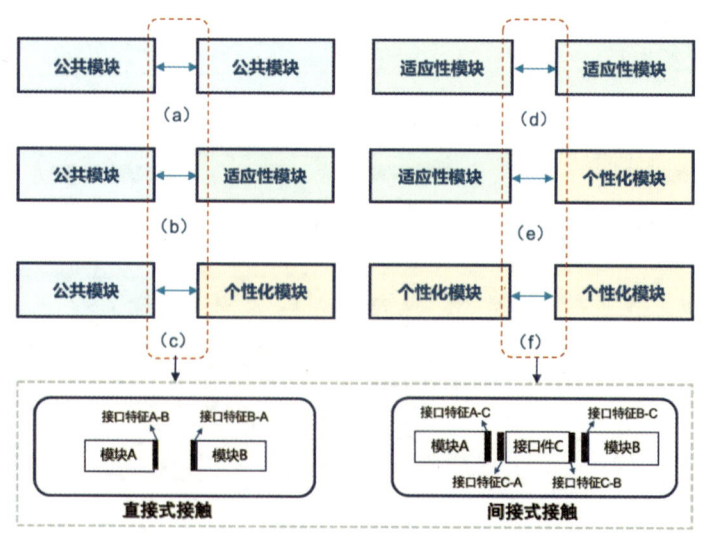

图 5-2 模块配合关系类型

1. 公共模块-公共模块

公共模块是其形状与特征在产品族产品中完全相同的模块，具有唯一实例。因此，公共模块之间配合关系稳定，无论是直接接触式还是间接接触式，其接口特征都应该标准化。例如，转向架的横梁钢管（公共模块）与侧梁梁体（公共模块）之间属于直接接触式并且是机械连接，在设计模块实例之前需要固化两个模块之间的接口特征，如横梁钢管的外径、侧梁的横梁孔径等。

2. 公共模块-适应性模块

公共模块具有唯一实例，而适应性模块为了响应多样化的需求，具有多个配置实例或变型模板。因此，公共模块与适应性模块之间的配合关系设计有 4 种处理方式：① 直接接触式，公共模块与适应性模块两侧均为标准化的接口特征；② 直接接触式，公共模块侧为标准化的接口特征，适应性模块侧为系列化的接口特征；③ 间接接触式，公共模块与适应性模块两侧均为标准化的接口特征；④ 间接接触式，公共模块侧为标准化的接口特征，适应性模块侧为系列化的接口特征。例如，横梁钢管（公共模块）与牵引电机（适应性模块）属于间接接触式，即在两个模块之间设计中间接口件（即牵引电机安装座），并且在横梁钢管侧的接口特征标准化，在电机侧的接口特征系列化。

3. 公共模块-个性化模块

公共模块具有唯一实例，而个性化模块是非平台元素，一般都是非 OEMs 生产的，多属于定制件与外购件，具有多种、不可预见的实例变体。为了降低个性化模块的生产成本与时间、便于个性化模块更换（拆卸与装配），无论是直接接触式还是间接接触式，公共模块侧的接口均需要标准化，并且公开技术细节为供应商招标，这是一种开放式接口设计思想。

4. 适应性模块-适应性模块

为了响应客户多样化的需求，适应性模块具有多个配置实例或变型模板。为提高适应性模块的重用效率，适应性模块之间的配合关系设计有 6 种处理方式：① 直接接触式，适应性模块两侧均为标准化的接口特征；② 直接接触式，适应性模块一侧为标准化的接口特征，另一侧为系列化的接口特征；③ 直接接触式，适应性模块两侧均为系列化的接口特征；④ 间接接触式，适应性模块两侧均为标准化的接口特征；⑤ 间接接触式，适应性模块一侧为标准化的接口特征，另一侧为系列化的接口特征；⑥ 间接接触式，适应性模块两侧均为系列化的接口特征。例如牵引电机（适应性模块）与齿轮箱（适应性模块）的配合关系为上述第 6 种方式，即在两个模块之间设计中间接口件（联轴节），并且在两侧设计多个系列化接口。

5. 适应性模块-个性化模块

适应性模块具有预定义的配置实例或变型模板，是一种有限、可控的变化；而个性化模块具有多个实例变体，是一种不可控的变化。为降低个性化模块的生产成本与时间、便于个性化模块更换（拆卸与装配），适应性模块与个性化模块之间有 4 种处理方式：① 直接接触式，适应性模块侧为标准化的接口特征；② 直接接触式，适应性模块为系列化的接口特征；③ 间接接触式，适应性模块侧为标准化的接口特征；④ 间接接触式，适应性模块侧为系列化的接口特征。例如车体侧墙板（适应性模块）与显示屏（个性化模块），其接口可设计为标准接口，定义显示屏的定位基准以及接触面积等。

6. 个性化模块-个性化模块

个性化模块属于非平台元素，一般是外购件，其结构型式、材料、色彩等一般不可控，因此，个性化模块之间的配合关系一般也不可控，难以设计为标准接口或系列化接口。

5.2.2 模块配合信息模型构建

为进一步指导产品平台架构中公共模块与适应性模块构建，需要定义模块之间的配合信息。采用7元组描述模块配合信息模型，包括<N, MD, MR, IM, IT, IF, AI>，如图 5-3 所示。

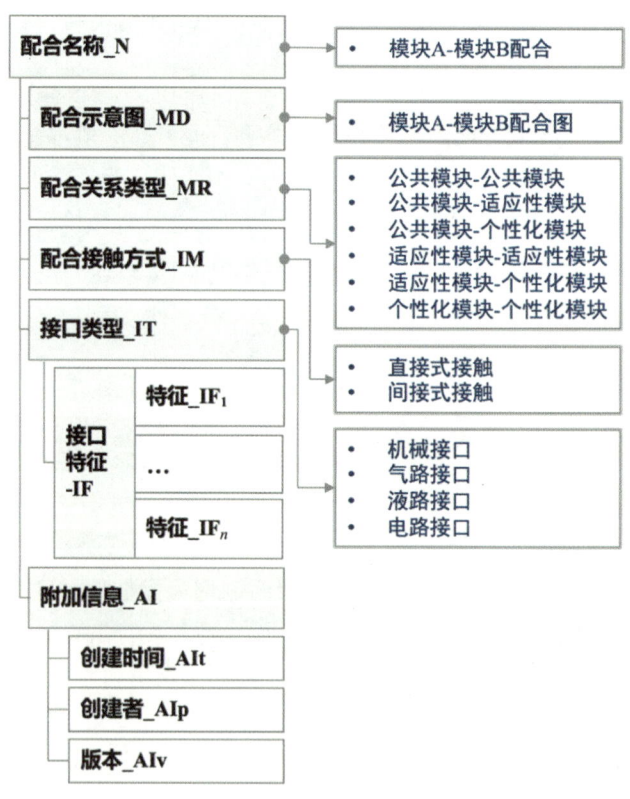

图 5-3 模块配合信息模型

几类配合信息定义如下：

1. N-配合名称

配合名称是用以识别两个相配合模块的专属名词，以"模块 A-模块 B 配合"形式表达。

2. MD-配合示意图

配合示意图是模块相配合部位的图形化展示,可以更好地帮助设计师了解模块之间的配合关系,有 jpg、bmp、gif 等格式。

3. MR-配合关系类型

配合关系类型即两个相配合模块的关系类别,包括 6 类:公共模块-公共模块,公共模块-适应性模块,公共模块-个性化模块,适应性模块-适应性模块,适应性模块-个性化模块,个性化模块-个性化模块。

4. IM-配合接触方式

配合接触方式是指两个模块相接触的形式,有直接式与间接式两种。直接式是指两个模块直接接触,间接式是指模块之间存在中间接口件。例如,转向架车轴与车轮属于直接接触式,而牵引电机与横梁则属于间接接触式,两者之间包含中间接口件,即牵引电机安装座。

5. IT-接口类型

接口类型是指模块之间的连接机理[132, 133],针对轨道交通车辆,包括机械接口、气路接口、液路接口、电路接口等,具体如表 5-1 所示。值得注意的是两个配合模块可以有多个接口,例如城轨车辆的车钩除了有机械接口,还有气路接口与电路接口。

表 5-1 模块接口类型

序号	接口类型	接口描述
1	机械接口	机械接口是两模块间物理连接的界面。机械接口的主要功能包括连接、分离以及承载。机械接口根据连接形式可以分为:传动连接、可拆装连接和不可拆装连接。其中传动连接包括:齿轮传动、蜗杆传动、链传动和带传动等;可拆装连接包括:螺纹连接、销连接、键连接和楔连接等;不可拆装连接两模块间是相对静止的,包括:焊接、铆接和胶接等。机械接口的设计侧重于机械性能,包括接口强度、韧性以及精度等
2	气路接口	气路接口是两模块间气体交换的界面。气路接口的主要功能是传输气体。气路接口的设计侧重于气密性
3	液路接口	液路接口是两模块间液压油路的连接界面。液路接口的主要功能是传输液体。液路接口的设计侧重于密封性
4	电路接口	电路接口是传递电能与数据信息的界面。其作用一是通过与电源总线的连接,按负载的要求对电能进行变换并将电能输送给各模块,以对各电器模块进行配电。作用二是实现数据传输。在电路接口设计中,电路接口必须满足与电源总线阻抗匹配与绝缘等要求,使接口能为模块提供稳定、充足的电源,从而维持模块的正常工作

6. IF-接口特征

接口特征是对模块之间接口类型的详细描述,例如描述机械接口的配合直径、配合长度等,描述电路接口的输入电压、输入电流等。

7. AI-附加信息

附加信息是对模块配合信息模型创建信息的描述,包括创建时间、创建者、版本。当模块增减或者模块类型发生变化时模块配合信息模型一般需要更新,因此,需要记录它的时间与版本信息。

模块配合信息模型定义了模块之间的配合关系类型、配合接触方式、接口类型以及接口特征等,为后续公共模块与适应性模块构建提供接口约束。此外,与适应性模块相比,公共模块通用程度更高,因此企业应优先开展公共模块构建,然后再开展适应性模块构建。

5.3 公共模块构建

公共模块是形状和特性在一族产品中完全相同的模块,只有一个实例,旨在帮助企业获取规模经济效益。因此,公共模块构建应从有效利用企业已有资源的角度出发,尽量重用企业已有模块实例,从而降低平台的开发成本和生产成本,其技术路线如图 5-4 所示,平台开发与平台维护阶段公共模块的构建过程相同。

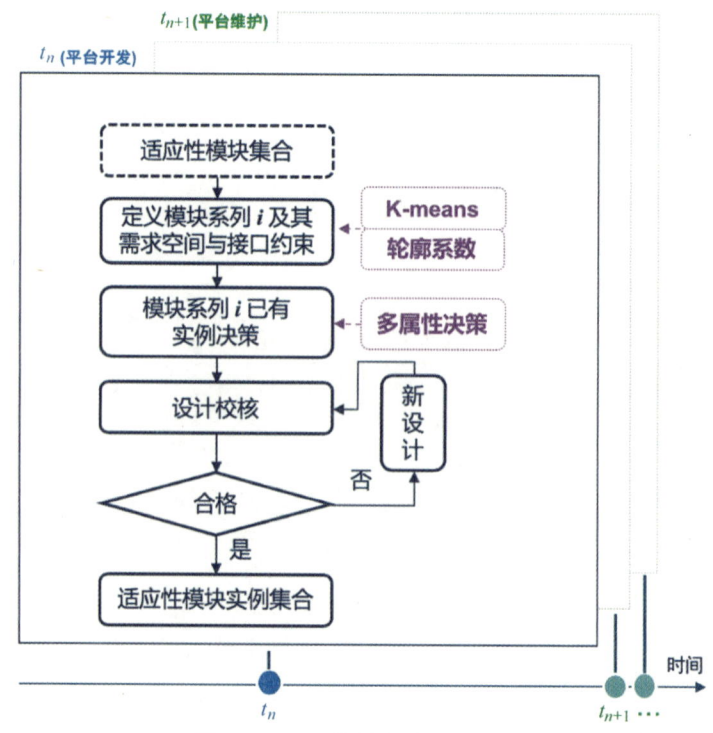

图 5-4 公共模块构建技术路线

Step1 定义模块需求空间与接口约束。

模块需求空间是指模块所响应的需求范围,可以基于前述需求-模块关系矩阵识别影响公共模块的需求集合 $R=\{R_1, R_2, \cdots, R_n\}$,然后再基于需求实例与客户需求偏好定义每个需求项的范围。模块接口约束是指模块与其他模块相配合的接口特征集合,即 $IF=\{IF_1, IF_2, \cdots, IF_n\}$,可以基于前述模块配合信息模型获得。

Step2 已有模块实例决策。

为尽可能重用企业已有模块实例,降低模块的开发成本与缩短开发周期,采用多属性决策方法从已有实例中确定公共模块实例[134-136]。由于轨道交通车辆是一个复杂产品,由自制件与外购件组成,因此其决策模型也包括自制件与外购件两部分,如图 5-5 所示。

公共模块多属性决策模型包括 4 层结构:最高层是目标层,即在已有的多个模块实例中选择符合要求的最优模块实例;第二层是准则层,即从可重用性、可靠性、供应商评分、成本四个方面评估模块实例;第三层是指标层,即对准则层进一步细化;最底层是方案层,即已有的多个模块实例。其中,指标层是实现多属性决策的关键,包括模块实例差异度、模块实例使用度、模块实例平均故障间隔时间、模块供货成本、模块制造成本、模块运维成本等。

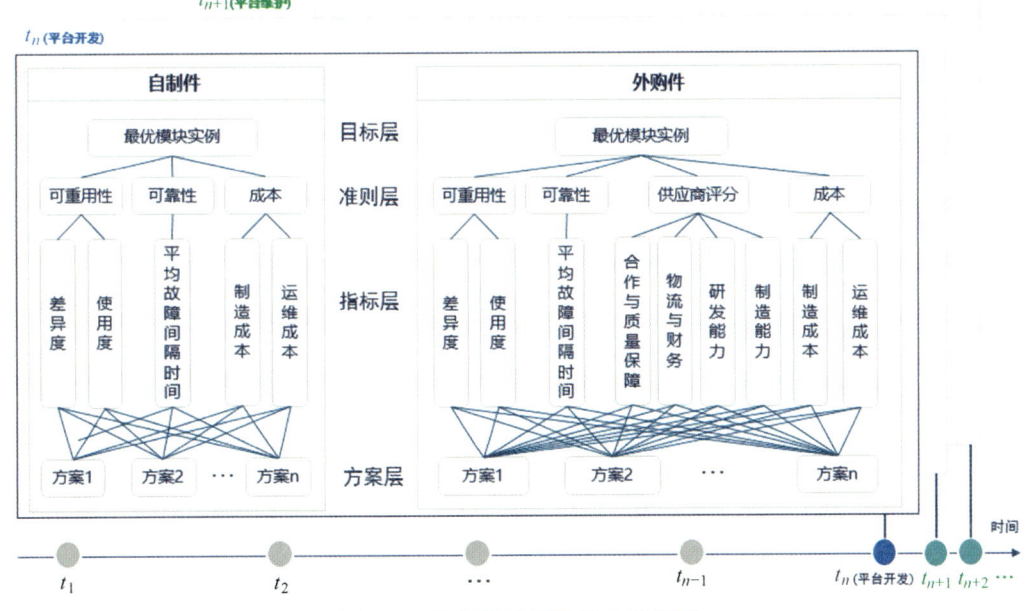

图 5-5 公共模块多属性决策模型

1. 模块实例差异度

模块实例差异度是指某个模块实例在所有实例集合中相对于其他实例不同的程度。模块实例的差异度值越高,说明该模块实例的结构型式、材料等越特殊,则致使模块的设计、制造以及运维成本可能越高,因此企业在开展公共模块实例统型设计时应尽可能地选择差异度低的模块实例。值得注意的是，模块实例差异度并非计算模块实例 i 与其他某个模块实例之间的差异度，而是通过计算模块实例 i 与其他所有模块实例之间的差异度而判断该模块实例在所有实例集合中相对于其他实例的不同程度。计算公式如下：

$$McV_i(t) = \frac{\sum_{j=1,j\neq i}^{nc(t)} mcV(i,j)(t)}{nc(t)-1} \quad (5\text{-}1)$$

式中：$McV_i(t)$ 是 t 时刻模块实例 i 的差异度；

$nc(t)$ 是 t 时刻模块实例总数；

$mcV(i,j)(t)$ 是 t 时刻模块实例 i 与第 j 个实例之间的差异度。

其中，$mcV(i,j)(t)$ 可由下式计算获得：

$$mcV(i,j)(t) = 1 - \sum_{r=1}^{nk(t)} \frac{mpS_r(i,j)}{nc(t)} \quad (5\text{-}2)$$

式中：r 是 t 时刻模块实例 i 的技术参数属性项，其总数为 $nk(t)$；

$mpS_r(i,j)(t)$ 是 t 时刻 i^{th} 模块实例与 j^{th} 实例关于 r^{th} 属性的相似度值，可基于欧式距离获得。

2. 模块实例使用度

模块实例使用度反映了模块实例被产品实例所采用的频次。模块实例的使用度值越高，说明该模块实例被运用越广泛，因此企业在开展公共模块统型设计时应尽可能地选择使用度高的模块实例。借鉴模块通用度的计算公式[24]，模块实例使用度计算公式如下：

$$McU_i(t) = \frac{\sum_{p=1}^{np(t)} cq_{i,p}(t)}{np(t)}$$

$$cq_{i,p}(t) = \begin{cases} 1, \text{if } p \text{ have } i \\ 0, \text{if } p \text{ does not have } i \end{cases} \quad (5\text{-}3)$$

式中：$McU_i(t)$ 是 t 时刻模块实例 i 的使用度；

$np(t)$ 是 t 时刻产品实例总量，以"车辆"（如 MP1、TC1 车）为单元进行计算。

3. 模块实例 MTBF

可靠性是指模块在一定时间内、在一定条件下无故障地执行指定功能的能力或可能性，可通过平均故障间隔时间来评价模块的可靠性。平均故障间隔时间，即 MTBF（Mean Time Between Failure），是指相邻两次故障之间的平均工作时间。当故障率函数服从指数分布时，模块实例 MTBF 的计算公式如下[137]：

$$McMTBF_i(t) = \frac{Tlf_i(t)}{nf_i(t)} \quad (5\text{-}4)$$

式中：$McMTBF_i(t)$ 是 t 时刻模块实例 i 的平均故障间隔时间；

$Tlf_i(t)$ 是 t 时刻模块实例 i 的使用寿命；

$nf_i(t)$ 是 t 时刻模块实例 i 在使用寿命内的故障次数。

模块实例的 MTBF 越大，说明模块实例越可靠，因此，企业在开展公共实例统型设计时应尽可能地选择 MTBF 高的模块实例。为了方便对模块实例的 MTBF 进行对比分析，在计算出每个实例的 MTBF 后，可以采用最大值归一化方法将模块实例的 MTBF 归一化至[0,1]。

4. 模块实例供应商评分

供应商评分是指从合作与质量保障、物流与财务、研发能力和制造能力四个方面对供应商进行评定的总分数。模块实例提供方（供应商）的评分越高，则说明该实例的质量越有保障，因此，企业在开展公共模块实例统型设计时应尽可能地选择供应商评分高的模块实例。目前，中车主机厂已开发供应商评分系统，会持续性对合作供应商评分。为了方便对模块实例的供应商评分进行对比分析，可以采用最大值归一化方法将模块实例提供方（供应商）的评分归一化至[0,1]。

5. 模块实例成本

模块实例成本包括供货成本、制造成本以及运维成本。通常，在模块实例质量得以保障的情况下，模块成本越低，带给企业的经济效益越高。因此，企业在开展公共模块实例统型设计时，在模块实例的质量有保障的情况下应尽可能地选择总成本较低的模块实例。为了方便对模块实例的成本进行对比分析，在计算出每个实例的总成本后，可以采用最大值归一化方法将模块实例的成本归一化至[0,1]。

在确定决策模型的评价指标后，需要进一步构建多属性决策模型并进行求解，步骤如下：

（1）构建初始决策矩阵 Y。基于 k 个方案与 i 个指标，构建 $k \times i$ 的初始化指标决策矩阵[138]：

$$Y(t) = \{y_{ki}(t)\}, 1 \leq k \leq m(t), 1 \leq i \leq n(t) \qquad (5\text{-}5)$$

式中：$y_{ki}(t)$ 是 t 时刻第 k 个方案关于第 i 个指标的属性值；

$m(t)$ 是 t 时刻的方案总数；

$n(t)$ 是 t 时刻的指标总数。

（2）构建规范化指标决策矩阵 Y'。采用文献[138]中的规范化方法对决策矩阵 Y 进行规范化处理得到规范化的指标决策矩阵 Y'：

$$Y'(t) = \{y'_{ki}(t)\}, 1 \leq k \leq m(t), 1 \leq i \leq n(t) \qquad (5\text{-}6)$$

式中：$y'_{ki}(t)$ 是 t 时刻第 k 个方案关于第 i 个指标的规范化属性值。

（3）构建规范化准则决策矩阵 R'。对同一准则层及其下属指标层的指标，采用文献[139]中的层次分析法确定指标层权重后，将指标层属性值加权平均得到的值作为准则层指标的属性值。

（4）采用 TOPSIS（理想解法）求解最优方案。在获得规范化准则决策矩阵后，采用文献[138]中的 TOPSIS 方法求解上述 m 个决策方案的权重并对方案进行排序，从而得到最优方案。

Step3 设计校核。

基于多属性决策模型获得各时期最优的已有模块实例后，需要进一步通过强度计算、仿真试验以判断已有实例是否满足需求空间与设计约束。若模块实例满足需求空间与设计约束，则该实例被视为公共模块实例；若不满足，则需要重新设计一个模块实例并进行校核，校核成功后方可被视为公共模块实例。模块实例的全新设计可以基于公理设计理论实现，这里将不再讨论。

5.4 适应性模块构建

适应性模块的形状与特征在产品族产品中不完全相同，受需求影响而产生的变更可能性较高，可通过构建配置实例或变型模板响应客户多样化的需求。因此，适应性模块构建包括配置实例与变型模板构建。配置实例构建面向自制件与外购件，变型模板构建面向自制件如转向架的车轮与车轴等。

5.4.1 配置实例构建

配置实例构建旨在开发响应不同需求域的系列实例集，例如在开发 A 型地铁产品平台时，设计响应 80 km/h、100 km/h、120 km/h 三种速度等级的三个牵引电机实例。配置实例构建的技术路线如图 5-6 所示，平台开发与维护阶段适应性模块的配置实例构建过程相同。

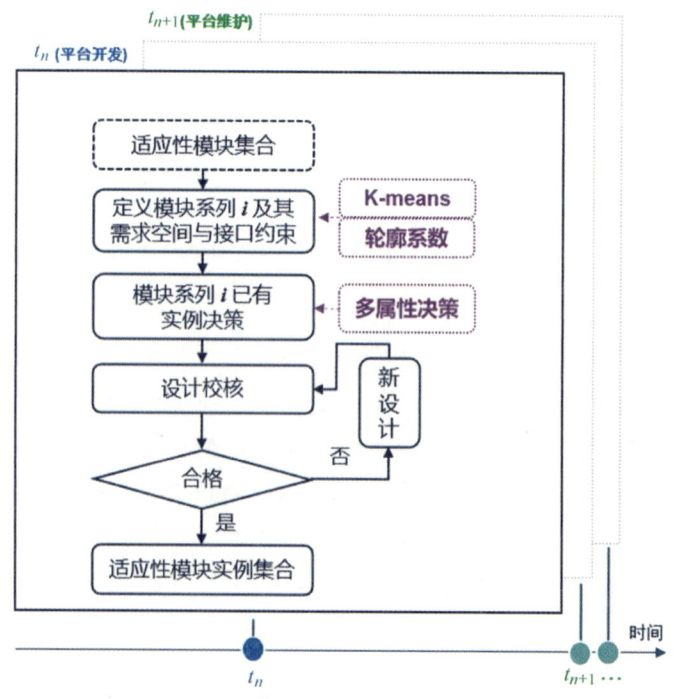

图 5-6　适应性模块（配置实例）构建技术路线

由图 5-6 可知，适应性模块的配置实例构建过程与公共模块实例类似，区别在于公共模块只开发一个统型实例，而适应性模块需要开发响应多样化需求的多个统型实例。具体地，配置实例首先需要规划模块的系列以及每个系列的需求空间与接口约束。模块系列的数量不宜过多，一般为 2～4 个。为了提高模块的通用性，每个系列一般只有一个统型实例。模块系列规划的本质是一个无监督聚类问题，K-means 聚类算法快速高效，而轮廓系数方法可以找出最佳的聚类簇数，因此采取 K-means+轮廓系数方法实现模块的系列规划[16, 140]，具体流程如图 5-7 所示。

假设将配置实例在 t 时刻划分为 $k(t)$ 个系列：$M(t)=\{M_1, M_2, \cdots, M_{k(t)}\}$，也就是把样本数据按照样本之间的距离大小划分为 $k(t)$ 个簇。然后，采用轮廓系数评估聚类效果的好坏[141]。轮廓系数的值处于 –1～1 之间，值越大，表示聚类效果越好，反之越差。样本个体的轮廓系数参考文献[141]。通过枚举，令 $k(t)$ 从 2 到一个固定值，如 5，在每个 $k(t)$ 值上运行 K-means 聚类算法得到聚类向量，并计算当前聚类向量下的平均轮廓系数，最后选取平均轮廓系数最大值所对应的 $k(t)$ 值作为最终的聚类簇数，即 t 时刻所规划的模块系列数量。

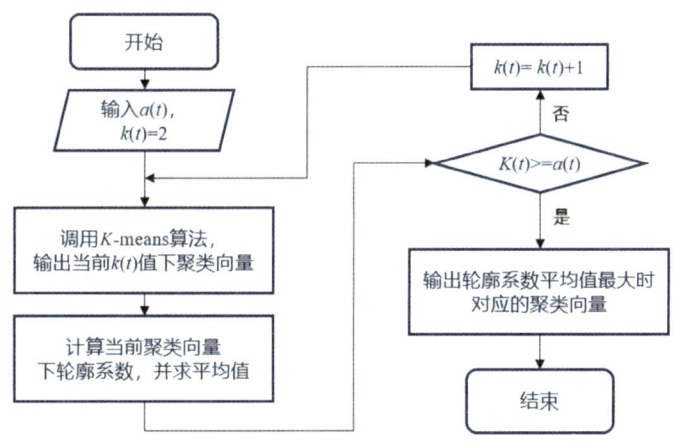

图 5-7　基于轮廓系数修正的 K 均值聚类流程

在完成配置实例的系列规划以后，提取每个规划系列下的已有模块实例，然后与公共模块实例构建类似，为每个系列决策出一个最优的模块实例或者重新开发一个新实例，最终得到响应多样化需求的配置实例集。每个系列的实例决策过程与公共模块类似，在此不再赘述。

5.4.2　变型模板构建

变型模板构建旨在开发一种参数化的 3D 变型结构模型，通过修改其结构参数能快速生成响应客户需求的新模块实例。变型模板构建的技术路线如图 5-8 所示，平台开发与平台维护阶段适应性模块的变型模板构建过程相同。

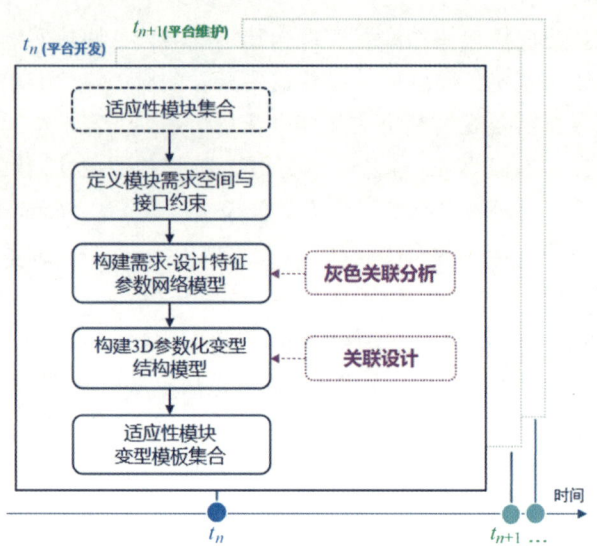

图 5-8　适应性模块（变型模板）构建技术路线

Step1　定义模块需求空间及其接口约束。

与公共模块实例、适应性模块的配置实例构建类似，变型模板构建的首要步骤也是定义模块的需求空间与接口约束，该步骤可继承适应性模块在开发配置实例时所定义的结果，包括需求集合 $R=\{R_1, R_2, \cdots, R_n\}$ 与模块接口特征集合 $IF=\{IF_1, IF_2, \cdots, IF_n\}$。

Step2　构建需求-设计特征网络模型。

为支持适应性模块的变型设计，需要分析需求与模块设计特征之间的关系，构建需求-设计特征关系网络（Requirement Design Feature Network，RDFN），如图 5-9 所示。当需求发生变更时，设计师可以基于 RDFN 快速、有序实现适应性模块的参数化变型。

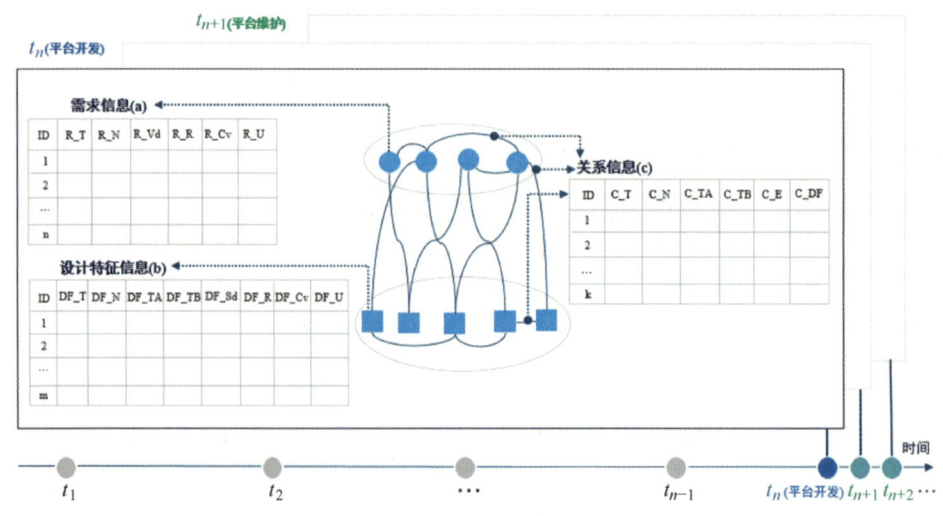

图 5-9　需求-设计特征网络

RDFN 由需求、设计特征以及特征关系三部分组成。其中，需求的描述信息包括"时间""需求名称""需求变异度""需求范围""需求实例值""需求单位"。设计特征的描述信息包括"时间""设计特征名称""设计特征类型 A""设计特征类型 B""设计特征敏感度""设计特征范围""设计特征实例值""设计特征单位"。关系的描述信息包括"时间""关系名称""关系类型 A""关系类型 B""关系表达式""关联特征"。各类信息的内涵如表 5-2 所示。

表 5-2 RDFN 需求、设计特征以及关系信息

信息类别	代号	释义	内涵
需求信息	R_T	时间	描述了需求信息的创建与更新的时间
	R_N	需求名称	描述了模块所响应的需求项
	R_Vd	需求变异度	描述了现有模块实例需求值的变化程度
	R_R	需求范围	描述了需求值的上限与下限，可基于需求实例与需求偏好由资深工程师确定
需求信息	R_Cv	需求实例值	描述了每个模块实例所响应的需求值，可基于前述需求实例信息表获得
	R_U	需求单位	描述了需求值的单位
设计特征信息	DF_T	时间	描述了设计特征信息的创建与更新的时间
	DF_N	设计特征名称	描述了模块的设计特征项，可通过前述模块设计实例信息表获得
	DF_TA	设计特征类型 A	从属性角度对特征项的分类描述，包括型式特征、尺寸特征以及接口特征
	DF_TB	设计特征类型 B	从变更传播角度对特征项的分类描述，包括驱动设计特征、从动设计特征以及不变设计特征
	DF_Sd	设计特征敏感度	描述了设计特征值对需求变化的敏感程度，可以基于灰色关联分析获得
	DF_R	设计特征范围	描述了设计特征值的上限与下限，可基于模块实例由资深工程师确定
	DF_Cv	设计特征实例值	描述了每个实例模块设计特征项的值，可通过前述模块设计实例信息表获得
	DF_U	设计特征单位	描述了设计特征值的单位
关系信息	C_T	时间	描述了关系信息的创建与更新的时间
	C_N	关系名称	描述了模块需求或设计特征之间的关系项，任意两个节点（需求/设计特征）形成一条关系
	C_TA	关系类型 A	从关联节点类型角度对关系项的分类描述，包括需求-需求关系，设计特征-设计特征关系，需求-设计特征关系
	C_TB	关系类型 B	从关系表达方式角度对关系项的分类描述，包括函数类表达式与知识类表达式
	C_E	关系表达式	描述了需求/设计特征之间关系的内涵，有函数表达方式 $y=f(x)$，以及知识表达方式 if-then
	C_DF	关联特征	描述了构成关系的需求或者设计特征

构建 RDFN 的核心与关键在于分析设计特征（型式特征与尺寸特征）在需求变化情况下的敏感程度，从而识别出不变设计特征与变化设计特征，然后建立需求、变化特征、不变设计特征之间的约束关系，从而支持适应性模块的有序变型。不变设计特征是对需求变化不敏感的设计特征，而变化设计特征则是对需求变化敏感的设计特征。目前变化设计特征与不变设计特征的识别主要是通过构建函数关系并采用灵敏度分析实现，然而复杂产品系统一般很难建立需求与设计特征之间的函数关系。针对该问题，采用灰色关联分析识别变化设计特征与不变设计特征。灰色关联分析模型是一种有序的关联模型，可以通过灰色关联度来描述要素之间的关联强度，适用于处理不完备、不确定的信息[142]。采用灰色关联分析方法计算设计特征对需求变化的敏感程度，步骤如下：

首先，将需求信息视为目标序列，即 $R_i(t)=\{R_1, R_2, \cdots, R_{n(t)}\}$，$n(t)$ 是 t 时刻的需求项总数；将设计特征视为对比序列，即 $DF_j(t)=\{DF_1, DF_2, \cdots, DF_{m(t)}\}$，$m(t)$ 是 t 时刻的设计特征项总数。

然后，计算每个设计特征 $DF_j(t)$ 相对于 i^{th} 需求 $R_i(t)$ 的灰色关联度，即 $\gamma[R_i(t), DF_j(t)]$。

最后，计算每个设计特 $DF_j(t)$ 相对于所有需求的加权灰色关联度，计算公式如下：

$$\xi[R(t), DF_j(t)] = \sum_{i=1}^{n(t)} w_i \gamma[R_i(t), DF_j(t)] \tag{5-7}$$

式中：w_i 是第 i 个需求的权重，可基于 AHP 确认，总和等于 1。

设计特征 $DF_j(t)$ 的灰色关联度反映了它对需求变化的敏感程度，如果灰色关联度高，则说明该设计特征对需求变化敏感，因此可被识别为变化设计特征，否则被识别为不变设计特征。δ 被作为划分变化设计特征与不变设计特征的阈值，由资深工程师决定。在识别出变化设计特征以后，基于工程师经验进一步将其划分为驱动设计特征与从动设计特征。其中，驱动设计特征是模块设计特征层的变更发起者，它更容易受需求变化影响，并且其变化会影响其他模块设计特征。在完成驱动、从动以及不变设计特征以后，工程师需要构建设计特征之间的尺寸约束关系，为 3D 参数化变型结构模板的构建奠定基础。

Step3 构建参数化 3D 变型结构模型。

适应性模板变型设计的载体是 3D 变型结构模型。关联设计是实现变型设计的一种关键技术，它是利用参数化设计原理，建立零部件间的驱动关系，表现为零部件间几何元素的重用，使用上游零部件设计信息对下游设计过程进行约束和控制。目前大部分 CAD 软件都支持产品的关联设计。CATIA 通过发布、带链接粘贴等功能支持关联设计，并且这些功能可以有效梳理零部件之间的链接关系。以 CATIA 为平台，结合 CATIA 中 GSD（创成式外形设计）、KWE（知识工程）、ASD（装配体设计）和 PDG（零件体设计）4 个模块，采用关联设计技术构建适应性模块的变型结构模型，包括骨架模型与模块 3D 模型。其中，骨架模型包括设计基准、设计特征以及设计约束三类信息。模块三维模型除包含上述元素外，还有拉伸等实体特征。适应性模块的变型结构模型的构建流程如图 5-10 所示，具体步骤如下：

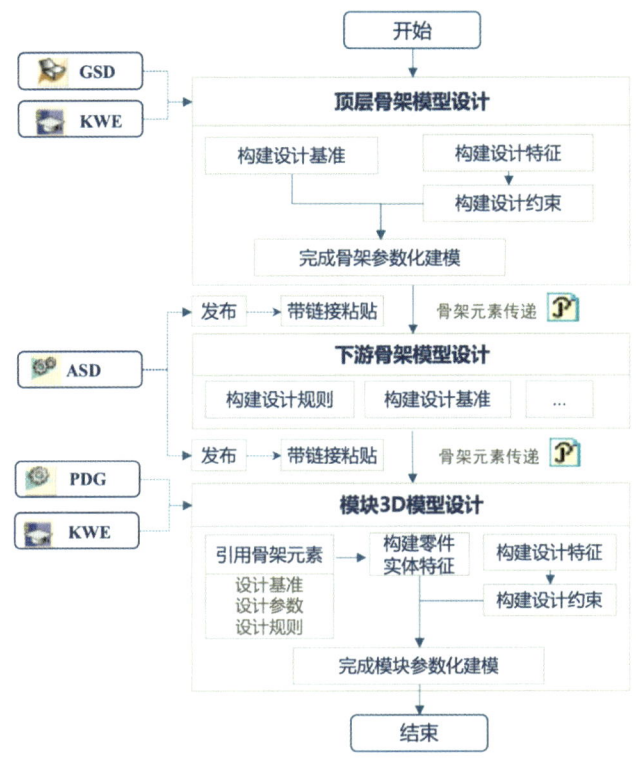

图 5-10　3D 变型结构模型构建流程

1. 顶层骨架模型构建

首先，分析产品系统级节点（如转向架）的尺寸与接口等设计特征信息，在 GSD 模块中，新建系统级节点的设计基准，如轨面、转向架纵向平面、转向架横向平面等；然后，在 KWE 模块中，新建定位尺寸参数，如轴距、空气弹簧间距等；最后，分析设计基准之间的关系，添加参数间的约束关系。顶层骨架模型构建完成后，通过"发布"命令发布骨架元素。

2. 下游骨架模型构建

下游骨架模型的构建方法与顶层骨架模型构建方法类似。在 ASD 模块中，下游骨架模型需要基于顶层骨架模型构建，通过带链接粘贴的方式引用顶层骨架模型的元素，最后完成下游骨架的参数化建模并发布骨架元素。

3. 三维变型结构模型构建

首先，在 PDG 模块中，引用上层骨架元素构建适应性模块的三维实体模型；然后，创建模块的设计特征或引用上层骨架的设计特征；最后，添加设计特征间的约束关系，完成模块的参数化建模。

采用关联设计技术构建的适应性模块的 3D 变型结构模型能有效支持模块的快速有序变型及装配。

5.5 应用实例

面向 A 型地铁产品平台,基于公共模块与适应性模块的规划结果,于 2020 年年初开展 A 型地铁产品平台构建工作,即开发产品平台架构。2020 年之后在产品平台维护阶段的平台构建工作与 2020 年首次构建类似,本例将不再赘述。

5.5.1 A 型地铁产品平台模块配合关系构建

A 型地铁产品平台转向架系统的公共模块包括侧梁梁体、横梁钢管、轴箱弹簧、空气弹簧等,适应性模块包括车轴、车轮、牵引电机、齿轮箱等,个性化模块包括加速度传感器、位移传感器等。由前述分析可知,模块之间的配合关系包括 6 类:公共模块-公共模块,公共模块-适应性模块,公共模块-个性化模块,适应性模块-适应性模块,适应性模块-个性化模块,个性化模块-个性化模块。

本例以横梁钢管-侧梁梁体、横梁钢管-牵引电机、车轮-车轴为例分析模块之间的配合关系,并且构建模块配置信息模型,其他模块类似。

1. 横梁钢管-侧梁梁体

横梁钢管与侧梁梁体均是公共模块,其形状与特征在产品族产品中完全相同,具有唯一实例。基于已有模块实例分析可知,侧梁梁体与横梁钢管之间可以采取直接触式,在设计模块实例之前需要固化两个模块之间的接口特征,如横梁钢管的外径、侧梁的横梁孔径等。侧梁梁体与横梁钢管配合信息模型如表 5-3 所示。

表 5-3 侧梁梁体-横梁钢管配合信息模型

项		值
配合名称		侧梁梁体-横梁钢管
配合示意图		略
配合关系类型		公共模块-公共模块
配合接触方式		直接式接触
接口类型		机械接口
接口特征-机械接口-	横梁钢管外径	202 mm
	侧梁与横梁配合孔径	202 mm
	侧梁与横梁配合凸台高度	3 mm
附加信息	创建时间	2020-1-1
	创建人	***
	版本	V1.0

2. 横梁钢管-牵引电机

横梁钢管属于公共模块，具有唯一实例，而牵引电机属于适应性模块，为了响应多个速度等级需求，具有多个配置实例。基于已有模块实例分析可知，横梁钢管与牵引电机之间的配合可以采取间接式接触，即在两个模块之间设计中间接口件，即牵引电机安装座，并且在横梁钢管侧的接口特征标准化，在电机侧的接口特征系列化。横梁钢管与牵引电机配合信息模型如表5-4所示。

表5-4 横梁钢管与牵引电机配合信息模型

项		值
配合名称		横梁钢管-牵引电机
配合示意图		略
配合关系类型		公共模块-适应性模块
配合接触方式		间接式接触
接口类型		机械接口
接口特征-机械接口-	牵引电机连接型式	4点
	电机安装座横梁侧接触半径	202 mm
	电机安装座电机侧安装孔径	26 mm；30 mm；32 mm
附加信息	创建时间	2020-1-1
	创建人	***
	版本	V1.0

3. 车轮-车轴

车轮与车轴均是适应性模块，具有多个配置实例，需要响应带动力与不带动力多种需求。但为提高模块的设计效率，适应性模块两侧也可以设计为标准化的接口特征。基于已有模块实例分析可知，车轮与车轴之间可以采取直接式接触，在设计模块实例之前需要固化两个模块之间的接口特征，如轮座直径、轮座宽度等。车轮与车轴配合信息模型如表5-5所示。

表5-5 车轮-车轴牵引电机配合信息模型

项	值
配合名称	车轮-车轴
配合示意图	略
配合关系类型	适应性模块-适应性模块
配合接触方式	直接式接触
接口类型	机械接口

续表

项		值
接口特征 -机械接口-	轮座直径	205 mm
	轮座宽度	180 mm
	轮毂直径	205 mm
	轮毂宽度	182 mm
附加信息	创建时间	2020-1-1
	创建人	***
	版本	V1.0

5.5.2　A 型地铁产品平台公共模块构建

A 型地铁转向架平台的公共模块包括侧梁梁体、轴箱弹簧、空气弹簧等。以侧梁梁体为例阐述公共模块的构建过程及其方法，其余模块类似。侧梁梁体是转向架构架的主要组成部分，承受车体的垂向载荷，通常由上盖板、下盖板、腹板组成。侧梁梁体是自制件，无供应商评分项，具体构建过程如下：

Step1　定义模块需求空间与设计约束。

基于前述需求-模块关系矩阵识别影响侧梁梁体的需求集合，然后基于需求实例与客户需求偏好定义每个需求项的范围。进一步，基于前述模块配合信息模型获得适应性模块的接口约束。最终侧梁梁体的需求空间与接口约束如表 5-6 所示。

表 5-6　侧梁梁体需求空间与接口约束

项		范围	单位
需求空间	设计速度	[80,120]	km/h
	轴重	[16,17]	t
	适应温度	[-40,40]	℃
	……		
接口约束	侧梁与横梁配合孔径	202	mm
	侧梁与轴箱弹簧配合直径	220	mm
	……		

Step2　已有模块实例决策。

整理关于 A 型地铁的已有侧梁梁体实例，共计 7 个实例，基于每个模块实例的差异度、使用度、MTBF、成本等信息，并生成归一化的准则决策矩阵，如表 5-7 所示。

表 5-7　多属性决策规范化矩阵（侧梁梁体）

准则层		可重用性		可靠性	成本
		差异度	使用度		
实例方案	CeLc1	0.5	0.21	0.5	0.78
	CeLc2	0.5	0.14	0.8	0.83
	CeLc3	0.43	0.14	0.4	0.80
	CeLc4	0.4	0.14	0.5	0.83
	CeLc5	0.47	0.07	1.0	0.88
	CeLc6	0.6	0.14	0.8	0.97
	CeLc7	0.63	0.14	0.4	1.0

采用 AHP 方法评估差异度、使用度、可靠性、成本的权重，分别为 0.25、0.2、0.3、0.25。然后，采用 TOPSIS 方法得到各方案的相对贴近度：

$$\{C_1,C_2,C_3,C_4,C_5,C_6,C_7\}=\{0.11,0.21,0.10,0.12,0.26,0.18,0.03\}$$

由此可知，实例 CeLc5 的相对贴近度最大，因此，将 CeLc5 作为侧梁梁体的公共实例候选者。

Step3　设计校核。

针对公共模块实例候选者 CeLc5，进一步进行强度计算与仿真，以验证该实例是否满足侧梁梁体所定义的需求空间与接口约束。校核过程将不再详细描述，最终 CeLc5 校核成功，因此将其视为侧梁梁体的公共模块实例。在后续 A 型地铁转向架订单中，可以直接重用该实例以降低模块的研发成本。

5.5.3　A 型地铁产品平台适应性模块构建

适应性模块包括车轴、车轮、牵引电机、齿轮箱等。其中牵引电机与齿轮箱属于外购件，只需要开发配置实例即可，而车轮与车轴属于自制件，除了开发配置实例以外，还需开发变型模板。以牵引电机为例阐述适应性模块的配置实例构建过程，以车轴为例阐述适应性模块的变型模板构建过程。

5.5.3.1　配置实例构建

适应性模块的配置实例构建与公共模块实例类似，区别在于公共模块只开发一个实例，而适应性模块需要开发多个系列实例。牵引电机的配置实例构建过程如下：

Step1　定义模块系列及其需求空间与接口约束。

整理关于 A 型地铁的牵引电机实例，共计 8 个，牵引电机的部分实例信息如表 5-8 所示。

表 5-8 牵引电机实例信息

实例名称	额定功率/kW	额定扭矩/(N·m)	额定转速/(r/min)	……
DJc1	190	966	1966	
DJc2	230	1150	2450	
DJc3	200	1050	2210	
DJc4	190	960	1900	
DJc5	200	1055	2218	
DJc6	230	1156	2459	
DJc7	190	950	1886	
DJc8	190	958	1966	

采用 K 均值与轮廓系数方法对已有牵引电机实例进行聚类分析，当聚类数量为 3 时，轮廓系数最大，为 0.91，因此最终规划出 3 个牵引电机系列。其中电机系列 A 包括实例 DJc1、DJc4、DJc7、DJc8，电机系列 B 包括实例 DJc3、DJc5，电机系列 C 包括实例 DJc2、DJc6。结合需求-模块关系矩阵、需求实例信息以及模块配合信息模型，定义每个牵引电机系列的需求空间与接口约束，如表 5-9 所示。

表 5-9 牵引电机系列及其需求空间与接口约束

系列		项	范围	单位
电机系列 A	需求空间	设计速度	[70,80]	km/h
		轴重	[16,17]	t
		适应温度	[−40,40]	℃
		……		
	接口约束	电机安装座电机侧安装孔径	26	mm
		联轴节电机侧配合直径	67.5	mm
		……		
电机系列 B	需求空间	设计速度	[80,100]	km/h
		轴重	[16,17]	t
		适应温度	[−40,40]	℃
		……		
	接口约束	电机安装座电机侧安装孔径	30	mm
		联轴节电机侧配合直径	67.5	mm
		……		

第 5 章 轨道交通车辆产品平台构建技术　097

续表

系列	项		范围	单位
电机系列 C	需求空间	设计速度	[100,120]	km/h
		轴重	[16,17]	t
		适应温度	[−40,40]	°C
		……		
	接口约束	电机安装座电机侧安装孔径	32	mm
		联轴节电机侧配合直径	67.5	mm
		……		

Step2 已有模块实例决策。

与公共模块实例决策类似,基于每系列下每个模块实例的差异度、使用度、MTBF、供应商评分、成本等信息,并生成归一化的准则决策矩阵,如表 5-10 所示。

表 5-10　多属性决策规范化矩阵(牵引电机)

准则层		可重用性		可靠性	供应商评分	成本
		差异度	使用度			
系列 A	DJc1	0.33	0.07	0.668	0.6	0.88
	DJc4	0.4	0.14	1.0	0.8	0.91
	DJc7	0.33	0.14	0.8	0.7	0.84
	DJc8	0.4	0.14	0.4	0.8	1.0
系列 B	DJc3	0.4	0.07	2.5	0.8	0.89
	DJc5	0.4	0.29	1.67	0.6	1
系列 C	DJc2	0.4	0.07	0.625	0.7	0.95
	DJc6	0.4	0.07	1	0.8	1

采用 AHP 方法评估差异度、使用度、可靠性、供应商评分、成本的权重分别为 0.2、0.18、0.22、0.19、0.21。然后,采用 TOPSIS 方法得到系列各方案的相对贴近度:

电机系列 A:$\{C_1,C_4,C_7,C_8\}$={0.20,0.40,0.30,0.11};

电机系列 B:$\{C_3,C_5\}$={0.81,0.19};

电机系列 C:$\{C_2,C_6\}$={0.10,0.90}。

由此可知,牵引电机系列 A 中实例 DJc4 的相对贴近度最大,因此将 DJc4 作为系列 A 的实例候选者;牵引电机系列 B 中实例 DJc3 的相对贴近度最大,因此将 DJc3 作为系列 B 的实例候选者;牵引电机系列 C 中实例 DJc6 的相对贴近度最大,因此将 DJc6 作为系列 C 的实例候选者。

Step3 设计校核。

针对牵引电机系列 A、B、C 的实例候选者 DJc4、DJc3、DJc6,进一步校核实例是否满足所定义的需求空间与接口约束。校核过程不再详述,最终实例全部校核成功,因此将 DJc4、DJc3、DJc6 视为牵引电机的配置实例集。在后续 A 型地铁转向架订单中，可以直接重用这些配置实例以较低的研发成本快速响应多样化的客户需求。

5.5.3.2 变型模板构建

以车轴模块为例阐述适应性模块的变型模板的构建过程。拖车车轴的变型模板构建过程如下：

Step1　定义模块需求空间与设计约束。

基于前述需求-模块关系矩阵识别影响车轴的需求集合，然后再基于需求实例与客户需求偏好定义每个需求项的范围。进一步，基于前述模块配合信息模型获得车轴的接口约束。最终车轴的需求空间与接口约束如表 5-11 所示。

表 5-11　车轴需求空间与接口约束

	项	范围	单位
需求空间	轴质量	[16，17]	t
	载客量	[300，330]	人/车辆
	轨距	1435	mm
	……		
接口约束	车轴与车轮配合直径	202	mm
	车轴与制动盘配合直径	210	mm
	车轴与轴承配合直径	135	mm
	……		

Step2　构建需求-设计特征网络模型。

分析需求与车轴设计特征之间的关系，构建车轴 RDFN，部分结果如图 5-11 所示。需求、设计特征以及特征关系的详细信息分别如表 5-12、表 5-13、表 5-14 所示。

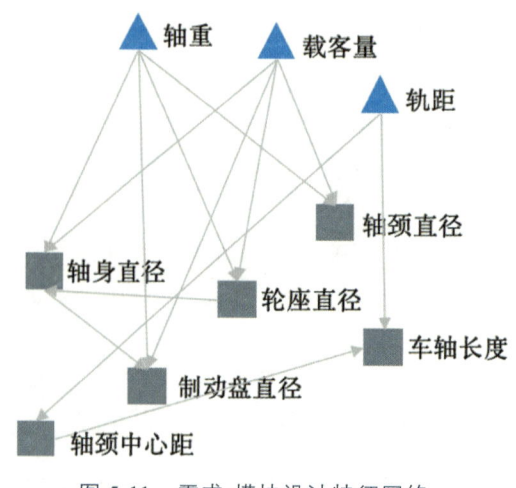

图 5-11　需求-模块设计特征网络

表 5-12　车轴 RDFN-需求信息（2019）

序	项	范围	需求实例				单位
			CZc1	CZc2	CZc3	…	
1	轴质量	[16,17]	16	16.5	17		t
2	载客量	[300,330]	300	310	320		人
3	轨距	[1435]	1435	1435	1435		mm
	……						

表 5-13　车轴 RDFN-设计特征信息（2019）

序	项	类 A	类 B	敏感度	范围	模块实例				单位
						CZc01	CZc02	CZc03	…	
1	轴身直径	尺寸特征	驱动特征	0.260	[180，200]	180	182	184		mm
2	车轴长度	尺寸特征	从动特征	0.222	[2100，2450]	2298	2300	2300		mm
3	轴颈中心距	尺寸特征	驱动特征	0.224	[1900，2050]	2030	2030	2032		mm
4	轴颈直径	接口特征	不变特征	0	135	135	135	135		mm
	……									

表 5-14　车轴 RDFN-关系信息（2019）

序	项	类 A	类 B	关系表达式	关联特征
1	R1	需求-设计特征	函数类	$y_1=k_1 \times x_1$	x_1 轴重；y_1 轴身直径
2	R2	设计特征-设计特征	函数类	$y_2=y_1+25$	y_2 轮座直径
3	R3	设计特征-设计特征	函数类	$y_3=y_1+60$	y_3 齿轮座直径
4	…				

Step3　构建 3D 参数化变型结构模型。

基于车轴 RDFN，采用关联设计方法构建车轴 3D 参数化变型结构模型。首先构建转向架骨架模型；然后，引用转向架骨架模型信息构建轮对骨架模型；最后，基于轮对骨架模型，构建车轴三维模型，其结果如图 5-12 所示。在后续 A 型地铁转向架订单中，可以直接重用该模型进行变型设计，从而提高模块的设计效率。

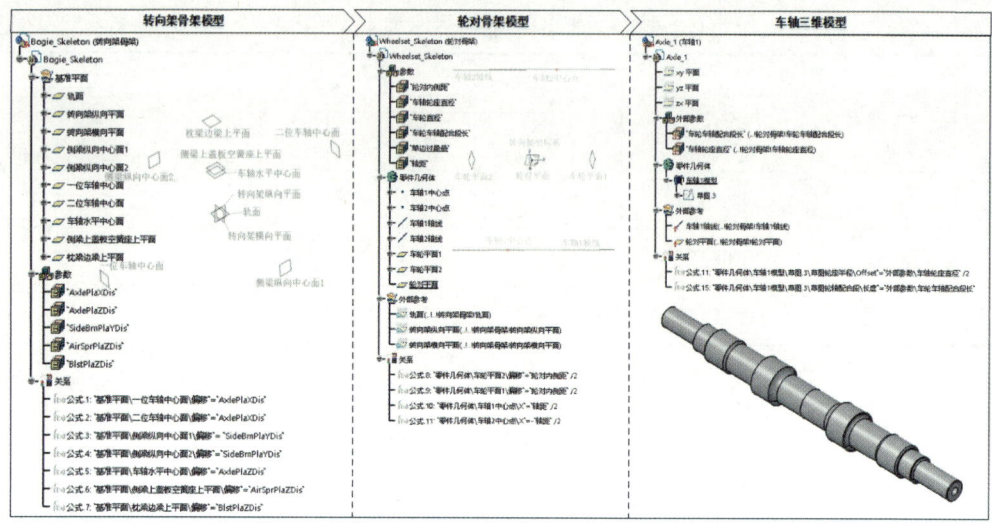

图 5-12 3D 变型结构模型（车轴）构建结果

第6章

轨道交通车辆产品平台更新技术

一个已经构建好的产品平台并不是一成不变的。随着市场的扩大、客户需求的变化、核心技术的进步、新理念与新价值观的普及，产品需要不断进行不同程度的创新和变化，最直接的反映就是产品平台架构要随之发生变化，即在现有平台版本的基础上，对产品平台设计结果进行更新和升级。目前已有学者对产品平台的演进模式与更新决策开展了研究，但很少动态识别产品平台的运营状态，并且考虑市场与技术等不确定因素持续开展产品平台模块级的更新与升级。因此，提出一种可持续产品平台更新方法。首先，分析并识别已开发产品平台的状态指标，如生命周期、经济性指标、技术性指标，并基于经济性与技术性指标持续评估产品平台的运营状态；然后，针对异常运营的产品平台，采用风险型决策方法分析在市场与技术不确定因素影响下产品平台模块级的持续性更新方法；最后，以 A 型地铁产品平台为例，验证了所提方法的有效性与可行性。

6.1 产品平台更新框架

产品平台构建结果并不是一成不变的，在需求与技术的驱动下，产品平台模块类型及其实例会发生变化，从而致使产品平台架构发生改变。因此，为维持产品平台的稳健与适应能力，需要对已构建产品平台进行持续性更新与升级，从而更好地支持下一代产品的快速定制设计。可持续产品平台更新框架如图 6-1 所示。

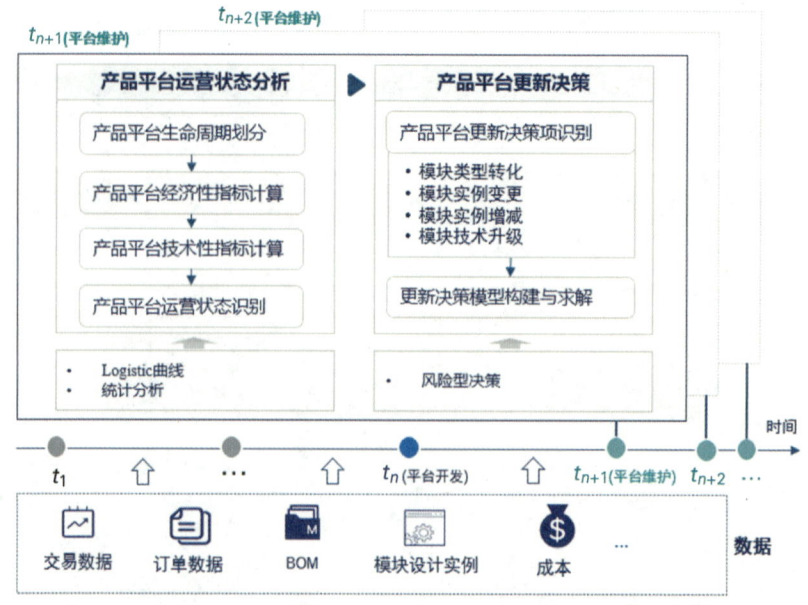

图 6-1 可持续产品平台更新框架

可持续产品平台更新具有以下特点：① 它可以动态识别产品平台的经济性与技术性指标，从而持续评估产品平台的运营状态；② 它面向产品平台的不同生命周期、考虑市场、需求以及技术不确定因素持续开展产品平台模块级的更新与升级。可持续产品平台的更新管理包括两个步骤：① 产品平台运营状态分析；② 产品平台更新决策。产品平台运营状态分析旨在识别已构建产品平台在各生命周期是否正常运营。产品平台更新决策是基于产品平台的运营状态，针对异常运营的产品平台，考虑市场、需求以及技术等不确定因素，采用风险型决策方法帮助企业对已开发的产品平台持续进行更新与升级，从而维持产品平台的稳健与适应能力。

6.2 产品平台运营状态分析

产品平台运营状态分析首先需要划分产品平台的生命周期，然后再计算产品平台的经济性与技术性指标，进而基于经济性与技术性指标识别产品平台的运营状态，包括"正常"与"异常"两个状态。

6.2.1 产品平台生命周期划分

产品平台生命周期一般分为四个阶段：兴起期、成长期、成熟期和衰退期。产品平台作为派生一组相似产品的核心共享架构，其生命周期也分为上述四个阶段。与前述市场生命周期划分方法类似，基于平台衍生产品数量，采用 Logistic 曲线识别产品平台的生命周期[114, 115]，识别后的四个生命周期的特点如表 6-1 所示。

表 6-1　产品平台生命周期及其特点

序号	生命周期	产品平台特点
1	兴起期	该时期产品平台刚设计完成，此时需要尽快基于产品平台派生产品变体以抢占市场。此阶段产品平台一般无需更新
2	成长期	该时期需求不会发生明显变化，产品平台比较稳定，此时需要充分利用产品平台派生产品实例；但为响应多样化的客户需求，可能会对产品平台进行局部更新，例如增加适应性模块的配置实例或者变型模板
3	成熟期	该时期衍生产品的市场需求饱和，竞争加剧，新的客户需求将会大量出现。此阶段是产品平台生命周期中时间最长且影响最大的一个时期，产品平台的更新主要发生在该时期，包括平台模块类型转化、平台模块实例变更等
4	衰退期	该时期出现了新技术，原有平台技术已不能满足客户需求，产品平台若不进行技术革新将会被淘汰。此阶段需要对产品平台的核心技术进行更新与升级，并且更新力度较大，往往是一种革新式更新，但其更新也伴随着风险

6.2.2 产品平台经济性指标计算

产品平台经济性指标是指产品平台的效益,即从成本维度评价所建产品平台的经济效益,它是派生产品的净利润与开发派生产品与产品平台成本的比值[143],计算公式如下:

$$Ee_{\text{pla}}(t) = \frac{Nev_{\text{p}}(t)}{C_{\text{p}}(t) + C_{\text{pla}}(t)} \quad (6-1)$$

式中:$Ee_{\text{pla}}(t)$是t时刻的平台效益;

$Nev_{\text{p}}(t)$是t时刻派生产品的净利润;

$C_{\text{p}}(t)$是t时刻开发派生产品的成本;

C_{pla}是t时刻开发产品平台的成本,包括首次开发成本与平台的累积维护成本。

进一步,可获得产品平台效益的环比增长率,计算公式如下:

$$GEe_{\text{pla}}(t) = \frac{Ee_{\text{pla}}(t) - Ee_{\text{pla}}(t-1)}{|Ee_{\text{pla}}(t-1)|} \quad (6-2)$$

式中:$GEe_{\text{pla}}(t)$是t时刻的平台效益的增长率;

$Ee_{\text{pla}}(t)$是t时刻的平台效益;

$Ee_{\text{pla}}(t-1)$是$t-1$时刻的平台效益。

6.2.3 产品平台技术性指标计算

产品平台技术性指标是指从产品平台的通用性与适应性两个方面评估所建产品平台在通用性与差异性之间是否保持良好的平衡状态,包括产品平台通用性指数与产品平台适应性指数。

6.2.3.1 产品平台通用性指数

产品平台通用性指数是指产品平台公共模块在所有模块集合中所占的比例,反映了产品平台的通用程度,计算公式如下:

$$CI_{\text{pla}}(t) = \frac{n_{\text{cm}}(t)}{n_{\text{tol}}(t)} \quad (6-3)$$

式中:$CI_{\text{pla}}(t)$是t时刻的平台通用性指数;

$n_{\text{cm}}(t)$是t时刻的公共模块数量;

$n_{\text{tol}}(t)$是t时刻的模块总数。

6.2.3.2 产品平台适应性指数

产品平台适应性指数是指产品平台适应性模块在所有模块集合中所占的比例,反映了产品平台面向多样化客户需求的适应程度,计算公式如下:

$$AI_{\text{pla}}(t) = \frac{n_{\text{cm}}(t)}{n_{\text{tol}}(t)} \tag{6-4}$$

式中：$AI_{\text{pla}}(t)$是 t 时刻的平台适应性指数；

$n_{\text{am}}(t)$是 t 时刻的适应性模块数量；

$n_{\text{tol}}(t)$是 t 时刻的模块总数。

6.2.4 产品平台运营状态识别

基于前述分析结果，可以获得产品平台在各生命周期的经济性与技术性指标，进而帮助企业评估已构建的产品平台是否正常运营，准则如下：

$$Sta_{\text{pla}}(t) = \begin{cases} \text{Normal, if} \begin{pmatrix} Ee_{\text{pla}}(t) \geqslant EEe_{\text{pla}}(T_i, t) \\ GEe_{\text{pla}}(t) \geqslant 0 \\ CI_{\text{pla}}(t) \in [\lambda_{\text{cil}}, \lambda_{\text{cir}}] \\ AI_{\text{pla}}(t) \in [\lambda_{\text{ail}}, \lambda_{\text{air}}] \end{pmatrix} \\ \text{Abnormal, if} \begin{pmatrix} Ee_{\text{pla}}(t) < EEe_{\text{pla}}(T_i, t) \\ GEe_{\text{pla}}(t) < 0 \\ CI_{\text{pla}}(t) \notin [\lambda_{\text{cil}}, \lambda_{\text{cir}}] \\ AI_{\text{pla}}(t) \notin [\lambda_{\text{ail}}, \lambda_{\text{air}}] \end{pmatrix} \end{cases} \tag{6-5}$$

式中：$Sta_{\text{pla}}(t)$是 t 时刻产品平台的运营状态，包括"Normal"与"Abnormal"两个状态；

$Ee_{\text{pla}}(t)$是 t 时刻的平台效益；

$EEe_{\text{pla}}(T_i, t)$是 t 时刻处于生命周期 T_i 的期望平台效益，由企业设定；

$GEe_{\text{pla}}(t)$是 t 时刻的平台效益增长率；

$CI_{\text{pla}}(t)$是 t 时刻的平台通用性指数；

λ_{cil} 与 λ_{cir} 分别是通用性指数的上下限值，由企业设定；

$AI_{\text{pla}}(t)$是 t 时刻的平台适应性指数；

λ_{ail} 与 λ_{air} 分别为适应性指数的上下限值，由企业设定。

6.3 产品平台更新决策

通过产品平台运营状态分析，可以持续评估产品平台在各生命周期的运营状态，当产品平台显示异常运营时，需提醒企业开展产品平台更新决策，如图 6-2 所示。值得注意的是，处于兴起期的产品平台刚刚设计完成，该时期需要尽快基于产品平台派生产品以抢占市场，因此产品平台处于兴起期时一般无需更新。

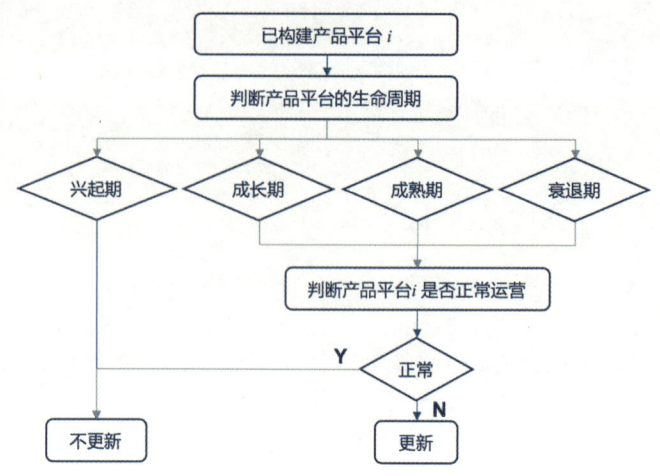

图 6-2　产品平台更新决策逻辑

6.3.1　更新决策项识别

6.3.1.1　更新决策项

当企业决定对已构建的产品平台进行更新时,需要分析并且识别产品平台的更新决策项,包括模块类型转化、模块实例(或模板)变更、模块技术升级等,共计 13 种类型。

1. 决策项 A:模块类型转化(转化为公共模块)

决策项 A 是指将适应性模块或者个性化模块转化为公共模块,如图 6-3 所示。该类更新可以基于第 4 章所构建的模块分类器的识别结果触发,若发现适应性模块或个性化模块变更为公共模块,则提醒企业开展更新决策。此类更新提高了模块的通用性,提高了规模经济效益,但也可能降低客户的满意度。

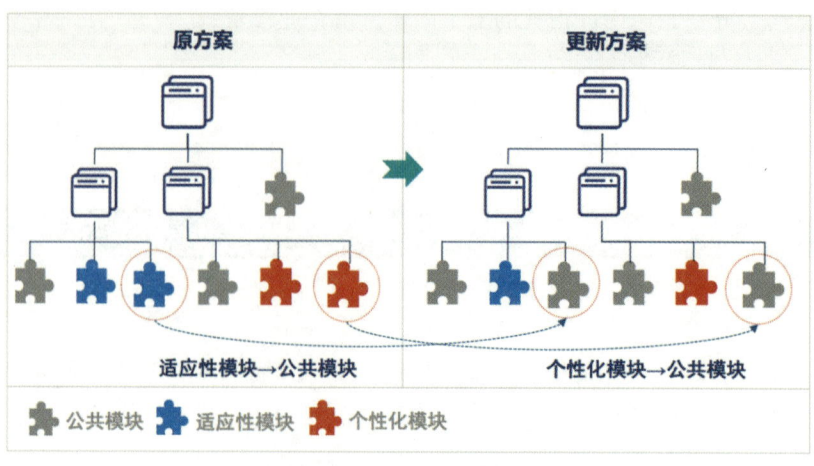

图 6-3　模块类型转化(转化为公共模块)

2. 决策项 B：模块类型转化（转化为适应性模块）

决策项 B 是指将公共模块或者个性化模块转化为适应性模块，如图 6-4 所示。该类更新同样可以基于模块分类器的识别结果触发。此类更新提高了模块的适应性，能更好地响应客户动态变化的需求，但投入成本也会增加。

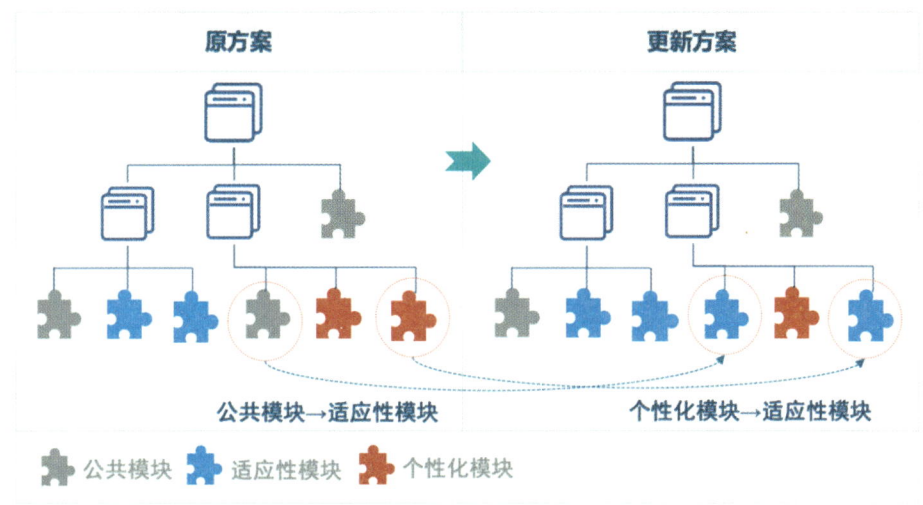

图 6-4 模块类型转化（转化为适应性模块）

3. 决策项 C：模块类型转化（转化为个性化模块）

决策项 C 是指将适应性模块或者公共模块转化为个性化模块，如图 6-5 所示。该类更新同样可以基于模块分类器的识别结果触发。此类更新是淘汰平台模块的过程，即将平台模块转化为非平台模块，客户的定制化程度变高，但产品的开发成本与风险也随之变高。

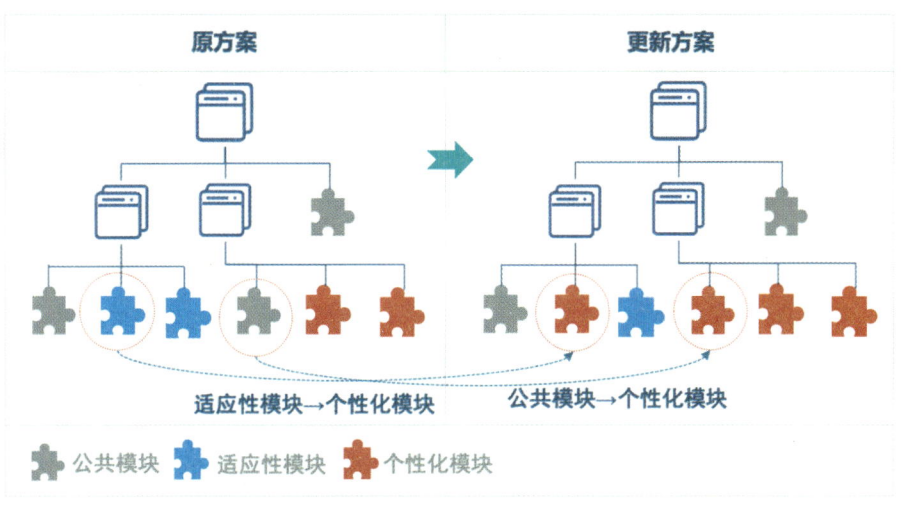

图 6-5 模块类型转化（转化为个性化模块）

4. 决策项 D：模块实例开发（公共模块）

决策项 D 是针对新转化的公共模块，通过已有实例决策或者新设计开发一个公共模块实例，如图 6-6 所示。该类决策项是被动触发的，当决策项 A 被更新时，决策项 D 一定会被执行，即开发一个新的公共模块实例。

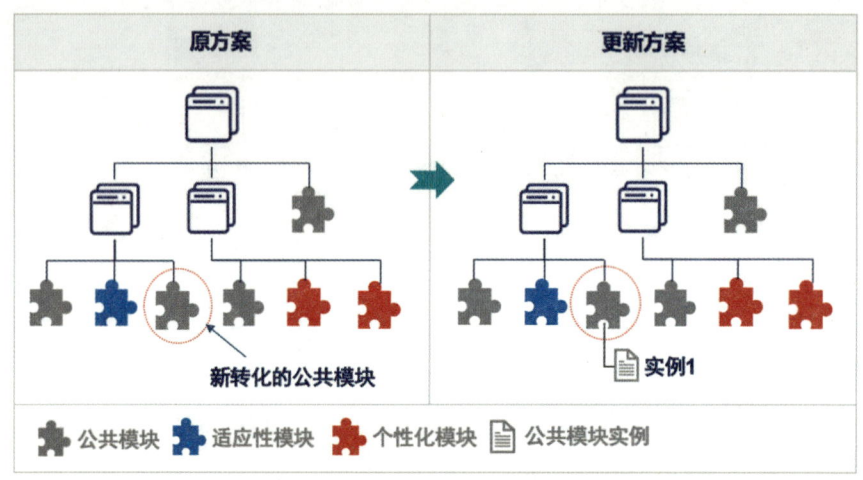

图 6-6　模块实例开发（公共模块）

5. 决策项 E：模块实例开发（适应性模块）

决策项 E 是针对新转化的适应性模块，划分模块系列并开发模块的配置实例，如图 6-7 所示。该类决策项同样是被动触发的，当决策项 B 被更新时，即公共模块或个性化模块转化为适应性模块时，决策项 E 一定会被执行，即对新转化的适应性模块开发几个新的配置实例。

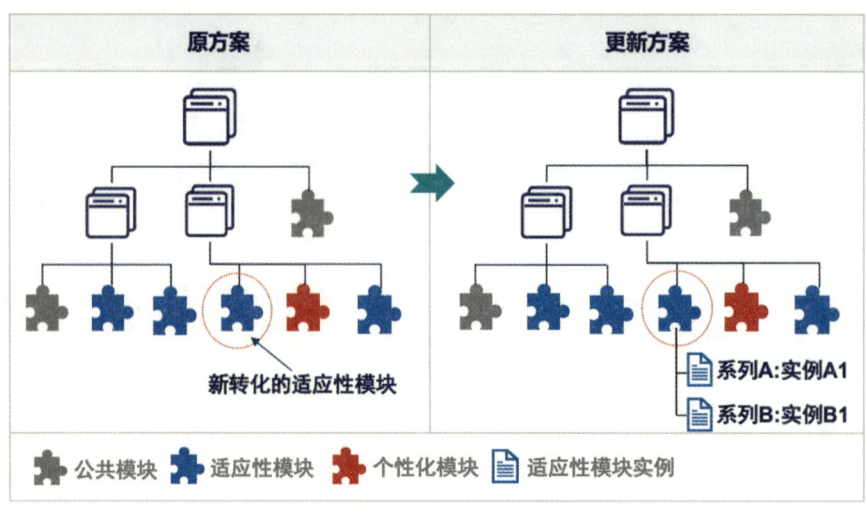

图 6-7　模块实例开发（适应性模块）

第6章 轨道交通车辆产品平台更新技术

6. 决策项 F：模块模板开发（适应性模块）

决策项 F 是指针对新转化的适应性模块，开发支持参数化变型设计的变型模板，如图 6-8 所示。该类决策项同样是被动触发的，当决策项 B 被更新时，即公共模块或个性化模块转化为适应性模块时，决策项 F 一定会被执行，即针对新转化的适应性模块开发一个或几个新的 3D 变型模板。

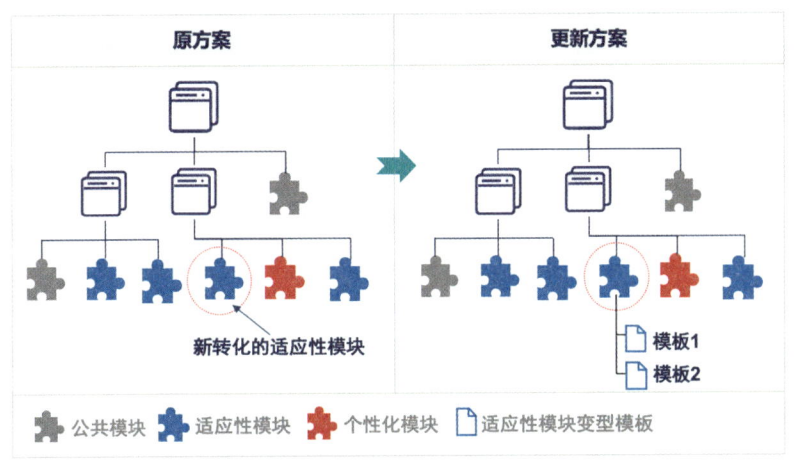

图 6-8 模块模板开发（适应性模块）

7. 决策项 G：模块实例变更（公共模块）

决策项 G 是指针对已存在的公共模块，通过已有实例决策或者新设计重新开发一个公共模块实例替换原有实例，如图 6-9 所示。此类更新是随着时间的推移，正在执行的公共模块实例在可重用性、可靠性、供应商评分以及成本等方面变差，可能会被其他模块实例所替换。该类更新可以基于多属性决策模型的决策结果触发，若发现最优模块实例发生变化，则提醒企业开展此类更新决策，从而提高产品平台的性能。

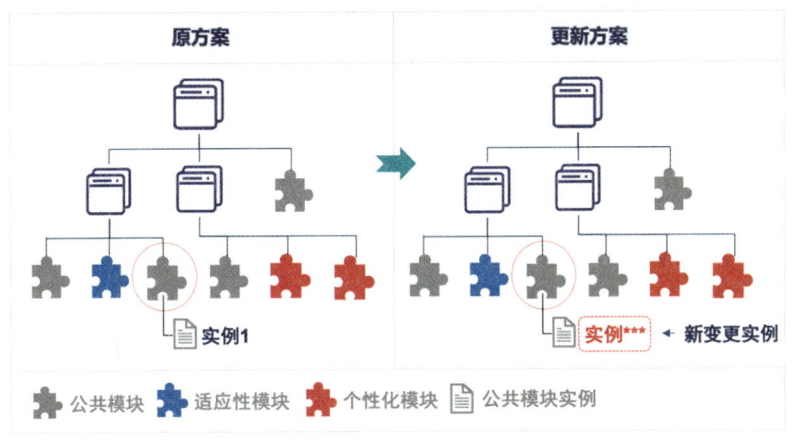

图 6-9 模块实例变更（公共模块）

8. 决策项 H：模块实例变更（适应性模块）

决策项 H 是指针对已存在的适应性模块，通过已有实例决策或者新设计重新开发一个配置实例替换原有实例，如图 6-10 所示。与公共模块实例变更类似，该类更新同样可以基于第 5 章所构建的多属性决策模型的决策结果触发。

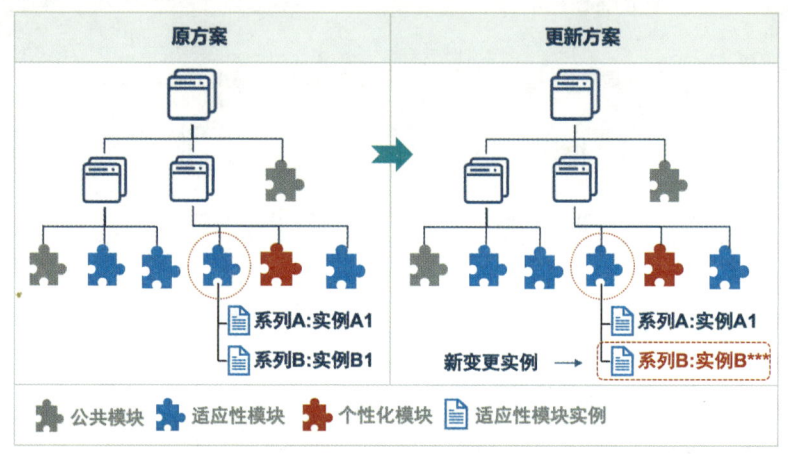

图 6-10　模块实例变更（适应性模块）

9. 决策项 I：模块模板变更（适应性模块）

决策项 I 是指针对已存在的适应性模块，重新开发一个变型模板替换原有模板，如图 6-11 所示。由于适应性模块的变型模板是基于需求-设计特征网络模型构建的，因此，当识别到需求与设计特征增加或减少，设计特征的类型发生改变时（如从不变设计特征变更为变化设计特征，或从变化设计特征变为不变设计特征），此时则需要提示企业是否对已构建的 3D 变型模板进行更新与升级。

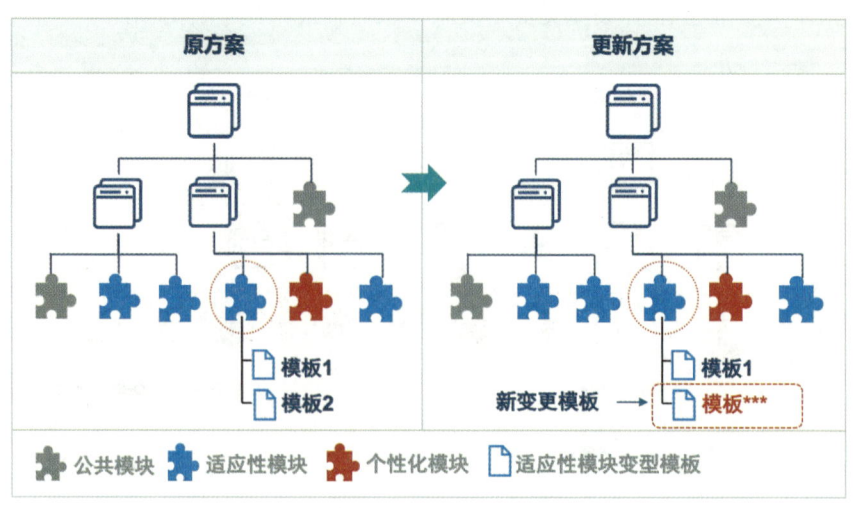

图 6-11　模块模板变更（适应性模块）

10. 决策项 J：模块实例增减（适应性模块）

决策项 J 是指针对已存在的适应性模块，增加或减少模块系列及其实例，如图 6-12 所示。此类更新是随着客户需求的变化，适应性模块的系列可能会增加或者减少，相应地每个系列的配置实例也会增减。该类更新可以基于第 5 章的模块系列规划结果触发，若发现模块的系列数量发生变化，则提醒企业开展更新决策。

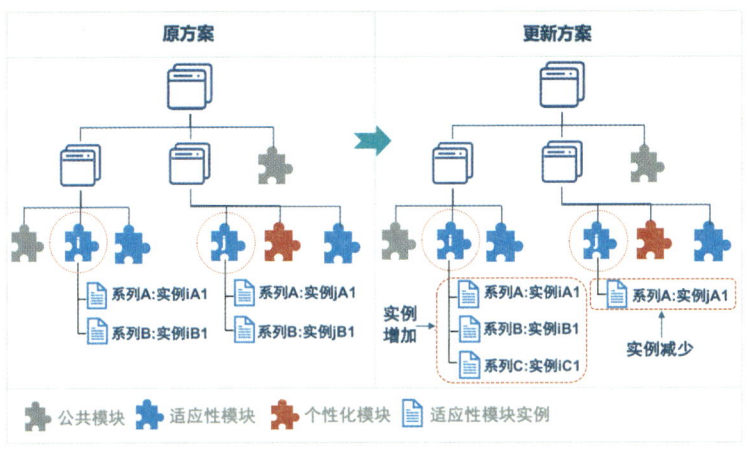

图 6-12　模块实例增减（适应性模块）

11. 决策项 K：模块模板增减（适应性模块）

决策项 K 是指针对已存在的适应性模块，增加或减少适应性模块的 3D 变型模板，如图 6-13 所示。适应性模块系列的增加与减少有可能会引起变型模板数量的增减，但并不是绝对的。因为一个适应性模块可能只有一个 3D 变型模板，其多个配置实例都是基于该 3D 变型模板衍生的。因此，当决策项 J 被更新时，需要提醒企业根据实际情况是否增减变型模板。

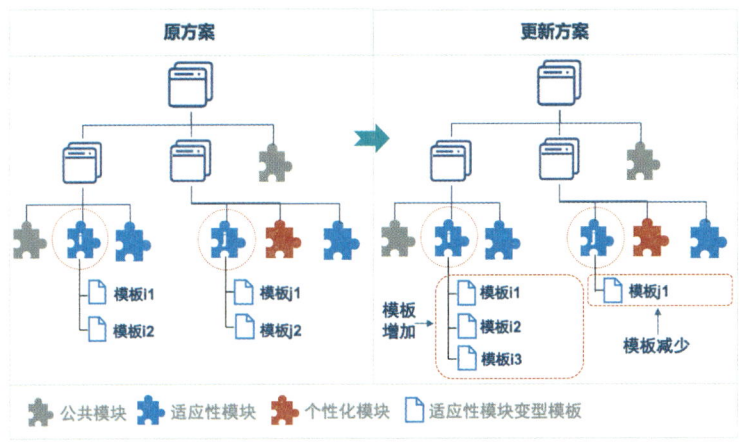

图 6-13　模块模板增减（适应性模块）

12. 决策项 L：模块技术升级（公共模块）

决策项 L 是指针对已存在的公共模块，采用新技术对其公共模块实例进行更新升级，如图 6-14 所示。在产品平台衰退期，由于原有技术已不能满足市场需要，模块若不进行技术革新就会致使产品被淘汰，因此企业应该主动尝试采用新技术对公共模块进行更新升级，以提升产品的生命力。

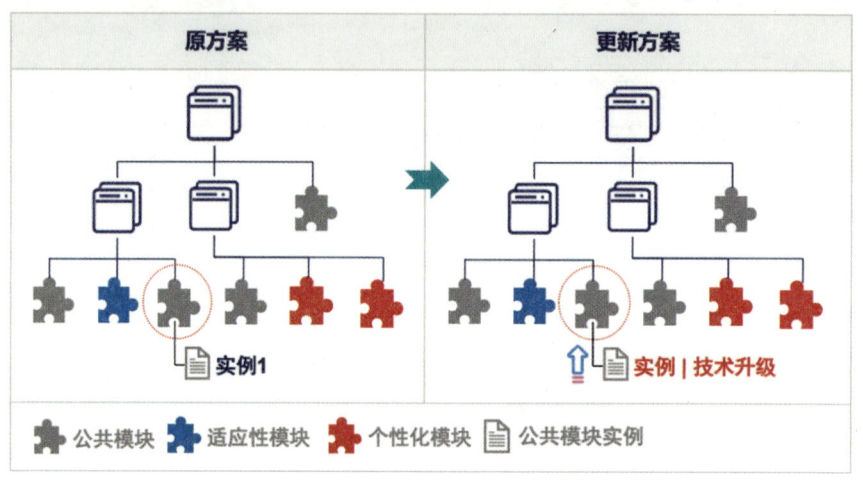

图 6-14　模块技术升级（公共模块）

13. 决策项 M：模块技术升级（适应性模块）

决策项 M 是指针对已存在的适应性模块，采用新技术对其配置实例或变型模板进行更新升级，如图 6-15 所示。与公共模块的技术升级类似，在产品平台衰退期，企业同样应该主动尝试采用新技术对适应性模块进行更新升级，以提升产品的生命力，但需要考虑模块技术升级后的投入与效益。

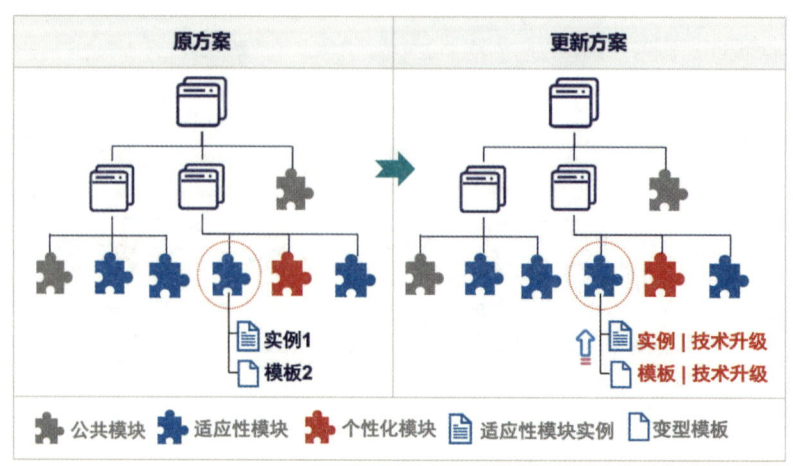

图 6-15　模块技术升级（适应性模块）

6.3.1.2 更新决策项分类

对 6.3.1.1 节所描述的 13 项产品平台更新决策项进行分析,发现产品平台的更新决策项按照更新的主动性又可划分三种类型:主动推送式、从动式、自主式,如图 6-16 所示。

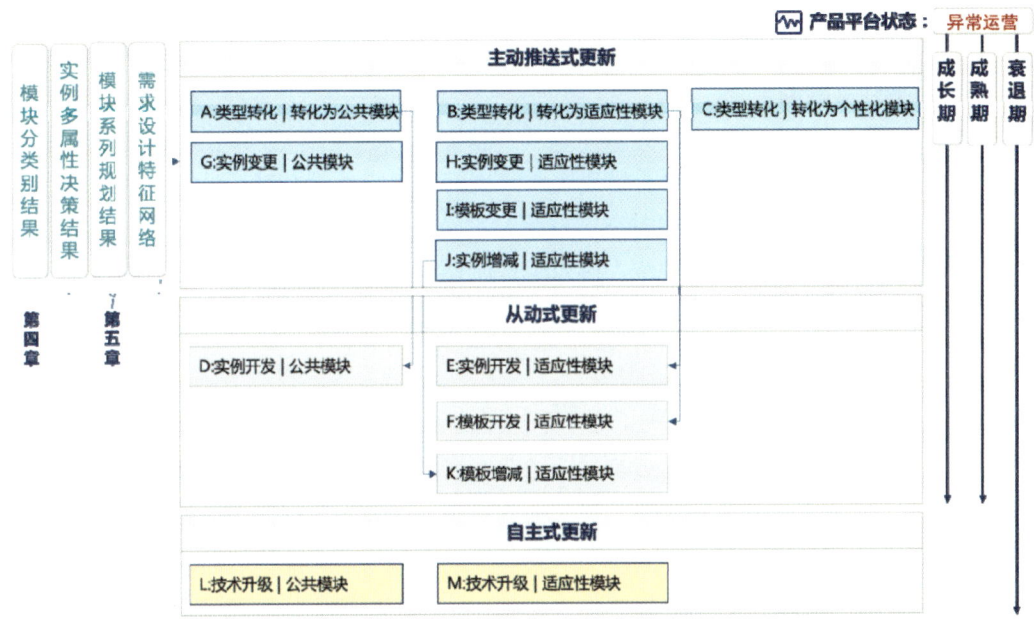

图 6-16 产品平台更新决策项分析

1. 主动推送式更新

主动推送式更新是当产品平台在成长期、成熟期或衰退期显示"异常运营"时,遍历所有平台模块,并基于第 4 章与第 5 章方法帮助企业自动识别待更新决策项,包括决策项 A、决策项 B、决策项 C、决策项 G、决策项 H、决策项 I、决策项 J。其中,基于第 4 章所构建的模块分类器可以动态识别模块类型的变化,若识别结果与原结果有变化,则需进一步推送出待更新决策项 A、决策项 B、决策项 C 以供企业开展更新决策;基于第 5 章多属性决策方法可以动态决策出最优的公共模块与适应性模块实例,若决策结果与原结果有变化,则需进一步推送出待更新决策项 G 与 H 以供企业开展更新决策;基于第 5 章的 K 均值聚类方法可以动态规划出适应性模块的配置实例系列,若规划结果与原结果有变化,则需进一步推送出待更新决策项 H 以供企业开展更新决策;基于第 5 章构建的需求设计特征网络,若识别出新增需求或设计特征以及设计特征的类型发生变化,则需进一步推送出待更新决策项 I 以供企业开展更新决策。

2. 从动式更新

从动式更新是当产品平台在成长期、成熟期、或衰退期显示"异常运营"时,基于主动推送式的更新结果,遍历所有平台模块帮助企业进一步开展更新决策,包括决策项

D、决策项 E、决策项 F 以及决策项 K。其中，当待更新决策项 A 与 B 被更新时，决策项 D、E 以及 F 将肯定会被执行。因为当模块的类型发生变化时，需要针对新转化的模块类型，基于第 5 章所提方法开展模块的配置实例或变型模板设计；而当决策项 K 被执行时，会触发待更新决策项 K，但是否一定更新需要根据实际情况而定，因为模块系列与变型模板并非一一对应。

3. 自主式更新模式

自主式更新是当产品平台在衰退期显示"异常运营"时，除了考虑主动推送式与从动式更新外，还需要遍历所有平台模块决定是否对其进行技术升级，包括决策项 L 与决策项 M。由于产品平台在衰退期时原有技术已不能满足市场需要，模块若不进行技术革新就会致使开发的平台产品被淘汰。所以，该时期企业应该主动尝试对平台模块进行技术升级，以维持产品平台的生命力。

6.3.2 更新决策模型构建与求解

基于前述产品平台更新决策项可知，企业在产品平台成长期与成熟期着重关注主动推送式更新，然后根据其决策结果开展从动式更新，即开发变更模块的配置实例或变型模板。此外，为提高产品平台在衰退期的竞争力，企业还应关注模块的技术升级，即自主式更新。由此可见，产品平台更新决策的核心在于主动推送式更新与自主式更新。因此，针对产品平台更新决策项的特点，考虑产品平台更新决策过程具有不确定性、投资成本大、风险高等特点，采用风险型决策方法构建两类产品平台更新决策模型，其技术路线如图 6-17 所示。风险型决策亦称"统计型决策"或"随机型决策"，考虑不确定因素的随机自然状态，根据期望效益最大值来选择方案，目前已被广泛应用于电网、水利工程投资等领域[144,145]。产品平台更新决策过程中面临市场、客户满意度、技术等不确定因素，因此采用风险型决策将能更好地帮助企业做出恰当的更新决定。

1. Ⅰ 类更新决策模型

Ⅰ 类更新决策模型包括主动推送式中的"模块类型转化""模块实例（模板）变更""模块实例增减"以及从动式更新中的"模块模板增减"。此类更新需要考虑市场与客户偏好度两个不确定因素，采用风险型决策方法构建更新决策模型 M_Ⅰ，具体情况如下：

不确定因素：$U=\{M, C\}$。$M=\{M_1, M_2\}$ 指市场发展形势，M_1 是指市场发展形势较好，M_2 是指市场发展形势较差；$C=\{C_1, C_2\}$ 指客户对模块的偏好程度，C_1 是指客户对该模块感知强烈、偏好程度高；C_2 是指客户对该模块感知不强烈、偏好程度低。$P_M=\{P(M_1), P(M_2)\}$，$P(M_1)$ 和 $P(M_2)$ 分别是 M_1 和 M_2 发生的概率，可以通过分析历史产品销售量以及当前国内外经济形势、政策法规等获得；记 $P_C=\{P(C_1), P(C_2)\}$，$P(C_1)$ 和 $P(C_2)$ 分别是 C_1 和 C_2 发生的概率，可以通过分析需求变化下模块的变更程度获得。

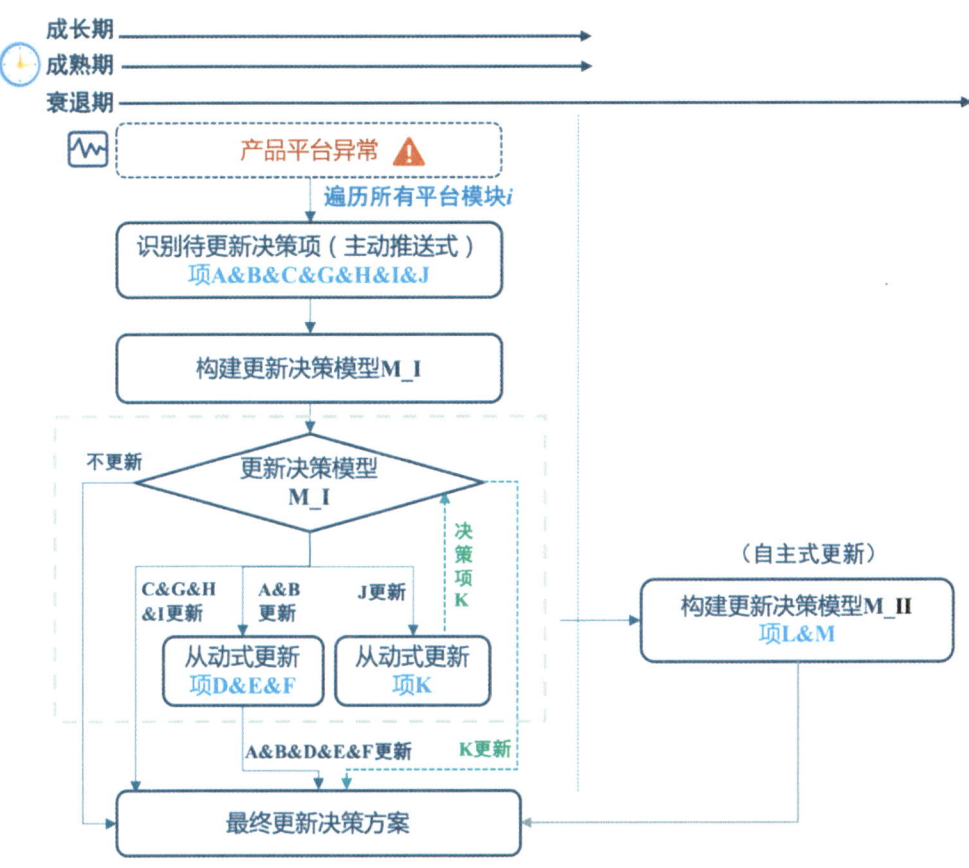

图 6-17 产品平台更新决策模型构建与求解

决策变量：$D_i=\{D_Y, D_N\}$，D_Y 指方案更新，D_N 指方案不更新。

决策目标：Max $E(D_i)$，$i \in (Y, N)$。$E(D_i)$ 是方案 i 的期望效益值，其计算依赖于风险决策表，如表 6-2 所示。

表 6-2　风险决策表（更新决策模型 M_I）

不确定因素	M		C	
更新方案	$P(M_1)$	$P(M_2)$	$P(C_1)$	$P(C_2)$
D_Y	U_{YM1}	U_{YM2}	U_{YC1}	U_{YC2}
D_N	U_{NM1}	U_{NM2}	U_{NC1}	U_{NC2}

表中，设 U_{ijk} 是更新方案 i 关于第 j 个不确定因素的第 k 个状态的效益值，其中 $i \in (Y, N)$，$j \in (M, C)$，$k \in (1, 2)$。U_{ijk} 基于工程师的经验给出，可以理解为对投资收益的把握性，而这种把握性实际表现了投资决策者对风险的立场。效益值越大，表明投资者对投资更有把握性，反之亦然。通常状况下，最大效益值采用"10"，而"0"则代表最

小值。在此基础上可以计算出更新方案 i 的期望效益值[146,147]，计算公式如下：

$$E(D_i) = \sum w_j U_{ijk} \times P(jk) \qquad (6\text{-}6)$$

基于公式（6-6）可以计算更新方案 D_Y 与 D_N 的期望效益值，若 D_Y 的期望效益值高于 D_N，则执行更新，反之则不更新。

2. Ⅱ 类更新决策模型

Ⅱ 类更新决策模型主要面向自主式更新，包括公共模块与适应性模块的技术升级，在此过程中除了需要考虑市场与客户偏好度两个不确定因素外，还需要考虑模块有无新技术这个不确定因素，从而帮助企业更好地开展模块技术升级的更新决策。与更新决策模型 M_Ⅰ 类似，采用风险型决策方法构建更新决策模型 M_Ⅱ，具体情况如下：

不确定因素：$U=\{M, C, T\}$。M 与 C 的内涵与更新决策模块 M_Ⅰ 内涵一致，在此不再赘述。$T=\{T_1, T_2\}$ 指模块有无新技术，T_1 是模块有新技术，T_2 是指模块没有新技术。进一步记 $P_T=\{P(T_1), P(T_2)\}$，$P(T_1)$ 和 $P(T_2)$ 分别是 T_1 和 T_2 发生的概率，可以通过分析模块的专利数据及其变化趋势获得。

决策变量：$D_i=\{D_Y, D_N\}$，D_Y 指方案更新，D_N 指方案不更新。

决策目标：Max $E(D_i)$，$i \in (Y, N)$。$E(D_i)$ 是方案 i 期望效益值，其计算依赖于风险决策表，如表 6-3 所示。

表 6-3　风险决策表（更新决策模型 M_Ⅱ）

不确定因素	M		C		T	
更新方案	$P(M_1)$	$P(M_2)$	$P(C_1)$	$P(C_2)$	$P(T_1)$	$P(T_2)$
D_Y	U_{YM1}	U_{YM2}	U_{YC1}	U_{YC2}	U_{YT1}	U_{YT2}
D_N	U_{NM1}	U_{NM2}	U_{NC1}	U_{NC2}	U_{NT1}	U_{NT2}

表中，设 U_{ijk} 是更新方案 i 关于第 j 个不确定因素的第 k 个状态的效益值，其中 $i \in (Y, N)$，$j \in (M, C, T)$，$k \in (1, 2)$。由此可以计算出更新方案 i 的期望效益值 $E(D_i)$，计算公式与更新决策模块 M_Ⅰ，见公式（6-6）。基于更新方案 i 的期望效益值 $E(D_i)$ 则帮助企业决策是否对模块开展技术升级。

6.4　应用实例

由于所建 A 型地铁产品平台时间较短，2020 年后的实际数据还未产生，产品平台处于兴起期，因此企业无须开展产品平台更新与升级。但为了验证所提方法的有效性与可行性，将采用仿真实验分析，即通过模拟数据识别产品平台的运营状态，并且针对"异常运营"的产品平台开展更新。值得注意的是,所有模拟数据并非对未来平台指标及其状态的准确预测,只是一组假设数据用以验证方法的有效性,后续可基于 2020 年后的真实数据开展产品平台的更新验证。

6.4.1 A 型地铁产品平台运营状态分析

针对前述所构建的 A 型地铁产品平台,假设平台派生产品服从几何布朗运动,采用蒙特卡洛仿真方法模拟未来 25 年产品的销量走势。然后,基于仿真结果运用 SPSS 工具生成 Logistic 生长曲线,即 $y=901/(1+49.051 \times e^{-0.471 \times t})$,进一步基于增长率与相对累计增长率划分生命周期阶段,得到结果如图 6-18 所示。

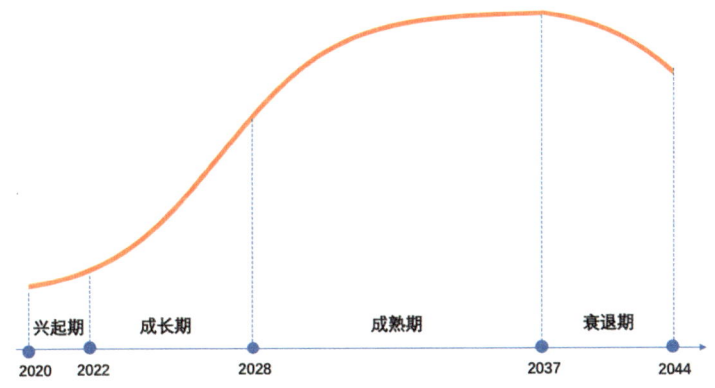

图 6-18　A 型地铁产品平台的生命周期曲线

假设平台派生产品价格与平台维护成本服从几何布朗运动,采用蒙特卡洛仿真模拟未来的产品价格与投资成本,并基于公式(6-1)获得产品平台效益共计模拟 10 000 次的均值,如图 6-19 所示。然后进一步基于公式(6-2)获得产品平台效益增长率,如图 6-20 所示。

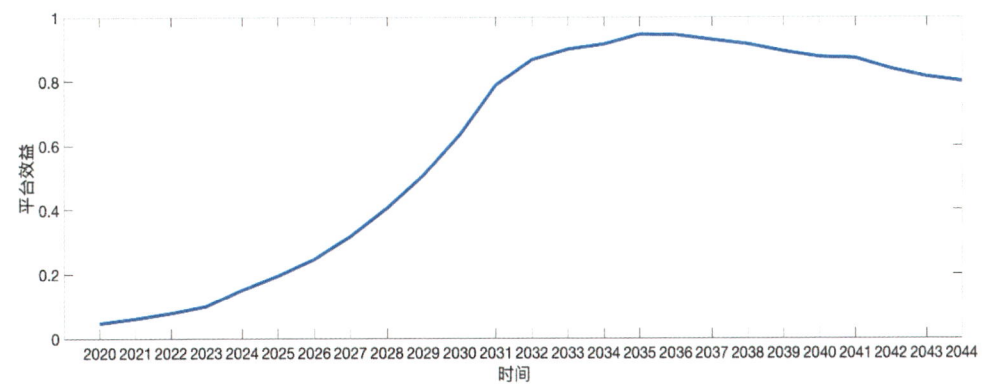

图 6-19　A 型地铁产品平台效益

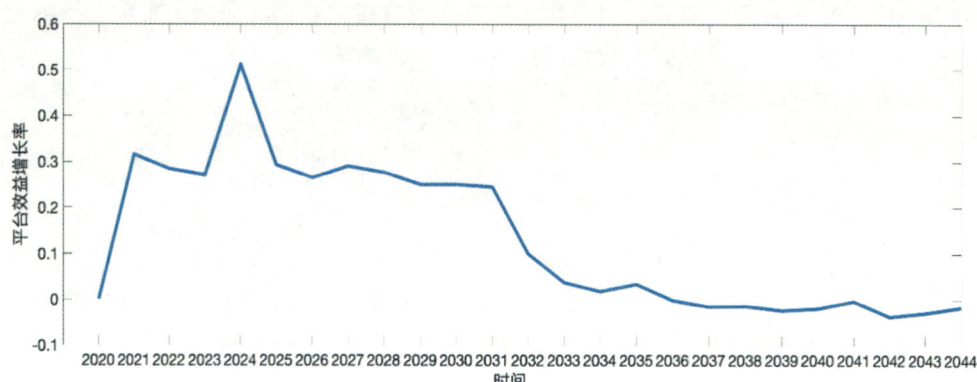

图 6-20　A 型地铁产品平台效益增长率

假设每个模块的相似度以及变更度服从几何布朗运动，采用蒙特卡洛仿真模拟它们未来的走势，然后基于第 4 章所构建的模块分类器识别出各时间的公共模块、适应性模块以及个性化模块，进而基于公式（6-3）与（6-4）获得产品平台的通用性数与适应性指数，分别如图 6-21 与图 6-22 所示。

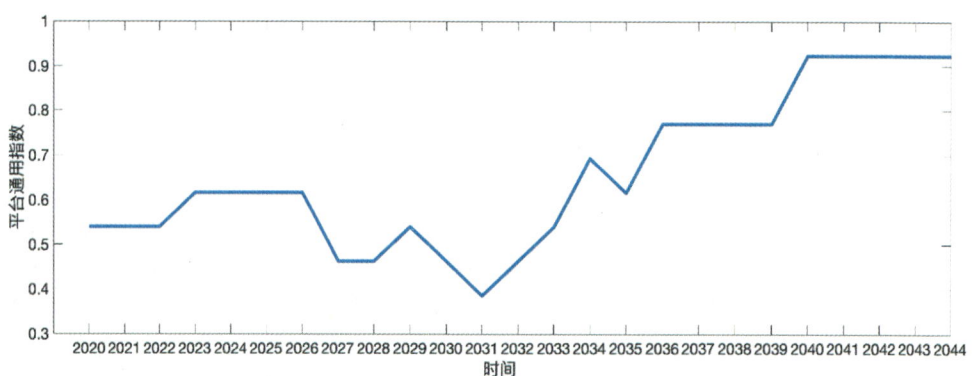

图 6-21　A 型地铁产品平台通用性指数变化

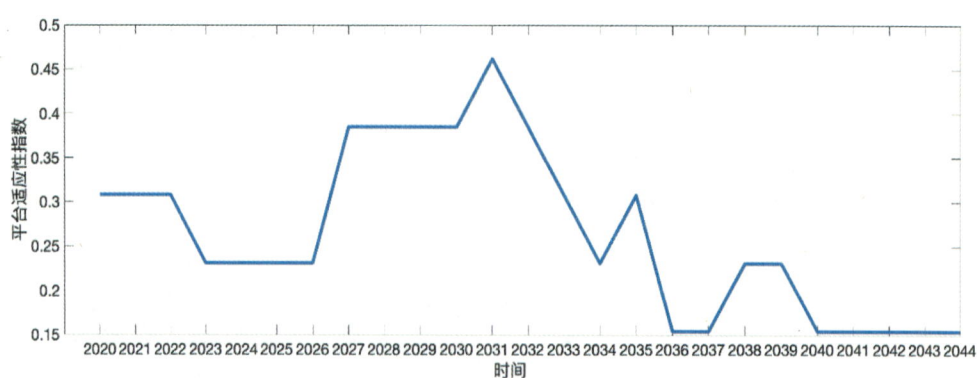

图 6-22　A 型地铁产品平台适应性指数变化

设 A 型地铁产品平台在各生命周期的评估准则如表 6-4 所示。

表 6-4　A 型地铁产品平台运营状态评估准则

序号	生命周期	平台效益	平台效益增长率	通用性指标	适应性指标
1	成长期	>0.1	>20%	[0.50,0.70]	[0.30,0.50]
2	成熟期	>0.5	>15%	[0.60,0.70]	[0.30,0.40]
3	衰退期	>0.3	>0	[0.70,0.85]	[0.15,0.30]

基于表 6-4，可以判断出产品平台在成长期 2023—2028 年、成熟期 2029—2037 年、衰退期 2038—2044 年显示"异常运营"，因此需要开展更新决策。

6.4.2　A 型地铁产品平台更新决策

以 A 型地铁产品平台在成熟期 2029 年为例，产品平台显示"异常运营"。遍历所有平台模块，识别到侧梁模块的类型发生变更，从公共模块变更为适应性模块。该变更为更新决策项 B，因此采用更新决策模型 M_Ⅰ，考虑市场与客户偏好度两个不确定因素，帮助企业决定是否将公共模块变更为适应性模块。采用风险型决策方法对决策项 B 开展更新决策。通过分析产品销售量的变化趋势，定义未来市场表现较好的概率为 60%。通过分析模块变更度的变化趋势，定义未来客户对模块偏好程度高的概率为 70%。进一步，考虑在市场与客户偏好度不确定情况下模块更新与不更新的效益值。上述分析结果如表 6-5 所示。

表 6-5　A 型地铁产品平台风险决策表（M_Ⅰ）

不确定因素	市场发展形势（w_1=0.55）		客户偏好程度（w_2=0.45）	
更新方案	P（好）=60%	P（差）=40%	P（高）=70%	P（低）=30%
更新	7	5	7	5
不更新	5	6	4	5

最终，基于模型 M_Ⅰ的目标函数计算出方案更新的期望效益值为 6.29，方案不更新的期望效益值为 4.905。因此，侧梁模块的类型转化更新应该被执行，即从公共模块变更为适应性模块。由于侧梁模块的更新决策项 B 被执行，将会触发更新决策项 E 与 F 执行，即采用第 5 章所述方法开发模块的配置实例与变型模板。以上假设存在一定的合理性，因为目前侧梁模块的材料几乎都采用耐候钢，并且结构型式没有太大的变化，因此可以被统型为公共模块。但是未来侧梁模块很有可能会采用碳纤维材料，目前国外转向架已经开始尝试采用碳纤维材料，从而实现转向架的轻量化。因此，未来侧梁模块很有可能从公共模块转化为适应性模块，具有耐候钢与碳纤维两种型式。

以产品平台衰退期 2039 年为例，产品平台显示"异常运营"。遍历所有平台模块除了开展主动推送式更新与从动式更新外，还应该开展自主式更新，即判断模块是否应该技术升级。以适应性模块牵引电机为例，考虑市场、客户偏好度以及技术三个不确定因素，采用更新决策模型 M_II 帮助企业决定是否对牵引电机进行技术升级。采用风险型决策法对决策项 M 开展更新决策。通过分析产品销售量的变化趋势，设未来市场表现较好的概率为 55%。通过分析模块变更度的变化趋势，设未来客户对模块偏好程度高的概率为 65%。通过分析模块的专利数量及其内容，设未来模块有新技术的概率为 75%。进一步，考虑在市场、客户偏好度以及技术不确定情况下模块技术升级与不升级的效益值。上述分析结果如表 6-6 所示。

表 6-6　A 型地铁产品平台风险决策表（M_II）

不确定因素	市场发展形势		客户偏好程度		模块有无新技术	
更新方案	P（好）=55	P（差）=45	P（高）=65	P（低）=35	P（有）=75	P（无）=25
更新	8	5	7	5	8	4
不更新	4	6	5	7	4	6

最终，基于模型 M_II 的目标函数计算出方案更新的期望效益值为 6.685，方案不更新的期望效益值为 4.98。因此，牵引电机模块技术升级更新应该被执行，即采用新的技术开发配置实例与变型模板。以上的假设存在一定的合理性，目前轨道交通车辆的牵引电机普遍采用三相异步电机。随着永磁同步电机技术的发展，为了降低能耗、噪声以及冲击，未来很有可能会对牵引电机进行升级，采用永磁同步电机。

通过应用实例分析可知，产品平台构建完成以后，在各时期可以持续捕捉产品平台的状态指标，如图 6-19~图 6-22 所示，然后基于评估准则识别产品平台的运营状态。当产品平台发生异常运营时，遍历所有平台模块，识别待更新决策项，然后通过风险型决策方法帮助企业是否对平台模块开展更新与升级。与现有产品平台相比，可持续产品平台可以动态评估产品平台的运营状态并且对模块级开展持续性更新与升级，将有助于维持产品平台的稳健与适应性能力，保持并提升产品平台的竞争力。

第 7 章

轨道交通车辆产品平台配置设计应用

产品配置设计是通过对预定义组件及相关设计知识的建模与重用来实现产品定制,追求满足客户个性化需求以获得范围经济效益,同时保证共性设计部分的批量化生产,以维持规模经济效益。在 MTO、ATO 产品定制中,通过设计定型的不同组件的配置组合来实现产品定制并驱动制造或装配过程,其定制程度较浅且相应的配置设计方法已得到较多的研究和探索。对复杂 ETO 产品,已有部分学者研究了其配置知识建模、模块配置与变型设计等方法,但对其配置模型的空间复杂性、时间复杂性等仍考虑不足,复杂配置问题的求解效率与质量也有待提高。因此,本章重点关注轨道交通车辆这一复杂 ETO 产品的配置设计,从配置模型构建和面向订单需求的配置设计两个方面来开展相关方法的研究,并以地铁转向架为例,对相关方法进行应用验证。

7.1 基于公理设计与元模型的产品配置建模

产品配置建模是对企业已有或预研的模块及模块之间的关联关系、约束关系等配置知识进行组织并表达形成配置模型的过程。配置模型通常是针对产品族构建,以满足某一细分市场的客户定制需求为目标,它定义了产品族的可配置空间,是配置设计的基础。现有研究提出了基于规则、约束、结构、本体、多视图等多种配置建模方法,从配置模型的组织结构、约束规则构建、计算机表达等不同角度进行了研究。但这些方法多是对 MTO、ATO 产品中预定义的物理模块及其间的选配关系进行建模,以支持快速制造和装配。由于复杂 ETO 产品的复杂性和深度定制性,其配置模型需要考虑功能、技术解、物理模块等多类可配置对象,以及各类对象的属性和属性间的复杂关系。在现有产品族建模研究中,已有学者提出从功能视图、技术视图(或原理视图)、物理视图对产品族模型进行描述,以支持多个产品同时设计[148],但这方面的研究也仅限于对产品族模型组成元素的描述,缺乏对模型中可配置元素及可配置元素间配置规则和约束的分析,仍无法支持复杂 ETO 产品配置建模。此外,为了更好地支持配置过程,需要将配置相关的多种数据与知识集成于配置模型中。

针对上述问题,提出一种基于公理设计与元模型的方法支持复杂 ETO 产品的配置建模。首先,根据公理设计中的域映射过程,采用功能、技术解、物理模块三者关联映射的方式构建产品族架构模型,并以此为核心对产品族的客户需求数据、产品实例数据、设计过程模型、配置规则知识等进行分析和建模,形成配置模型的体系结构;然后,为了便于配置模型的规范化表达与计算机管理,采用元模型建模方法对配置模型进行表达;最后,以地铁转向架这一典型的复杂 ETO 产品为例,构建其配置模型并给出配置实例的描述,验证所提的方法。

7.1.1 基于公理设计的产品配置模型

7.1.2 公理设计理论

公理设计理论由 Suh 教授[149]于 1990 年提出，描述了产品设计的基本理论框架和一般范式。该理论采用四个依次关联的域，即"用户域""功能域""物理域""工艺域"来描述产品设计过程，如图 7-1 所示。相邻的两个域，左边表示"目标（what）"，右边表示"实现方法（how）"，例如以功能域内的功能需求为目标，则物理域内的设计参数（即物理模块）为实现方法。两个域之间采用"Z"字形映射过程实现域内元素的逐层分解和映射，实现设计细化。四个域之间的三个映射过程分别对应着产品定义、产品设计、工艺设计阶段，主要针对产品设计阶段。

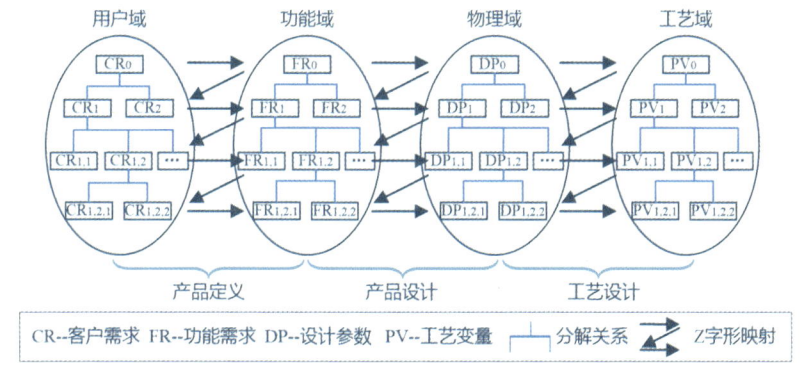

图 7-1 公理设计的域映射过程

在公理设计中，采用两条公理来指导设计评价和决策，即独立性公理和信息公理。其中，独立性公理是指应保证功能域中所分解的每一层功能需求之间具有独立性，该公理可用于判断设计方案是否为非耦合、准耦合或耦合设计；而信息公理是指对满足独立性公理的多个设计方案，信息量最小的设计为最佳设计，某个功能需求的信息量可以由功能需求被满足的概率来衡量。独立性公理和信息公理是实现复杂产品关系解耦和降低复杂性的重要基础。

7.1.3 产品配置模型的总体结构

复杂 ETO 产品的定制设计起始于客户订单需求，通过需求获取与分析确定产品的功能要求（包括基本功能、附属功能等）和技术要求，再针对每项功能选择合适的技术解（通常实现一项功能的技术解有多种），并计算各技术解的属性参数值，基于所选技术解和属性参数值从产品实例库中选配可用的物理模块或定制特定的物理模块，最终生成满足订单需求的设计物料清单（即 EBOM），并驱动后续的工艺、采购、制造过程等。可见，与 MTO、ATO 产品的定制过程相比，复杂 ETO 产品的定制需要经历更加复杂的设计过程。

复杂产品的设计是基于企业已有技术资源的重用和组合,并结合局部的创新或改进来设计新产品,可重用的技术资源一般有基型产品、已构建的产品平台、已有的系列产品实例等。即,复杂 ETO 产品定制设计过程中的功能设计、技术解选择和参数求解、物理模块设计等均是基于企业既有产品的。因此,为支持复杂 ETO 产品定制设计,从既有产品中分析并提取出可用的功能、技术解、物理模块,并按照公理设计的域映射过程构建产品族架构模型,作为配置模型的主体结构。此外,依据该主体结构,还需要定义驱动产品设计的客户需求数据和设计过程模型,以及支持设计求解的配置规则知识和提供可重用设计资源的产品实例数据,以构建一种集成化的产品配置模型来支持复杂 ETO 产品的定制设计。产品配置模型的总体结构如图 7-2 所示,各个部分解释如下:

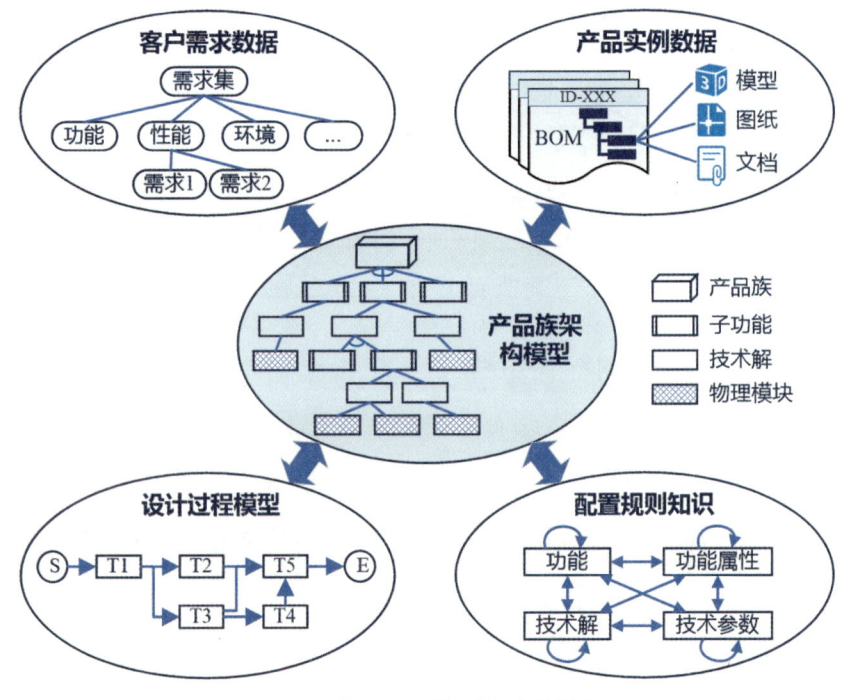

图 7-2 产品配置模型的总体结构

(1)产品族架构模型。产品族架构是描述产品族功能元素被映射、分配到物理模块的方式以及物理模块之间交互的方式[150]。从企业既有产品实例中提取出产品的基本功能、可选功能、实现各种功能的技术解以及实现各种技术解的物理模块,并定义各类对象的描述属性。按照公理设计中"功能域"与"物理域"间的"Z"字形映射过程,构建功能、技术解、物理模块间的关联映射关系,形成产品族架构模型。该模型提供了一个捕获与利用产品族共性、差异性的框架,描述了订单产品的架构可配置空间,是进一步定义其余各类数据的基础。

(2)客户需求数据。客户需求是产品设计的起点和终点,产品族是面向特定细分市场的，其中不同订单的客户需求具有相似性。因此，可以采用一个统一的需求数据模型来描述产品族的客户需求，特定订单的客户需求是该需求数据模型的实例化。目前各类复杂工业产品，如轨道交通车辆，其客户需求通常由招标条件描述并且已经形成了规范，因此产品族客户需求数据可以从招标条件中梳理得到。

（3）设计过程模型。复杂 ETO 产品的定制设计包含订单项目创建、需求采集映射、产品架构设计、技术参数求解、物理模块配置与变型设计、设计变更、设计方案评价与优化等多个环节。为了使订单产品的设计任务有序地开展，保证设计效率，结合企业实际的设计流程构建复杂 ETO 产品的设计过程模型，作为订单产品设计的流程引导。需要说明的是，由于每个订单产品的功能设置、技术解选择可能会有差异，导致技术参数求解、设计变更等环节的具体设计任务不同。因此，在面向产品族构建设计过程模型时，需要预先定义所有可能的设计任务单元，而特定订单产品的设计过程则由相应的设计任务单元组合而成，即订单产品的设计过程可看作面向产品族的设计过程模型的子集。

（4）配置规则知识。配置规则用于描述产品族架构模型中功能、技术解之间可能存在的约束关系，用于限制订单产品架构设计、技术参数求解和物理模块选配时的不可行组合。配置规则的具体分析可以从功能、功能属性参数、技术解、技术属性参数等这些变量中任意选取两者进行分析，探索可能存在的各种约束关系。配置规则的表达形式一般可采用产生式规则 if()-then()、函数关系 $f(x,y) \geq 0$、可行组合或不可行组合等方式进行表达。具体产品对象的配置规则需要根据产品的设计原理、专家经验、模块间接口匹配关系等进行分析获取。

（5）产品实例数据。产品实例是企业已经设计、生产、销售的历史产品，产品实例数据记录了产品的 EBOM 以及每个模块的技术属性参数、三维模型、二维图纸和相关的技术文档等，一般由企业的 PDM 系统管理。既有的产品实例数据一方面可以为前述的产品族架构模型、客户需求数据、设计过程模型、配置规则知识的分析和建模提供数据基础，另一方面可以为企业的新订单产品设计提供可重用的物理模块实例。新订单产品设计完成后形成的实例数据也将与历史产品一并存入产品实例库中，支持配置模型的更新和后续的新产品设计。

上述配置模型以产品族架构为核心集成了多种设计数据，为了便于配置模型的规范化表达与计算机管理，采用元模型建模方法对其进行定义和表达，实现产品配置模型数据从抽象到具体、统一到多样化的系统性描述，保证配置模型管理的规范性和可扩展性。

为了支持产品配置建模过程的具体实施，根据上述产品配置模型的总体结构，构建如图 7-3 所示的产品配置模型构建与表达流程。

图 7-3 中，第 1~4 步为产品族架构模型构建，第 5~8 步为多种设计数据的建模、表达与集成，第 9~12 步为集成化产品配置模型的元模型表达过程。第 4 步中，将产品平台内物理模块与技术解关联，此处的物理模块是指企业内经过平台化、简统化设计后形成的基本模块与可配置的系列化模块，并且这些模块通常是经过实际运用验证的且具有较好的技术经济性。因此，将这些物理模块与技术解关联，作为产品族架构共性内容

的一部分。当设计新订单产品时，应优先选用这些物理模块，若不能满足需求，则再从产品实例库中搜索其他可用的物理模块。

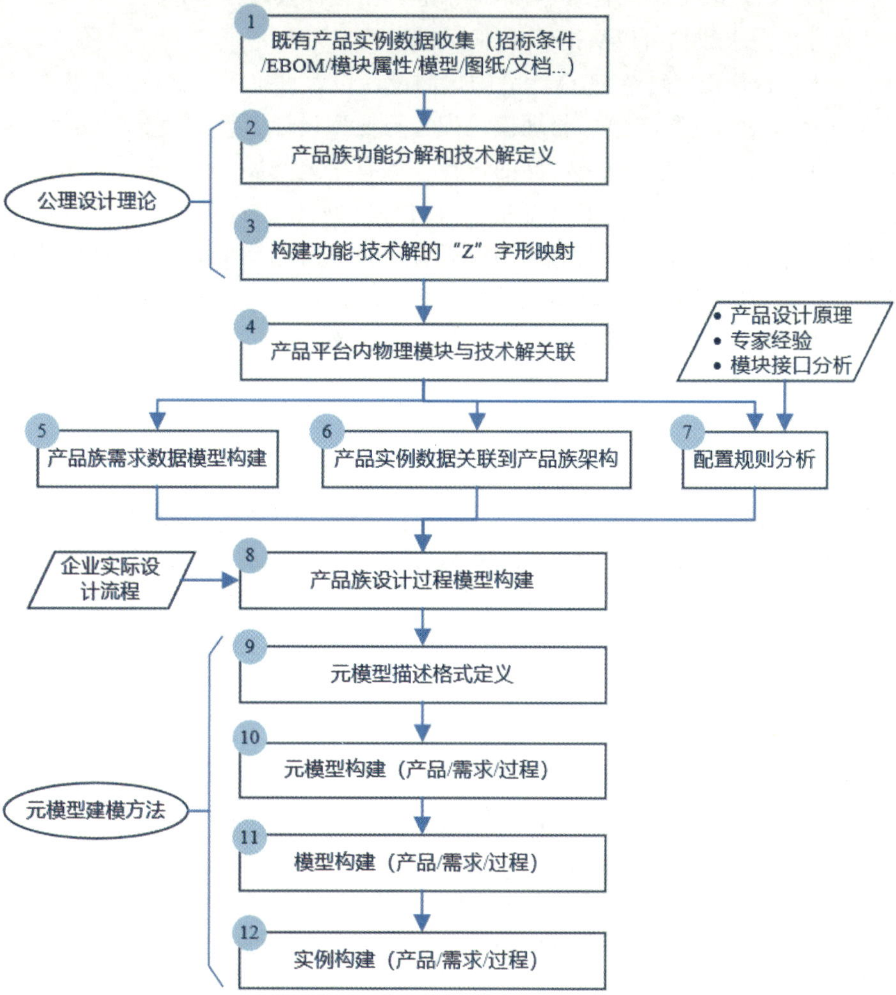

图 7-3　产品配置模型构建与表达流程

提出的复杂 ETO 产品配置建模方法的特点如下：

（1）以产品族的功能、技术解、物理模块三者关联映射的方式描述产品族架构模型，可支持从三个层次实现复杂 ETO 产品的定制设计。

（2）以产品族架构模型为核心，集成了产品族的客户需求数据、设计过程模型、配置规则知识和产品实例数据，可实现复杂 ETO 产品需求驱动、流程引导、规则知识支持和实例可复用的定制设计。

（3）采用元模型建模方法实现配置模型从抽象到具体、统一到多样化的管理，可保证数据模型管理的规范性、普适性和可扩展性。

7.1.4 产品配置模型构建

按照图 7-3 所示的流程，下面分别描述产品族架构模型、客户需求数据、产品实例数据、配置规则知识、设计过程模型的构建。

7.1.4.1 产品族架构模型

7.1.4.2 功能-技术解-物理模块的关联映射

公理设计理论描述了新产品如何从用户需求到加工工艺的创新设计过程，其核心是"Z"字形的逐层分解与映射。借鉴该映射过程对复杂 ETO 产品的产品族架构进行建模。考虑复杂 ETO 产品中的功能通常可以由多种技术解来实现，即存在技术解的多样性，而每项技术解又可以由性能、尺寸等属性不同的多种物理模块来实现，因此在"功能域"与"物理域"之间增加"技术解域"作为连接功能与物理模块的桥梁，以功能、技术解、物理模块三者关联映射的方式来构建产品族架构模型。

需要说明，此处的技术解是指一种具有特定技术原理和几何结构的技术对象。例如传动系统中的两级斜齿轮平行轴减速器，它代表了一类具有相同技术原理、拓扑结构，但性能与尺寸参数值等有差异的物理模块，可以看作一类物理模块的抽象，即抽象模块。因此，满足某项功能的技术解的多样性，本质上是因为技术原理和几何拓扑结构的多样性导致的。

通过对企业既有产品实例的分析，提取出产品族内的基本功能、可选功能，以及实现功能的各种技术解和实现各种技术解的物理模块实例，按照公理设计的"Z"字形映射过程，用相互关联的"功能域""技术解域"和"物理域"来描述产品族架构模型，如图 7-4 所示。

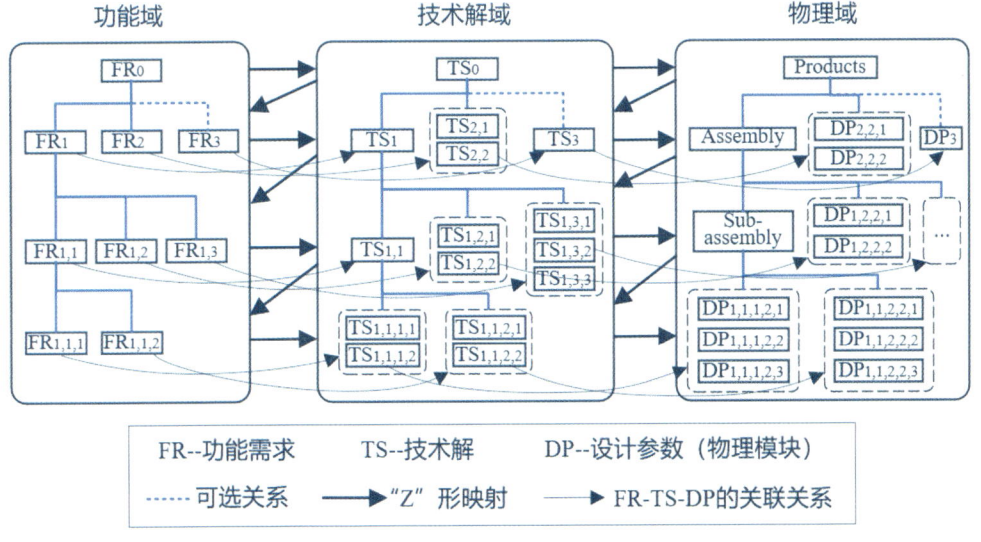

图 7-4 产品族架构模型的域结构表达

图 7-4 中，当功能 FR_1 映射到技术解 TS_1 后，由于 TS_1 太过抽象而无法直接找到对应的物理模块，需要根据 TS_1 将 FR_1 进一步分解为 $FR_{1,1}$、$FR_{1,2}$ 和 $FR_{1,3}$，再分别对每项子功能寻找可行的技术解和物理模块。该过程即为公理设计的"Z"形映射过程。值得注意的是，针对某项功能需求选择不同的技术解，则功能分解得到的子功能也将不同，例如有技术解 TS'_1 也满足 FR_1，根据 TS'_1 对 FR_1 进行分解将得到不同的子功能。

同一层次的功能需求与技术解映射时，一项功能需求可以由一种或多种技术解来实现，例如 FR_2 可以由技术解 $TS_{2,1}$ 和 $TS_{2,2}$ 来实现。而一种技术解也可以由多个具有性能、尺寸等差异的物理模块来实现，因此，可以将产品实例中的物理模块提取出来，并与技术解关联，例如技术解 $TS_{2,2}$ 可以关联 $DP_{2,2,1}$ 和 $DP_{2,2,2}$ 两个物理模块。此处关联的物理模块并不是将产品实例集中所有能实现 $TS_{2,2}$ 的物理模块全部提取出来，而只是针对那些已经经过简统化、标准化和实际运用验证的产品平台物理模块。此外，功能域中某些功能需求是可选的（即某些产品需要），例如 FR_3，其相应的技术解 TS_3 和物理模块 DP_3 也均是可选的，新产品设计时根据客户需求进行选择。

为了将产品族架构模型中功能的可选性、技术解和物理模块的多样性，以及功能、技术解、物理模块之间的关联映射关系等表达得更加清晰，将图 7-4 的"Z"字形映射过程展开，转换为如图 7-5 所示的树状结构。图中产品族的总功能 FR_0 和总技术解 TS_0 是最抽象的层级，通常为一对一映射，两者可以用统一的属性进行描述，因此表达为一个顶层节点（根节点），其余的功能节点、技术解节点、物理模块节点则根据实际的分解、分类和可选关系进行组织。后续均采用此树状结构进行阐述。

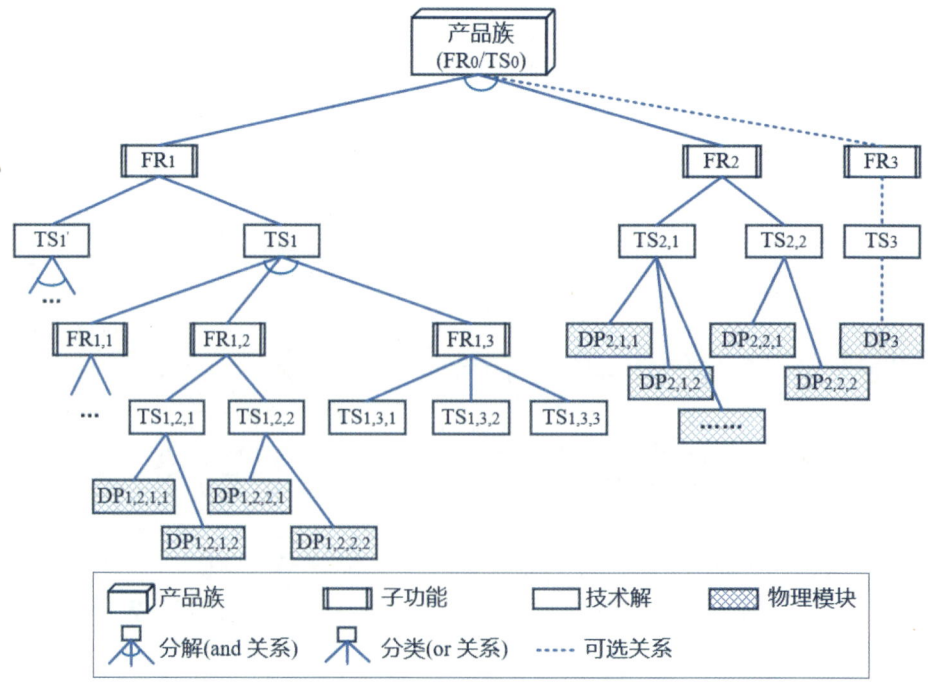

图 7-5 产品族架构模型的树状结构

下面对图 7-5 中的各类对象进行形式化表达：

1. 功能节点

功能节点表达了产品族的基本或可选功能，包含总功能和分解的子功能。功能节点可形式化表达为 FR={ID，Name，F-des，F-Type，Sel，FP，f-ID}。ID 为功能节点的唯一标识；Name 和 F-des 为功能节点的名字和功能描述；F-Type 为功能的类型，有基本功能和可选功能两类；Sel 为是否选择该功能，Sel=1 表示选择，Sel=0 则不选择，对基本功能 Sel=1，对可选功能 Sel=1 或 0；FP 为功能的属性参数集，与客户需求相关联，属于产品顶层设计参数；f-ID 为功能节点的父节点 ID，用以表达树形结构关系，根节点的 f-ID 为空。

2. 技术解节点

技术解节点是实现某项功能的技术对象（或称抽象模块），一个功能节点可能关联一个或多个可选的技术解节点。技术解节点可形式化表达为 TS={ID，Name，T-des，Pro-Type，Sel，TP，f-ID}。前三项分别为技术解节点的唯一标识、名字和描述；Pro-Type 为技术解的生产类型，有自制、外购、外协三种；Sel 为是否选择该技术解，Sel=1 表示选择，Sel=0 则不选择；TP 为技术解的属性参数集，包括性能参数、尺寸参数、接口参数、材料等，部分技术参数可从技术解的父功能节点的属性参数 FP 中继承；f-ID 为技术解节点的父节点 ID。

3. 物理模块节点

物理模块节点是指某技术解下具体的模块实例，即技术解的实例化。根据性能、尺寸、供应商等差异，一个技术解节点下可以关联一个或多个物理模块。物理模块节点可形式化表达为 DP={ID，Name，Sel，DP-P，3D Model，Drawing，Doc，Supplier，f-ID}。前两项分别表示物理模块的唯一标识和名字（型号）；Sel 为是否选择该物理模块，Sel=1 表示选择，Sel=0 则不选择；DP-P 为物理模块的属性参数集，从其所属的技术解节点继承得到并赋有具体值；3D Model、Drawing、Doc 分别为物理模块的三维模型、二维图纸和相关技术文档；Supplier 为物理模块的供应商；f-ID 为物理模块节点的父节点 ID。

上述三类节点的形式化表达以及三类节点的属性继承关系如图 7-6 所示。

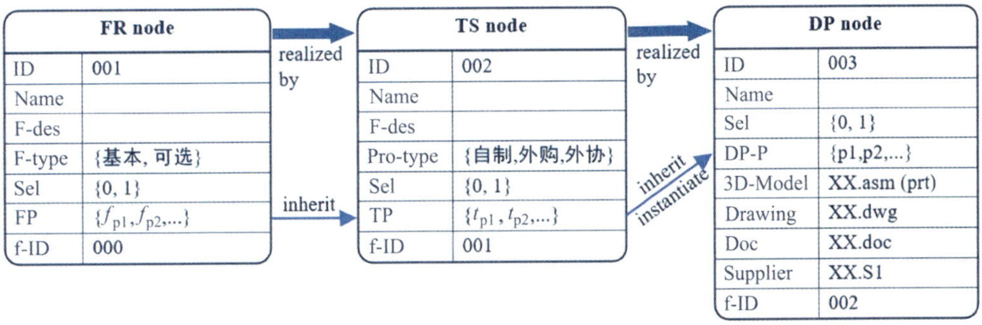

FR node			TS node			DP node	
ID	001	realized by	ID	002	realized by	ID	003
Name			Name			Name	
F-des			F-des			Sel	{0, 1}
F-type	{基本,可选}		Pro-type	{自制,外购,外协}	inherit instantiate	DP-P	{p1,p2,...}
Sel	{0, 1}	inherit	Sel	{0, 1}		3D-Model	XX.asm (prt)
FP	{f_{p1},f_{p2},...}		TP	{t_{p1},t_{p2},...}		Drawing	XX.dwg
f-ID	000		f-ID	001		Doc	XX.doc
						Supplier	XX.S1
						f-ID	002

图 7-6 三类节点的形式化表达及属性继承关系

7.1.4.3 产品族架构元素的共性与差异性分析

产品族架构描述了产品族内所有可能的功能、技术解、物理模块以及三者间的关联关系,当面向新订单需求时,这些对象及其相关的属性参数并不是都需要改变以适应新的需求,而是存在着不变与可变两类元素,即产品族架构内的元素存在着共性与差异性。事实上,这种共性与差异性是由两方面决定的:①受客户需求的变化情况影响导致,即变化的需求导致某些元素的变化,而不变的需求也导致某些元素不必改变;②企业通过开展简统化、平台化工作,限制了某些元素的变化,如平台模块,或某些模块通过稳健性设计或冗余设计,可以以不变的模块应对变化的需求。根据企业实际的需求与产品情况,可以对产品族架构元素进行共性与差异性分析,明确不变和可变的元素及其相应的取值和值域,也可进一步支持对可变元素的配置规则分析。

现有研究通过各种定性或定量的方法识别需求与产品模块的共性、差异性,例如采用风险敏感性指数、代变异指数和产品线通用指数等指标区分模块的共性与差异性等[26, 151]。因此,只是对产品族架构中可能变化的元素(即差异性的元素,或称可配置元素)以及这些元素是如何受需求的影响进行分析,以支持后续的配置规则构建。如图7-7所示,从功能、技术解、物理模块三个层次分析客户订单需求对产品族架构中元素可能的影响,说明如下:

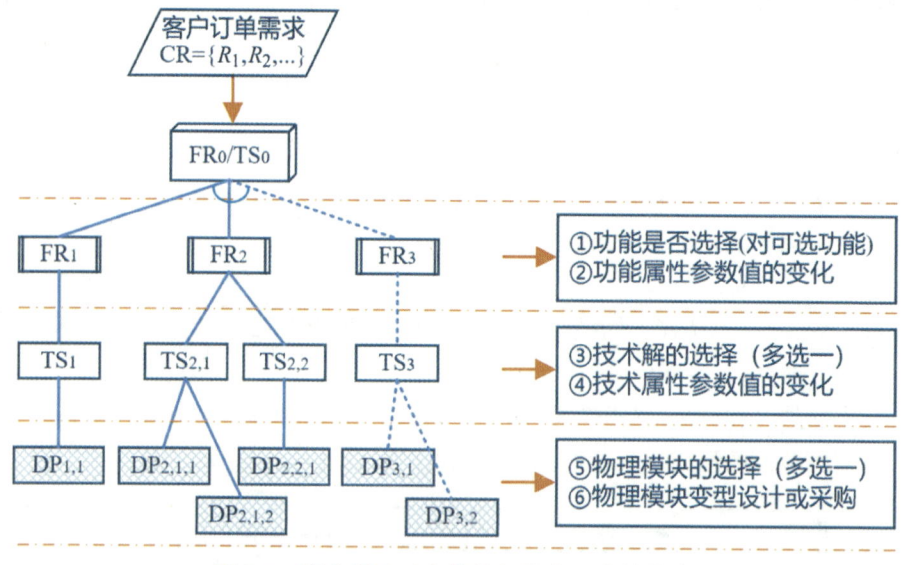

图7-7 客户需求对产品族架构中元素的影响

(1)客户需求本身表达了对产品的功能以及功能属性参数的需求。功能需求描述客户需要产品的哪些功能,例如地铁转向架中,客户需要踏面清扫功能和轴温监测功能。而功能属性参数描述了客户对产品功能的技术要求,例如踏面清扫效率、轴温监测准确率等。因此,客户需求将首先影响产品族架构中的功能选择(只针对可选功能,基本功能是必备的)和功能属性参数的取值,即图7-7中的第①②条。

(2)根据客户对功能的选择和功能属性参数要求,需要为每个功能选择合适的技

第7章 轨道交通车辆产品平台配置设计应用

解。若某功能只有唯一技术解,则直接选择(如图 7-7 中的 FR_1),若有多个技术解,则需要进行多选一(如 FR_2)。然后再根据功能属性参数要求和设计约束计算或设置每个技术解的属性参数值。因此,在技术解层面,客户需求将影响技术解的选择和技术属性参数值的变化,即图 7-7 中的第③④条。

(3)根据技术解的选择和技术属性参数值,从所关联的物理模块集合或产品实例库中选配可用的物理模块实例,获得相应的型号或物料号以及三维模型和图纸等。若无匹配成功的物理模块实例,则可根据技术属性参数值对相似实例进行变型设计或对供应商提出采购需求,获得新的物理模块实例。因此,客户需求最终将影响物理模块的选择或变型设计、采购,即图 7-7 中的第⑤⑥条。

客户订单需求对产品族架构的影响从功能层到技术解层再到物理模块层逐层传递,三个层次中都可能存在变化或不变的元素。例如,图 7-7 中功能 FR_1 和 FR_2 是基本功能,即共性的功能项,而 FR_3 是可选功能,即差异化的功能项。再如,技术解 TS_1 是实现 FR_1 的唯一选择,则 TS_1 为共性技术解项,相应地 $TS_{2,1}$ 和 $TS_{2,2}$ 为差异化的技术解项。产品设计时,所有的共性与差异性最终都是由物理模块来体现的,因此,可以从物理模块的角度对功能层、技术解层的共性与差异性元素进行组合分析,理清各种组合下将会产生何种物理模块以及这些物理模块与现有模块分类概念的对应关系,如表 7-1 所示。表中" – "表示某类元素在产品族中不变,即共性元素;" + "表示某类元素在产品族中会变化,即差异性元素。

表 7-1 产品族架构中共性与差异性元素的组合分析

组合	功能	功能属性值	技术解	技术属性值	物理模块的类型
1	–	–	–	–	对某功能,必备且实例唯一的物理模块,对应产品平台内的基本模块[152]
2	–	–	–	+	无此情况
3	–	–	+	–	必备且技术属性值不变、有多种技术解的物理模块,对应必选非平台模块[152]
4	–	–	+	+	无此情况
5	–	+	–	–	对某功能,必备且唯一的物理模块,该模块可应对变化的功能属性值,对应基本模块
6	–	+	–	+	对某功能,必备且有多种技术属性值的物理模块,对应必选非平台模块
7	–	+	+	–	对某功能,必备且有多种技术解的物理模块,对应必选非平台模块
8	–	+	+	+	对某功能,必备且有多种技术解、技术属性值的物理模块,对应必选非平台模块
9	+	–	–	–	可选且唯一的物理模块,对应产品平台内的通用模块或专用模块[152]
10	+	–	–	+	无此情况
11	+	–	+	–	可选且技术属性值不变、有多种技术解的物理模块,对应可选非平台模块[152]

续表

组合	功能	功能属性值	技术解	技术属性值	物理模块的类型
12	+	−	+	+	无此情况
13	+	+	−	−	可选且唯一的物理模块，该模块可应对变化的功能属性值，对应通用模块或专用模块
14	+	+	−	+	可选且有多种技术属性值的物理模块，对应可选非平台模块
15	+	+	+	−	可选且有多种技术解的物理模块，对应可选非平台模块
16	+	+	+	+	可选且有多种技术解、技术属性值的物理模块，对应可选非平台模块

7.1.4.4 客户需求数据

客户需求是订单产品设计的源头，描述了产品的设计目标和约束。产品族内的产品属于同一细分市场，因此客户需求具有相似性。根据既有产品招标技术条件，可以梳理出产品族的需求列表，并按照功能需求、性能需求、运营环境需求等对需求项进行分类组织，形成面向产品族的需求数据模型。对各个需求项，根据需求的历史取值和未来需求取值的预测，可以定义每个需求项的值域，包含定量值和定性值，定量值的取值方式可以是离散值或区间值，定性值的取值方式一般为字符型的枚举值。

面向产品族的需求数据模型是获取客户订单需求的模板，特定订单产品的需求是该模板的实例化，即为每个需求项赋以具体取值。获取到的订单产品需求作为后续设计过程的输入，并且将首先与产品族架构中的功能层、技术解层相关联，用于表达客户对可选功能、技术解的选择和对功能属性参数、技术属性参数的取值要求。产品族客户需求数据模型与订单产品需求数据的关系可表示为图 7-8。

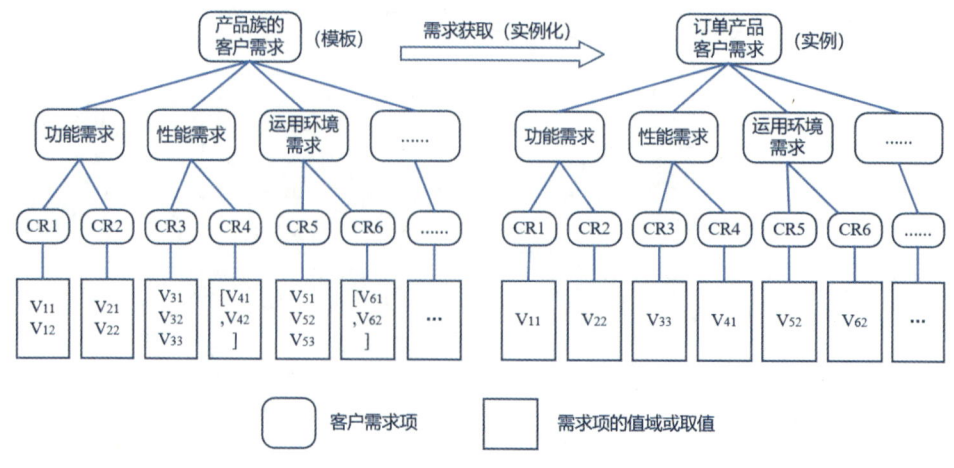

图 7-8 产品族客户需求数据与订单产品需求的关系

第 7 章 轨道交通车辆产品平台配置设计应用

7.1.4.5 产品实例数据

产品实例是针对订单需求已经设计完成得到的一套实例数据，企业通常采用 PDM 系统管理产品实例数据。产品族架构描述了一个产品族内所有可能的功能、技术解以及相关联的物理模块，产品实例即是产品族架构模型在某订单需求下的实例化，可看作产品族架构模型通过节点的选择和参数赋值而实例化得到的结果。例如，图 7-5 所示的产品族架构通过功能选择、技术解选择，对各个对象的属性参数赋值并选择具体的物理模块，可实例化为如图 7-9 所示的产品实例。图中，各项功能都对应了唯一的技术解和物理模块，功能属性参数 FP、技术属性参数 TP 和物理模块参数 $DP\text{-}P$ 都赋予了确定的取值（以"*"号表示特定值）。

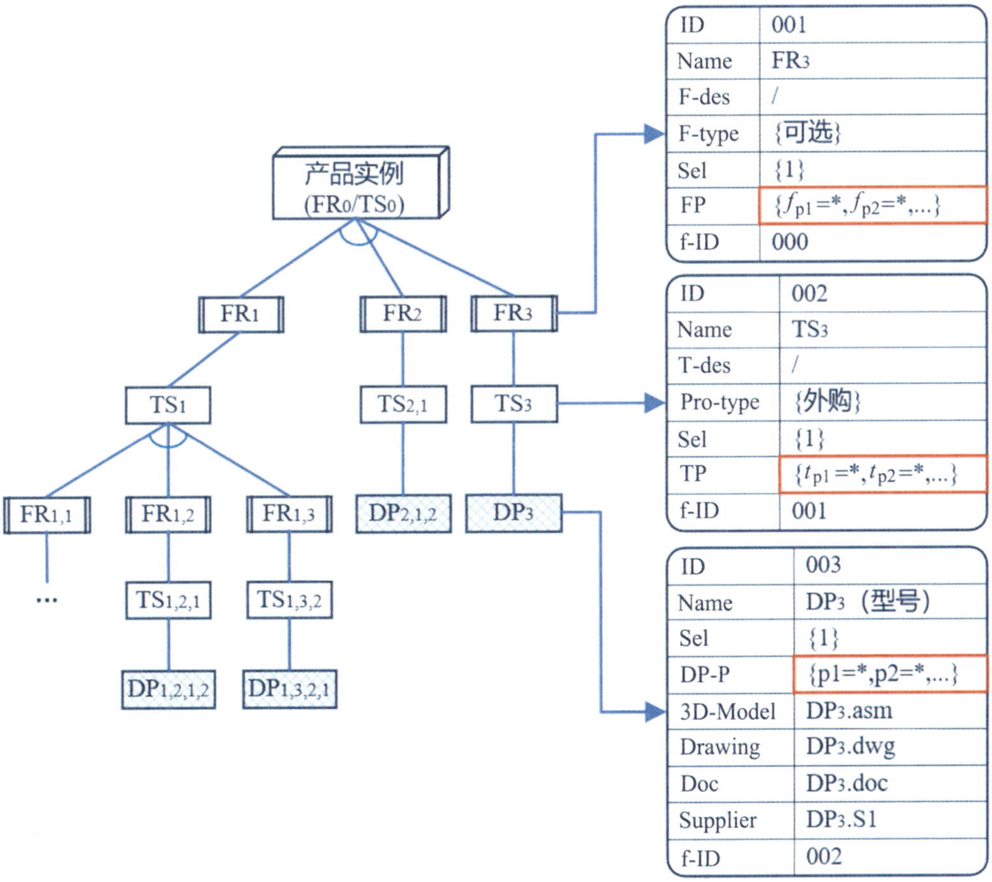

图 7-9　产品族架构实例化得到的产品实例

产品实例数据的组织与管理为新产品设计提供了可重用的资源库。图 7-9 采用产品架构的方式描述产品实例，其中包含功能、技术解节点，而实际的生产环境中习惯使用 EBOM（即物理模块构成的装配结构树）描述产品实例。因此，可以将图 7-9 的描述方式映射为 EBOM 的形式，即将技术解节点和功能节点隐藏并根据物理模块的聚合关系添加子装配体和装配体等节点,以更符合实际的方式描述产品实例。产品实例的 EBOM 描述如图 7-10 所示,每个物理模块或装配体都对应着相应的功能项和技术解项。每个物理模块实例均包含相应的技术属性参数集、三维模型、二维图纸和相关的技术文档等,以供设计重用时调用。新订单产品设计得到的实例数据也将采用同样的方式进行管理,以支持配置模型更新和后续的新产品设计。

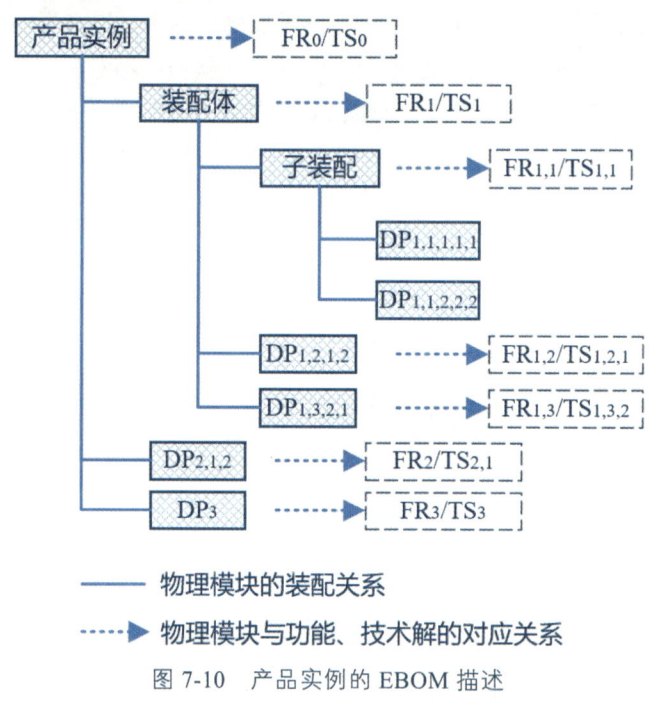

图 7-10 产品实例的 EBOM 描述

需要说明,产品实例数据与产品族架构中的平台物理模块是不同的,产品实例数据管理的是完整的产品对象实例,而产品族架构中只包含部分被平台化的物理模块。两者相互关联,即产品实例可引用平台模块,同时也支持着平台模块的更新。例如,新订单产品设计时产生了新的物理模块,且存储于产品实例数据中,若后续此新物理模块被多次重用且被验证具有较好的技术经济性,那么该物理模块则可能升级为平台模块并与产品族架构相关联,成为设计时的优先选项。

7.1.4.6 配置规则知识

产品族架构中可配置的元素有功能项、技术解项、功能属性参数与技术属性参数取值以及物理模块,这些可配置元素在新产品设计时并不是可以任意选择的,而是受客户需求和实际产品研发中工程约束所限制的。客户需求对可配置元素的限制由具体的订单需求确定,一般为对功能项、功能属性参数值或部分技术解、技术属性参数值的限制。本节重点分析这些可配置元素之间可能存在的工程约束关系,即配置规则知识,以支持特定产品的配置规则构建。值得注意的是,物理模块的选配或变型设计只需满足所选技术解的技术属性参数值要求即可，不存在其他的约束，因此配置规则分析重点针对功能项、功能属性参数、技术解项和技术属性参数四类元素。

对四类可配置元素进行两两组合分析，产品族架构中可能存在的约束关系共有 10 种，如图 7-11 所示，分别阐述如下：

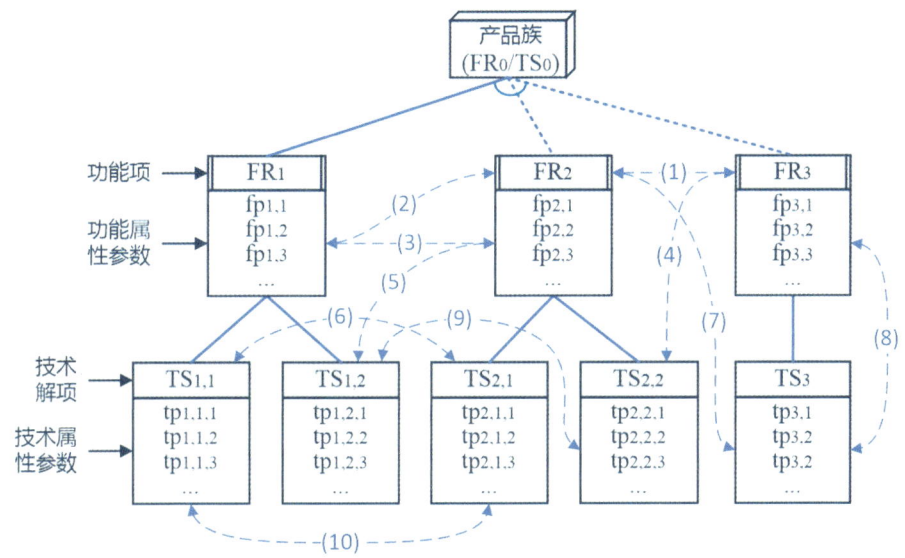

图 7-11　产品族架构中的配置规则

1. 功能项之间的约束关系

该约束关系是针对两个可选的功能项，表达两者之间的逻辑存在关系，如依赖性关系或排斥性关系，即某一功能项 FR_i 存在，则另一功能项 FR_j 需要存在或不能存在。这种逻辑约束关系可以采用产生式规则或可行组合进行描述，如 IF FR_i Exist, THEN FR_j Exist, 或（FR_i Exist, FR_j Exist）。使用时需要注意区分的是，产生式规则为单向约束，可行组合为双向约束。

2. 功能项与功能属性参数之间的约束关系

该约束关系是针对某一可选的功能项 FR_i 与功能属性参数 FP 的取值，即当可选功能 FR_i 选择或不选择时，对应的功能属性参数 FP 应该取什么值，或是功能属性参数 FP 取特定值时，功能 FR_i 选择或不选择。此处的功能属性参数 FP 可以是 FR_i 的属性，也可以是其他功能的属性。这种约束关系也可以采用产生式规则或可行组合进行表达。

3. 功能属性参数之间的约束关系

该约束描述两个或多个功能属性参数之间的约束关系，可以是同属于一个功能项的功能属性参数，也可以是不同功能项的功能属性参数。这种约束关系通常是数值型约束，可采用函数 $y=f(x_1,x_2,\cdots)$ 或 $f(x,y)\geqslant 0$ 进行表达，对于字符型取值的变量，也可以采用产生式规则或可行组合进行表达。

4. 功能项与技术解项之间的约束关系

该约束关系是针对某一可选功能项与具有兄弟节点的技术解项,表达两者之间的逻辑存在关系,如某一功能项 FR_i 存在,则技术解项 TS_i 需要选择/不能选择,或技术解项 TS_i 被选择,则功能项 FR_i 存在/不能存在。这种逻辑约束关系也可以采用产生式规则或可行组合进行表达。

5. 功能属性参数与技术解项之间的约束关系

该约束描述功能属性参数取值与具有兄弟节点的技术解项之间的约束关系,如功能属性参数 FP 取特定值时,技术解项 TS_i 需要选择/不能选择,或技术解项 TS_i 被选择,则功能属性参数 FP 需要取特定值。这种约束关系可以采用产生式规则或可行组合进行表达。

6. 技术解项之间的约束关系

该约束关系是针对两个位于不同功能项下且都具有兄弟节点的技术解项,表达两者之间的逻辑存在关系,如依赖性关系或排斥性关系,即某一技术解项 TS_i 被选择,另一技术解项 TS_j 需要选择或不能选择。这种逻辑约束关系可以采用产生式规则或可行组合进行表达。

7. 功能项与技术属性参数之间的约束关系

该约束是针对某一可选功能项与技术属性参数值,描述当功能项 FR_i 存在/不存在时,技术属性参数 TP 应该取什么值,或技术属性参数 TP 取特定值时,功能项 FR_i 存在/不存在。这种约束关系可以采用产生式规则或可行组合进行表达。

8. 功能属性参数与技术属性参数之间的约束关系

该约束描述功能属性参数值与技术属性参数值之间的约束关系,一般为功能属性参数值映射到技术属性参数值。这种约束关系通常是数值型约束,可采用函数 $y=f(x_1,x_2,\cdots)$ 或 $f(x,y)\geq 0$ 进行表达,对于字符型取值的变量,也可以采用产生式规则或可行组合进行表达。

9. 技术解项与技术属性参数之间的约束关系

该约束关系是针对具有兄弟节点的技术解项 TS_i 与技术属性参数 TP 的取值,即当技术解项 TS_i 被选择/不选择时,技术属性参数 TP 应取什么值,或技术属性参数 TP 取特定值时,技术解 TS_i 选择/不选择。此处的技术属性参数 TP 可以是 TS_i 的属性,也可以是其他技术解的属性。这种约束关系也可以采用产生式规则或可行组合进行表达。

10. 技术属性参数之间的约束关系

该约束描述两个或多个技术属性参数之间的约束关系,可以是同属于一个技术解项的属性参数,也可以是不同技术解项的属性参数。这种约束关系通常是数值型约束,可采用函数 $y=f(x_1,x_2,\cdots)$ 或 $f(x,y)\geq 0$ 进行表达,对于字符型取值的变量,也可以采用产生式规则或可行组合进行表达。

上述 10 种可能存在的约束关系为特定产品的配置规则分析与构建提供了一个完整的框架。实际产品的配置规则是上述 10 种关系的子集,例如某产品没有可选功能,则不存在与可选功能相关的(1)、(2)、(4)、(7)类约束关系。特定产品对象具体的配置规则可按照上述分析框架,根据产品设计原理、专家经验、模块间接口匹配关系等进行分析获取。实际产品中可能出现三类或四类可配置元素之间相互约束的情况,因此在构建配置规则时,可根据上述分析方法对多类元素间的约束关系进行分析。

从配置规则的作用来看,配置规则可分为两种:起推理作用的配置规则和起约束校核作用的配置规则。起推理作用的配置规则为产生式规则 if()-then()、函数关系 $y=f(x_1,x_2,\cdots)$ 等,当输入参数或条件后,通过规则推理或函数计算出输出。起约束校核作用的配置规则为可行组合或不可行组合、函数关系 $f(x,y) \geqslant 0$ 等,当配置了功能、技术解或属性参数的取值后,通过可行组合或不可行组合、函数关系等判断所配置的结果是否满足约束。

7.1.4.7 设计过程模型

在产品族配置模型中预先定义设计过程模型,用于指导订单产品设计过程的有序开展。考虑复杂 ETO 产品存在功能、技术解多样性等特点,结合现有一般设计过程,将其设计过程确定为:需求采集与映射、产品工程特性设计与评价、产品快速配置、仿真分析与迭代优化等。其中,产品工程特性设计与评价是针对特定订单需求确定产品的功能与技术解选择、顶层设计参数取值等,工程特性设计也将间接地确定订单产品的架构。产品快速配置则是根据工程特性和订单产品架构,进行模块(即技术解)的关键属性参数设计、物理模块的推荐配置和配置变更,获取产品配置方案,完成产品架构的实例化。

将上述设计过程中的各个环节分解为一系列相对独立且可分配特定执行人员的设计任务单元,并对设计任务单元进行明确的定义。按照设计任务单元之间的逻辑关系构建设计过程模型,以实现设计任务的分配、调度和执行。根据设计任务单元之间的数据传递关系,设计任务单元之间一般存在三种逻辑顺序:串行、并行、耦合,如图 7-12 所示。串行是指设计任务 A 完成后,才可执行设计任务 B,任务 B 的执行需要任务 A 的输出参数;并行是指设计任务 A 和 B 可以同时进行,互相之间不传递参数;耦合是指设计任务 A 和 B 的执行都需要彼此的输出参数,这种情况一般采用相互协调、迭代的方式执行设计任务。对特定的产品族,按照这三种设计任务逻辑顺序梳理设计任务单元之间的数据传递关系,构建设计过程模型。

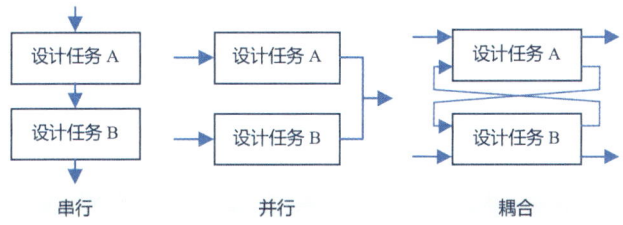

图 7-12 设计任务之间的三种逻辑顺序

面向产品族的设计过程模型可表达为如图 7-13 所示的流程。其中，任务单元 2 为客户订单需求的采集与映射，任务单元 3 为订单产品的工程特性设计与评价，任务单元 4、5、6、7 对应产品快速配置环节，任务单元 8、9 为产品的仿真分析与设计评审迭代。重点关注订单产品的工程特性设计与快速配置环节。

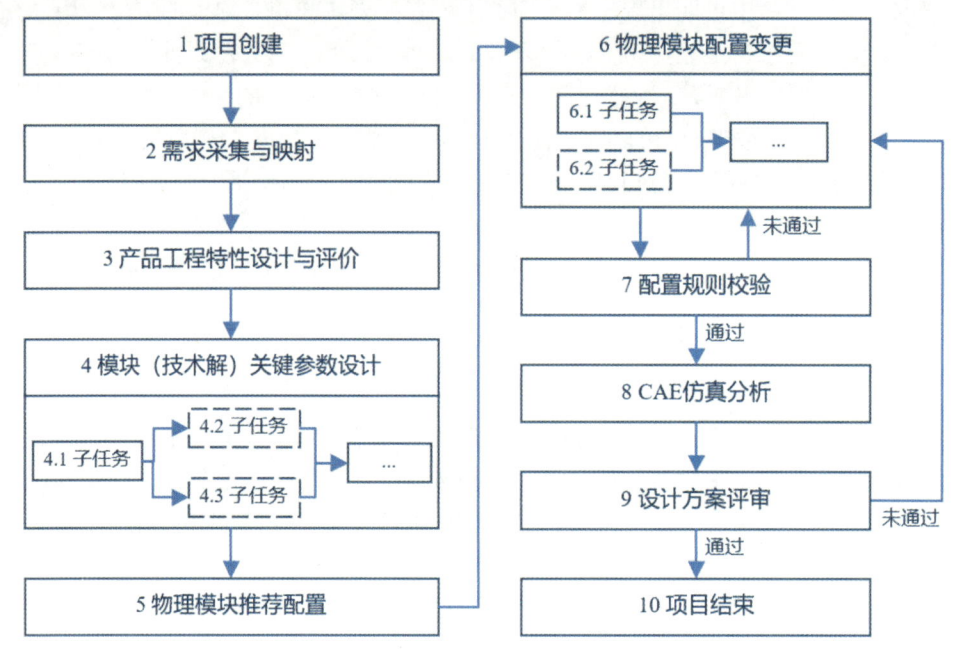

图 7-13 面向产品族的设计过程模型

需要注意的是，图 7-13 中设计任务单元 4 和 6 是对具体的模块进行参数设计和配置变更，由于不同订单产品架构中可能包含不同的功能和技术解（即模块组成不同），所以对不同的订单产品，任务 4 和 6 的内部子任务将会有不同。因此，在面向产品族的设计过程模型中，对任务 4 和 6 需要考虑产品族中所有可能存在的模块，构建一个冗余的过程模型，即囊括模块设计任务的全集。例如，图中任务 4 内的两个虚线框表示 4.2 和 4.3 为可选的子任务单元，需要根据特定的产品架构进行选择。其余的设计任务单元不针对具体的产品模块组成，即设计任务单元内部的子任务或步骤与订单产品的架构无关，不需要定义冗余的过程模型。

设计过程模型中的每个设计任务单元可以形式化表达为 $Task=\{ID，Name，Object，Person，State，Input，Output，Knowledge，Resource，Subtasks\}$。其中 ID 为任务单元标识号；$Name$ 为任务单元的名字；$Object$ 为该设计任务单元针对的对象；$Person$ 为任务单元的执行人员；$State$ 为任务单元的执行状态，包括就绪/执行/挂起/完成；$Input$ 和 $Output$ 分别为执行任务所需的输入数据和输出数据；$Knowledge$ 为执行任务所需的设计规则知识；$Resource$ 为执行任务所需的资源；$Subtasks$ 为该设计任务单元的子任务集合，子任务的描述方式与任务单元相同，若某任务单元无子任务，则 $Subtasks$ 为空。

面向产品族的设计过程模型是一个囊括了产品族中设计任务单元全集的过程模板，特定订单产品的设计过程则是根据所确定的产品架构对该过程模板进行修剪后形成的过程模型。在产品定制设计系统开发中，订单产品的设计过程模型将以工作流的方式引导设计人员在系统中开展设计工作。设计完成后可形成设计过程实例，即对设计过程模型中人员、输入输出参数等赋值后形成的实例，在系统中记录过程实例可便于追溯、查看设计历史。

7.1.5 基于元模型的配置模型表达

7.1.5.1 元模型建模方法

为了更好地保证模型数据的规范、共享、集成与互操作，对象管理组织（Object Management Group，OMG）提出了元对象机制（Meta Object Facility，MOF）标准，元模型（Meta-model）是其中的核心概念。元模型是关于模型的模型，用于描述如何建立模型、模型的语义或模型之间如何集成和互操作等信息[153, 154]。通俗地说，元模型是一种用于描述构建模型所需的元素以及这些元素之间关系的模型，它定义了模型的语义和结构，是构建模型所使用的"底层逻辑"。MOF 的元模型建模架构分为 4 个建模层次，分别为元元模型、元模型、模型、实例[101]，如图 7-14 所示。

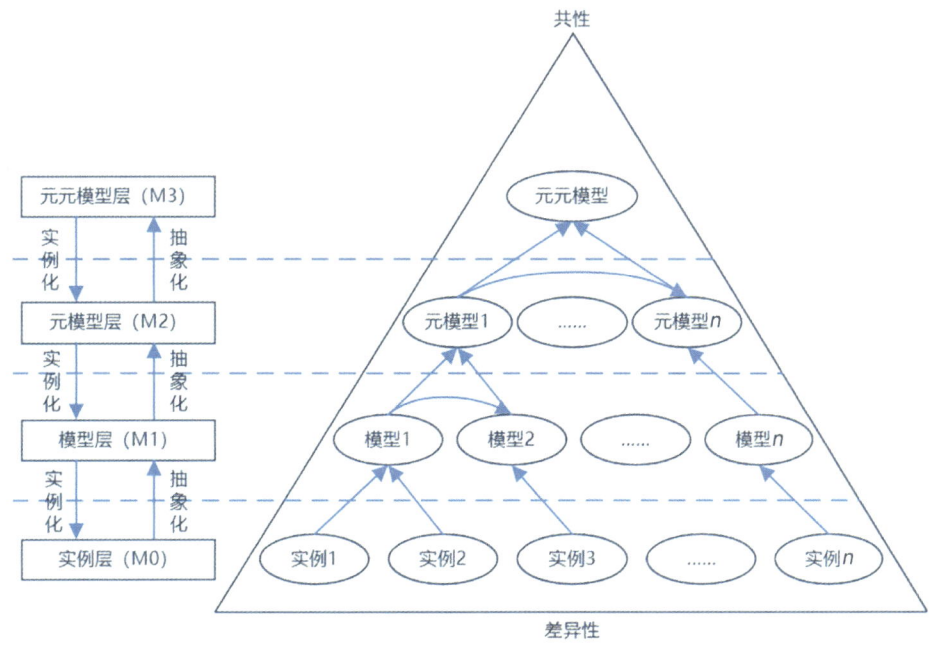

图 7-14 元模型建模架构

图 7-14 中，元模型建模层次的抽象程度从上至下依次降低，模型的具体化程度则依次升高。上层模型定义了下层模型构建所需的基本元素和关系，而下层模型则是基于已

定义的元素和关系对上层模型的实例化。4个建模层次的解释如下：

（1）元元模型（M3）：用于定义描述元模型所需的语义和结构，具有最高的抽象层次，一般包括对象、属性、约束、关系、方法等概念。

（2）元模型（M2）：是元元模型在特定问题领域的实例化，用于定义描述领域内模型所需的语义和结构，包括领域内的对象、属性、约束、关系、方法等概念。元模型与特定问题领域相关，与特定对象无关。例如，对产品建模领域可构建产品元模型，该元模型与特定产品无关，是对产品模型的语义抽象。

（3）模型（M1）：是元模型在特定类型对象上的实例化，用于定义描述特定类型对象实例所需的语义和结构，包括特定类型对象的具体构成、属性参数、约束、关系等专用概念。例如，在产品建模领域中构建的地铁转向架产品模型，表达了地铁转向架这一特定产品的信息模型，也可称为模板。

（4）实例（M0）：是模型在特定对象个体上的实例化，即通过对模型中的属性进行赋值而得到的一个实际对象（即实例）。例如，将地铁转向架模型进行赋值可得到某个特定的地铁转向架实例。

为便于配置模型的规范化表达和计算机管理，并保证系统中数据管理的普适性，将元模型建模方法应用于产品配置模型表达。考虑元模型描述的是最抽象、基本的建模概念，如对象、属性、关系等，建模时直接应用即可，因此配置模型的表达从元模型层开始，描述其元模型、模型和实例。根据产品配置模型体系结构，可将其中的信息分为三类：产品信息，即产品族架构模型、配置规则知识、产品实例数据；需求信息，即客户需求数据；过程信息，即设计过程模型。基于元模型的配置模型表达分为对这个三方面信息的表达，表达过程如图7-15所示。

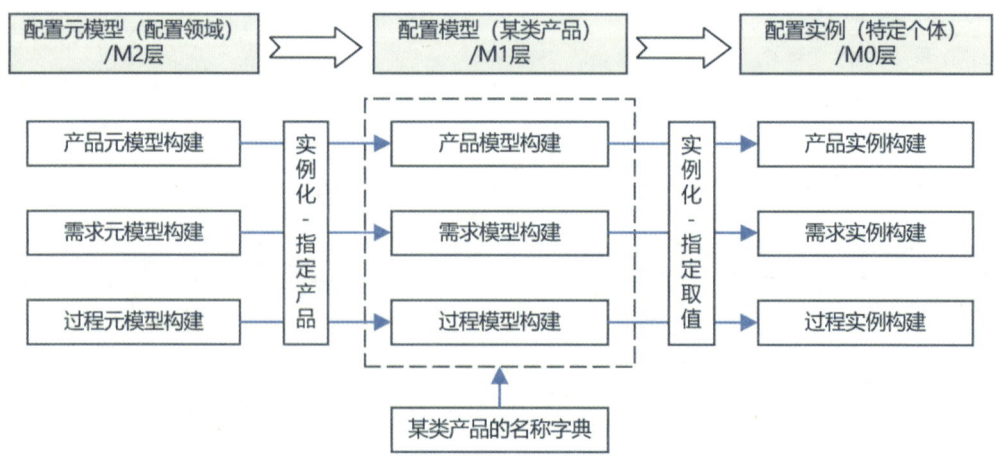

图7-15　配置模型的元模型表达过程

首先，根据复杂ETO产品配置模型体系结构中的元素和关系等，构建产品、需求和过程元模型，作为描述配置模型的"底层逻辑"；再将特定产品的具体对象、属性、关系等代入元模型，构建某类产品的产品、需求和过程模型，形成配置模型；最后对配置模型，即产品、需求和过程模型的属性进行赋值，形成特定的配置实例，该赋值过程由订单产品的设计过程实现。其中，在构建特定产品的配置模型时，考虑复杂产品的描述包含大量的专有名词和概念，例如可能包含数百或上千个对象组成、属性参数众多且关系复杂，为了避免术语和概念歧义，保证一致性和设计过程的流畅性，可采用名称字典对这些术语、概念进行规范化管理。

将元模型建模方法应用于产品配置模型表达，其优点在于：

（1）元模型是领域相关、对象无关的模型，基于此表达配置模型，可使配置模型的描述具有规范性和普适性。

（2）模型的管理从抽象到具体，符合产品设计从抽象到实例的演变过程。

下面重点阐述产品、需求、过程三类元模型的表达方法，特定类别产品的配置模型和特定个体的配置实例的表达在地铁转向架实例分析中详细阐述。

7.1.5.2 产品元模型构建

产品信息是配置模型的核心，包含产品族架构模型、配置规则知识和产品实例数据，后两者均是以产品族架构模型为基础进行定义。根据这三者的描述，采用元模型建模方法对产品信息进行表达。事实上，产品族架构模型（图 7-5）描述了构建产品模型所需的元素和关系，是对产品模型的抽象表达（与对象无关），可看作产品元模型结构的图示化描述。而配置规则知识（图7-11）提供了描述产品配置规则的框架，也是一种与对象无关的抽象表达，属于对产品元模型中对象、属性间约束关系的描述。产品实例数据则是由特定产品模型赋值实例化后得到的实际产品数据，对应元建模架构的 M0 层。因此，此处产品元模型的表达需要囊括产品族架构模型和配置规则知识，而产品实例数据是产品元模型、产品模型实例化后的结果。

采用对象、属性、关系三个基本概念来刻画产品元模型（ProductMeta-Model，ProdMM），即三元组 ProdMM={<Object><Attribute><Relationship>}。其中，<Object>是产品族架构模型中的对象集合，包含功能、技术解、物理模块三类对象；<Attribute>是属性集合，包含功能对象、技术解对象、物理模块对象的属性集合，各类对象的具体属性描述见图 7-6；<Relationship>是关系集合，包含产品族架构模型中的关联映射关系和配置规则知识中描述的各类对象及对象属性参数间的工程约束关系。综合对象、属性、关系三个组元之间的关联关系，构建产品元模型的视图如图 7-16 所示。

基于产品元模型，代入具体的产品对象即可构建特定类型产品的产品模型。为了保证产品模型中术语、概念的规范性，可采用产品信息字典对相关术语和概念进行规范化定义及管理。进一步地，通过订单产品的设计过程可将产品模型实例化为多个产品实例以满足多样化的客户需求。

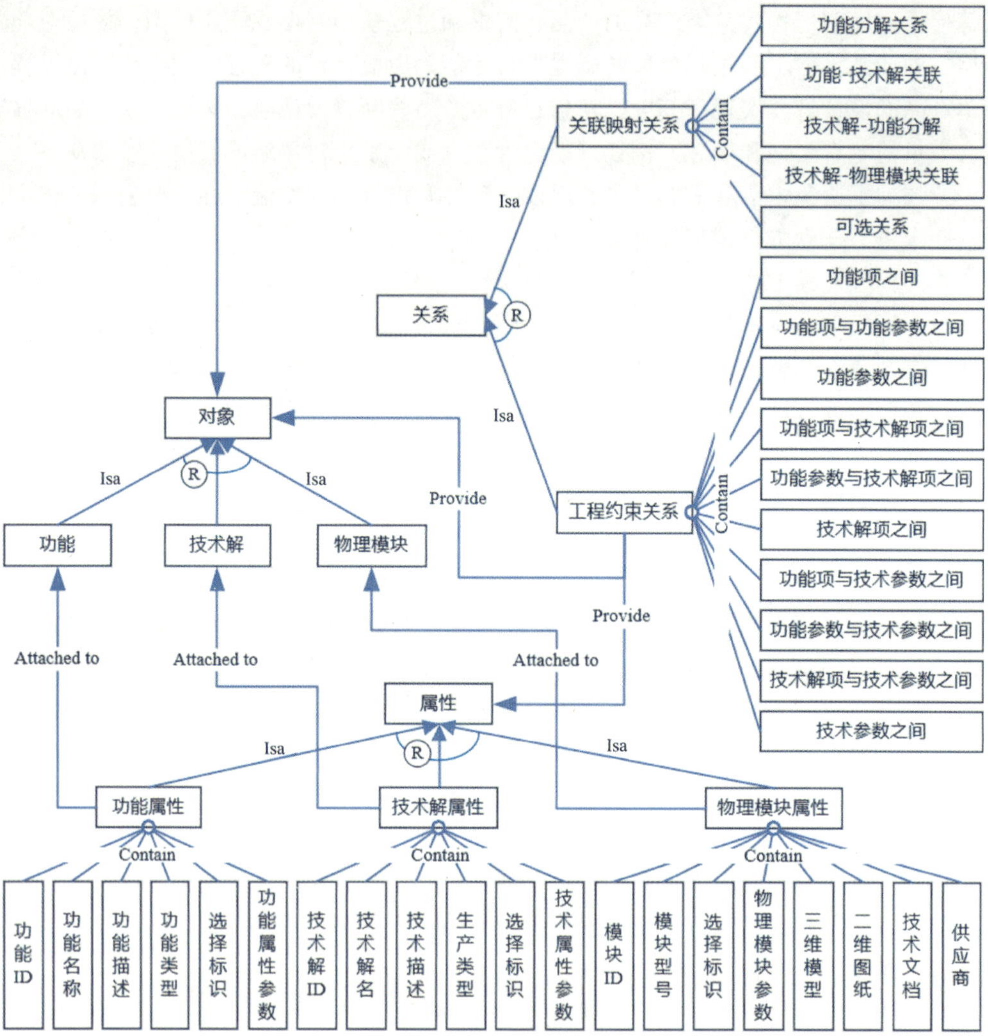

图 7-16　产品元模型视图

7.1.5.3　需求元模型构建

根据产品族客户需求数据模型的描述（见图 7-8），采用元模型建模方法对产品族需求信息进行表达。客户需求通常会描述对产品族架构中的功能项、功能属性的要求，也可能会描述对技术解、技术属性的要求，而有的需求则是描述产品整体需要满足的要求，例如产品的总成本、总重量、长宽高等需求。因此，与客户需求数据相关联的对象有功能项、技术解项和产品对象本身（即产品族架构模型的根节点）。从客户需求的分类来看，复杂机电产品的客户需求一般包括功能需求、性能需求、结构需求、材料需求、运用环境需求、时间质量成本（Time-Quality-Cost，TQC）需求等。此外，不同客户需求项的取值之间可能存在约束关系，例如某个需求项取了特定值，另一个需求项也需要或不能取特定值。

因此，采用包含对象、属性、关系的三元组来表达需求元模型（RequirementMeta-Model，ReqMM），即 ReqMM={<Object><Attribute><Relationship>}。其中，<Object>包含功能项、技术解项和产品；<Attribute>包含功能需求、性能需求、结构需求、材料需求、运用环境需求和 TQC 需求；<Relationship>包含不同需求项之间的取值约束关系和功能项、技术解项、产品对象之间的关联映射关系（与产品元模型相同）。综合三个组元之间的关联关系，构建需求元模型的视图，如图 7-17 所示。

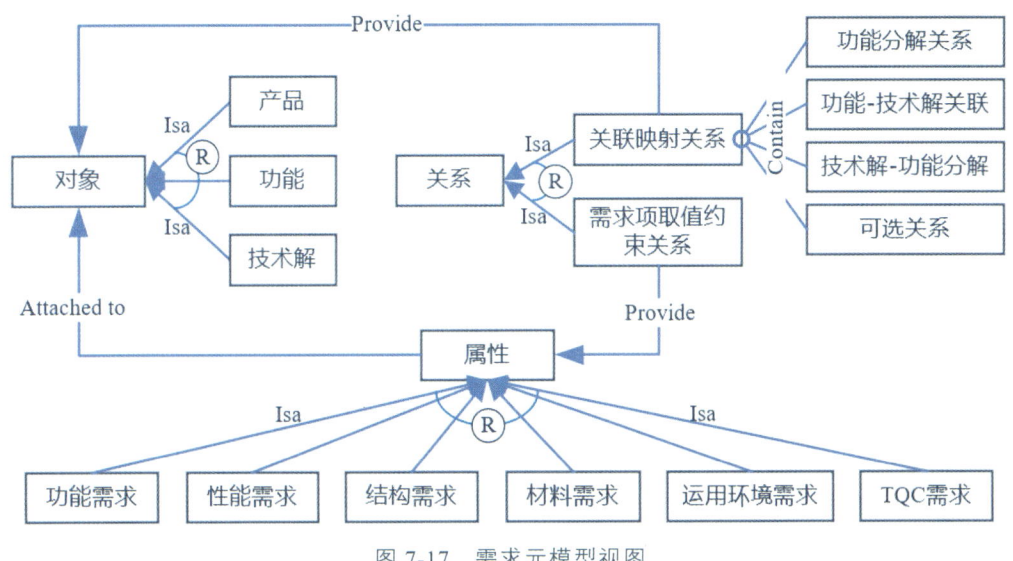

图 7-17　需求元模型视图

基于需求元模型，代入具体的产品对象即可构建出特定类型产品的需求模型。为了保证需求模型中术语、概念的规范性，可采用需求信息字典对相关术语和概念进行规范化定义及管理。需求模型为订单产品的需求采集提供了模板，可实例化为多个订单需求实例。

7.1.5.4　过程元模型构建

根据对设计过程模型的描述（图 7-13），采用元模型建模方法对产品族过程信息进行表达。与产品元模型类似，过程元模型（ProcessMeta-Model，ProcMM）也可以用对象、属性、关系三元组进行描述，即 ProcMM={<Object><Attribute><Relationship>}。其中，<Object>是设计任务单元和子任务单元（如果存在）的集合；<Attribute>是描述设计任务单元的属性集，包括任务单元 ID、任务名称、任务针对的对象、执行人员、任务状态、输入数据、输出数据、所需知识、所需资源、子任务集合；<Relationship>包含三种关系，即设计任务单元之间的执行逻辑关系（串行、并行、耦合）、任务与子任务的嵌套关系、任务单元的可选关系。综合对象、属性、关系三个组元之间的关联关系，构建过程元模型的视图，如图 7-18 所示。

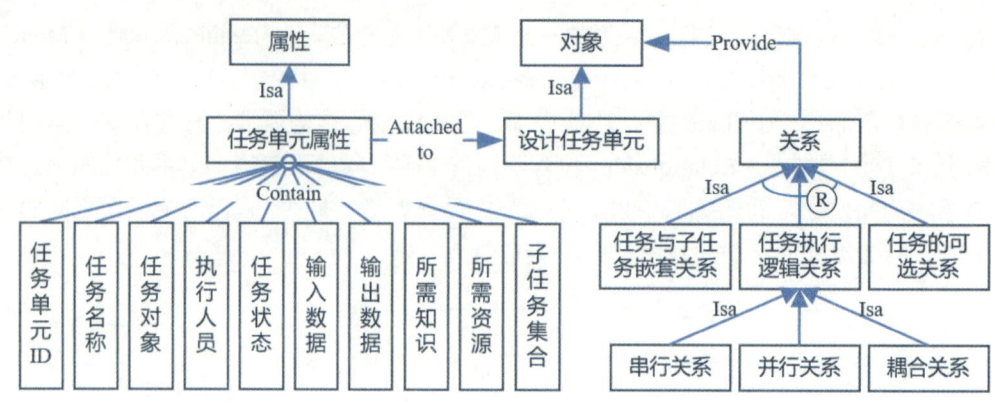

图 7-18　过程元模型视图

基于过程元模型，代入具体的产品对象即可构建特定类型产品的过程模型。为了保证过程模型中术语、概念的规范性，可采用过程信息字典对相关术语和概念进行规范化定义及管理。利用过程模型引导订单产品的设计过程，在设计过程中根据产品架构设计结果确定可选的模块设计任务，并在设计任务执行过程中逐步对过程模型进行实例化，即确定任务的执行人员、输入输出参数取值、关联设计活动的操作页面等。设计过程执行完毕后即形成完整的过程实例，记录过程实例可便于设计师查看、追溯设计历史中的参数设置或设计决策等，有利于优化未来的设计活动。

7.1.6　地铁转向架产品配置模型实例

地铁转向架是地铁车辆的关键组成部分，支撑着车体重量并能使车体绕转向架中心旋转，使车辆平顺地通过曲线，其设计的合理性对车辆运行的安全性、舒适性等有重要影响。根据是否带动力，地铁转向架可分为动车转向架和拖车转向架，拖车转向架不含驱动装置，其余的配置与动车转向架基本相同。常见的地铁转向架结构如图 7-19 所示。

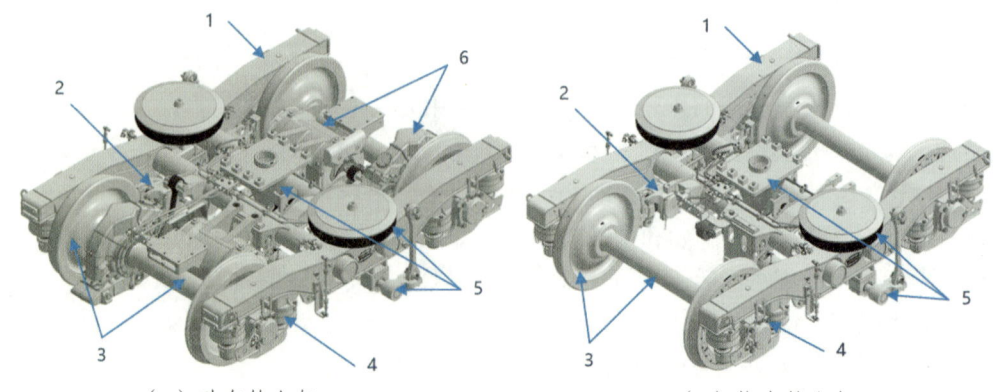

1—构架；2—基础制动装置；3—轮对轴箱装置；4—一系悬挂装置；5—二系悬挂装置；6—驱动装置。

图 7-19　转向架的一般结构

第 7 章 轨道交通车辆产品平台配置设计应用

根据配置模型的元模型表达和对配置建模具体过程的分析，以中国某轨道交通车辆主机厂的地铁转向架产品为对象，构建其配置模型（即 M1 层，包含产品模型、需求模型和过程模型），并对地铁转向架配置实例（即 M0 层）进行表达。考虑除驱动装置外，拖车转向架与动车转向架基本相同，因此以更加复杂的动车转向架为对象进行实例分析。

7.1.7 地铁转向架产品配置模型构建

7.1.7.1 产品模型构建

产品模型包括产品族架构模型和配置规则知识两部分。调研收集企业现有的地铁转向架产品实例，并对其进行功能分解、技术解与平台物理模块定义。地铁转向架具备以下几项功能：

（1）承载，即承受来自车体、乘客等的重量，以及转向架自身各部件的重量，并将重量均匀地分配到各车轴。

（2）导向，即保证车辆灵活平顺地沿钢轨运行并通过曲线，具备自动对中功能。

（3）驱动，即通过动力装置提供车辆运行所需的动能，并依靠轮轨之间的黏着将动能转换为车辆牵引力。

（4）制动，即通过制动装置产生足够的制动力，使列车在规定距离停车或减速。

（5）缓冲，即缓和轨道线路不平顺对车辆产生的冲击，并吸收振动能量，保证良好的运行平稳性。

（6）辅助运行，如智能监测各种运行数据以保证行车安全，以及改善轮轨黏着条件的撒砂功能和减少磨耗的轮缘润滑功能等。

根据上述地铁转向架功能分析，结合企业既有转向架产品，提取出实现功能的各项技术解以及实现各项技术解的平台物理模块，构建三者关联映射的产品族架构模型，如图 7-20 所示。可以看出，地铁转向架产品族根节点（即总功能和总技术解）通过两个层次的功能与技术解的分解、映射后，得到了构成地铁转向架的具体技术解（即抽象模块），如车轮、车轴、三相异步电机等。进一步地，这些技术解与现有平台类物理模块相关联，构成了地铁转向架产品族架构模型，为新产品的配置设计提供可配置空间。为了便于描述，图中只表达了转向架的主要功能及相应的技术解，并未囊括全部的功能和技术解，例如踏面清扫功能、排障功能、轮缘润滑装置、制动管路、高度调整阀等。

图 7-20 描述了地铁转向架产品族架构模型的结构，其中各个对象节点均由相应的属性集合进行定义。表 7-2 给出了部分功能、技术解、物理模块的属性描述。

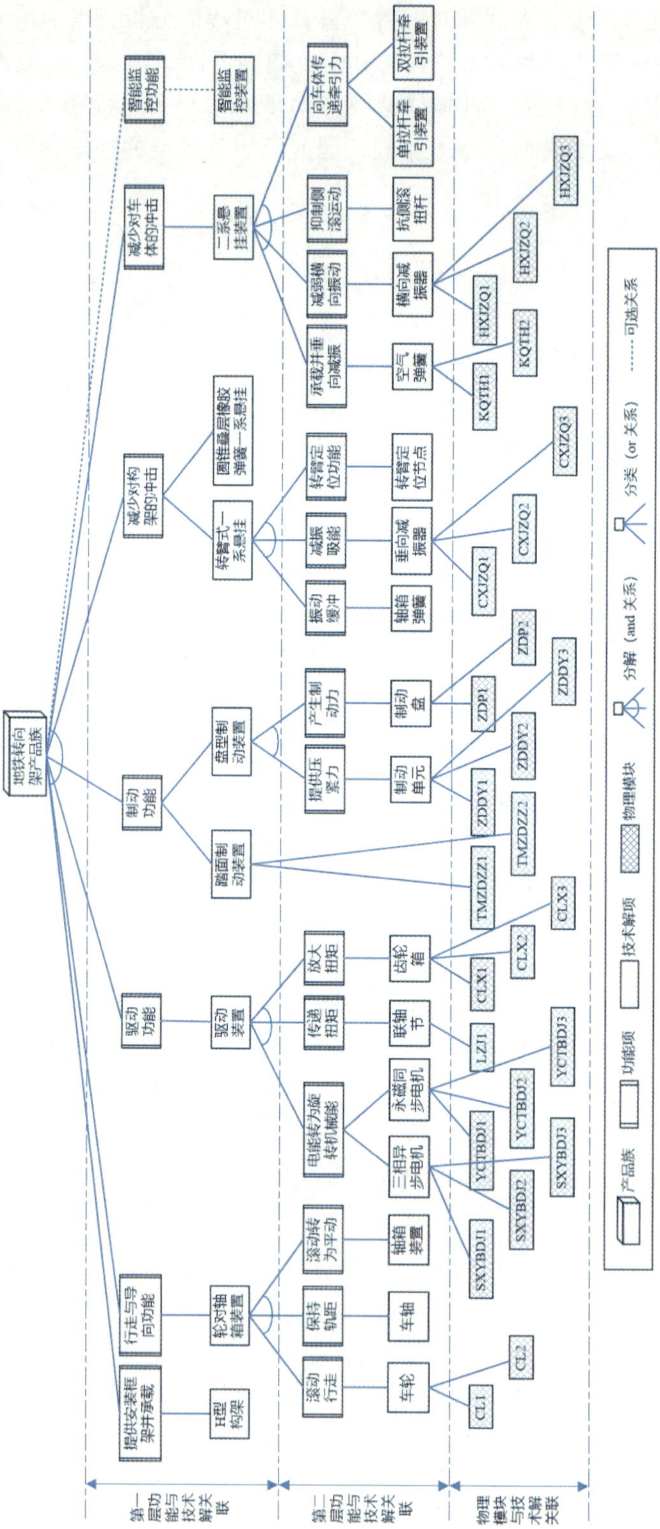

图 7-20 地铁转向架产品族架构模型结构

表 7-2 地铁转向架产品族架构中部分对象的属性描述

类别	对象名	属性	属性值
功能	地铁转向架总功能	ID	000
		Name	地铁转向架总功能
		F-des	承载车体安全、舒适地运行
		F-type	基本功能
		Sel	1（必选）
		FP	最高运行速度、轴重、轨距、重量、寿命、制动距离等
		f-ID	/
	行走与导向功能	ID	102
		Name	行走与导向功能
		F-des	车轮滚动转为车体平动，平稳过曲线且自动对中
		F-type	基本功能
		Sel	1（必选）
		FP	轴重、最高运行速度、轨距、强度、寿命、可靠性等
		f-ID	000
	驱动功能	ID	103
		Name	驱动功能
		F-des	将电能转换为旋转机械能并放大转矩
		F-type	基本功能
		Sel	1（必选）
		FP	额定功率、额定转速、额定扭矩、传动效率、输出转速等
		f-ID	000
技术解	H 型构架	ID	201
		Name	H 型构架
		T-des	箱型梁焊接结构，包括侧梁、横梁以及各种安装座
		Pro-type	自制件
		Sel	1（必选）
		TP	构架材料、轴重、疲劳强度、固定轴距、侧梁中心距、侧梁板厚
		f-ID	101

续表

类别	对象名	属性	属性值
技术解	轮对轴箱装置	ID	202
		Name	轮对轴箱装置
		T-des	车轴两侧安装相同的两个车轮,两个轴箱安装于车轮外侧
		Pro-type	外购件组合
		Sel	1(必选)
		TP	轨距、轮对内侧距、轮径、踏面形状、车轴直径、轴重、强度等
		f-ID	102
	驱动装置	ID	203
		Name	驱动装置
		T-des	电机通过联轴节连接减速器,驱动轮对旋转
		Pro-type	外购件组合
		Sel	1(必选)
		TP	额定功率、额定转速、额定扭矩、传动比、传动效率等
		f-ID	103
物理模块	车轮实例1	ID	501
		Name	车轮实例1
		Sel	0 或 1
		DP-P	新轮轮径=840 mm,踏面形状=LM 型,材料=ER9 等
		3D-Model	CL1.prt(零件模型)
		Drawing	CL1.dwg(CAD 图纸)
		Doc	CL1.doc(技术文档)
		Supplier	CL1.S1
		f-ID	401
	三相异步电机实例1	ID	507
		Name	三相异步电机实例1
		Sel	0 或 1
		DP-P	额定功率=220 kW,额定转速=2 285 r/min,启动转矩=1 750 N·m 等
		3D-Model	SXYBDJ1.asm(装配模型)
		Drawing	SXYBDJ1.dwg(CAD 图纸)
		Doc	SXYBDJ1.doc(技术文档)
		Supplier	SXYBDJ1.S1
		f-ID	404

第 7 章 轨道交通车辆产品平台配置设计应用

续表

类别	对象名	属性	属性值
物理模块	齿轮箱实例1	ID	513
		Name	齿轮箱实例1
		Sel	0 或 1
		DP-P	传动比=6.32，箱体材料=铸钢，中心距=355 mm 等
		3D-Model	CLX1.asm（装配模型）
		Drawing	CLX1.dwg（CAD 图纸）
		Doc	CLX1.doc（技术文档）
		Supplier	CLX1.S1
		f-ID	407

从转向架的产品族架构模型可知，其中包含的可配置元素有功能项、功能属性参数、技术解项和技术属性参数。例如，有可选功能项"智能监控功能"、总功能的"最高运行速度""轴重"等功能属性参数，以及实现电能转化为旋转机械能的"三相异步电机"和"永磁同步电机"两种技术解，和"三相异步电机"的技术属性参数"额定功率""额定转速"等众多变量。根据配置规则知识分析框架，结合专家经验、设计原理及模块间接口关系分析等，对转向架产品族架构模型中可配置元素间的约束关系进行分析，获得配置规则知识，如表 7-3 所示。

表 7-3 地铁转向架产品族架构中的配置规则知识

可配置元素	配置规则知识	对应图 7-11
最高运行速度，制动功能技术解	（最高运行速度=80 km/h，制动功能技术解=踏面制动装置） （最高运行速度>80 km/h，制动功能技术解=盘型制动装置）	第（5）类关系
最高运行速度，平均加速度	（最高运行速度=80 km/h，平均加速度=0.6～0.8 m/s²） （最高运行速度=100 km/h，平均加速度=0.6～0.7 m/s²） （最高运行速度=120 km/h，平均加速度=0.6～0.7 m/s²）	第（3）类关系
最高运行速度，紧急制动减速度	（最高运行速度=80 km/h，紧急制动减速度=1.2～1.4 m/s²） （最高运行速度=100 km/h，紧急制动减速度=1.2～1.3 m/s²） （最高运行速度=120 km/h，紧急制动减速度=1.2～1.3 m/s²）	第（3）类关系
最高运行速度，固定轴距	（最高运行速度=80 km/h，固定轴距≤2300 mm） （最高运行速度=100 km/h，固定轴距≥2300 mm） （最高运行速度=120 km/h，固定轴距≥2300 mm）	第（8）类关系

续表

可配置元素	配置规则知识	对应图 7-11
构架材料，转向架重量	（构架材料=碳纤维，转向架质量=7~7.5 t） （构架材料=低合金钢，转向架质量=7.5~8 t）	第（8）类关系
牵引总功率，电机额定功率，电机数量	$P_\mathrm{m} \geq \dfrac{P}{N}$ P_m，P 分别为电机额定功率、牵引总功率，单位 kW；N 为电机数量	第（8）类关系
传动比，电机转速，最高试验速度，车轮半磨耗轮径	$\dfrac{n_\mathrm{M}}{\mu_\mathrm{c}} \geq \dfrac{v \times 10^3}{60\pi D} \times 10^3$ μ_c 为传动比；n_M 为电机转速，单位 r/min；v 为最高试验速度，单位 km/h；D 为车轮半磨耗轮径，单位 mm	第（10）类关系
电机输出轴直径，联轴节输入孔直径	联轴节输入孔直径=电机输出轴直径	第（10）类关系
电机最高转速，联轴节最高许用转速	联轴节最高许用转速>电机最高转速	第（10）类关系
齿轮箱大齿轮孔径，车轴齿轮箱安装段直径	车轴齿轮箱安装段直径=齿轮箱大齿轮孔径	第（10）类关系
……	……	……

注：（a，b）表示 a 和 b 互相依赖，是可行的组合。

7.1.7.2 需求模型构建

根据企业的地铁车辆招标条件，梳理出地铁转向架的客户需求数据，并按照需求元模型（图 7-17）的描述方式构建地铁转向架产品族的需求模型。表 7-4 给出了与"地铁转向架"整体、技术解"H 型构架"、技术解"轮对轴箱装置"三个对象相关联的需求模型描述。

表 7-4 地铁转向架产品族需求模型（部分对象）

对象	需求类别	需求项	需求项值域（示例）
地铁转向架	功能需求	智能监控功能	有，无
		踏面清扫功能	有，无
		排障功能	有，无
		除冰雪功能	有，无

续表

对象	需求类别	需求项	需求项值域（示例）
地铁转向架	性能需求	最高运行速度	80 km/h，100 km/h，120 km/h
		轴重	≤15 t，≤16 t
		紧急制动距离	190 m（±5%），296 m（±5%）
		紧急制动减速度	≥1.2 m/s^2，≥1.3 m/s^2
		启动加速度	≥1.0 m/s^2，≥1.1 m/s^2
		脱轨系数	≤0.8，≤1.0
		轮重减载率	≤0.6
		运行平稳性	≤2.5
		设计寿命	30 年，35 年
	结构需求	转向架型式	无摇枕外置式轴箱结构
		悬挂方式	两系悬挂
		承载方式	中央牵引装置+空气弹簧
		固定轴距	2200 mm，2300 mm，2500 mm
	运用环境需求	环境温度	−25～+40 ℃
		相对湿度	≤90%，≤95%，≤97%，≤99%
		海拔高度	≤1200 m
		最大风速	≤20 m/s，≤25 m/s，≤30 m/s，>30 m/s
		盐雾	有，无
		酸雨	有，无
		限界	满足 GB146.1，CJJ96-2003
		轨距	1435 mm
		最小曲线半径（正线）	300 m，330 m，350 m，400 m，450 m
		轨道超高	120 mm，150 mm
		最大坡度（正线）	25‰，35‰，38‰，30‰
		授电方式	架空接触网，第三轨接触
	TQC 需求	交货期	转向架交货期应尽可能短
		平均无故障时间	150～300 h
		可维修性	转向架各部件应具有良好的可维修性
		生产成本	转向架生产成本应尽可能低
		运维成本	转向架运维成本应尽可能低
		全生命周期成本	转向架全生命周期成本应尽可能低

续表

对象	需求类别	需求项	需求项值域（示例）
H型构架	性能需求	构架疲劳强度	满足 UIC 515-4，UIC 615-4
	材料需求	构架材料	低合金钢，碳纤维
轮对轴箱装置	性能需求	强度	满足 EN13103 及 EN13104
	结构需求	轮对内侧距	（1353±2）mm
		新轮轮径	840 mm
轮对轴箱装置	结构需求	全磨耗轮径	770 mm
		踏面形状	LM 型磨耗形踏面，DIN5573-E 标准踏面

7.1.7.3 过程模型构建

将企业地铁转向架的模块关键参数设计流程、模块配置变更流程与图 7-13 所述的产品族设计过程相结合，按照过程元模型（图 7-18）的描述方式构建地铁转向架产品设计过程模型，如图 7-21 所示。图中的虚线框表示可选的设计任务单元，执行设计过程时根据订单产品的架构设计结果选择相应的设计任务单元即可。例如，某订单产品采用的是踏面制动装置，则选择"踏面制动装置主参数设计"任务单元，而将"盘型制动装置主参数设计"任务单元删除或隐藏。

7.1.8 地铁转向架产品配置实例表达

地铁转向架需求模型是采集订单需求的模板，产品模型描述了产品族的设计空间，而过程模型是指导完成订单产品设计的流程引导。三者在特定的订单项目中可分别实例化为需求实例、产品实例和过程实例。实例化的过程可表示为图 7-22，其中过程模型在项目启动后即开始发挥作用，需求模型经过需求采集最先实例化为需求实例，在过程模型的引导下需求实例逐步驱动产品模型实例化为产品实例，设计过程执行完毕后即形成过程实例。地铁转向架产品三类实例的描述方式如下：

1. 产品实例

地铁转向架产品模型通过需求采集与映射、工程特性设计与评价、模块关键参数设计、物理模块推荐配置及配置变更等过程实例化为产品实例。根据图 7-9，将地铁转向架产品实例表达为图 7-23。为了符合实际生产环境中的产品实例描述方式，采用 EBOM 表达地铁转向架产品实例，如图 7-24 所示。

2. 需求实例

根据特定客户的需求，为地铁转向架产品族需求模型中的需求项赋以具体值，即可形成客户订单需求实例，描述如表 7-5 所示。

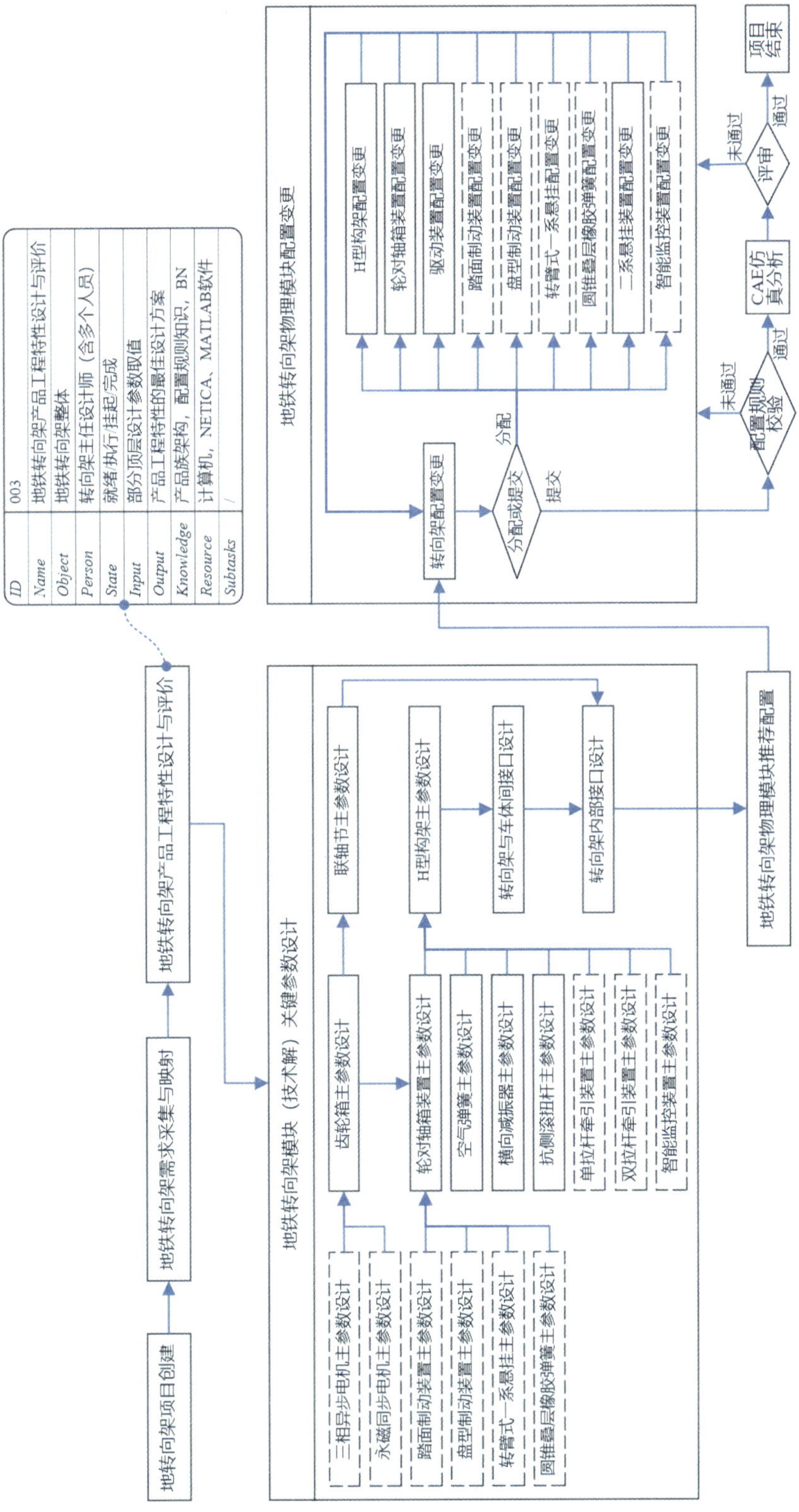

第7章 轨道交通车辆产品平台配置设计应用 153

图7-21 地铁转向架设计过程模型

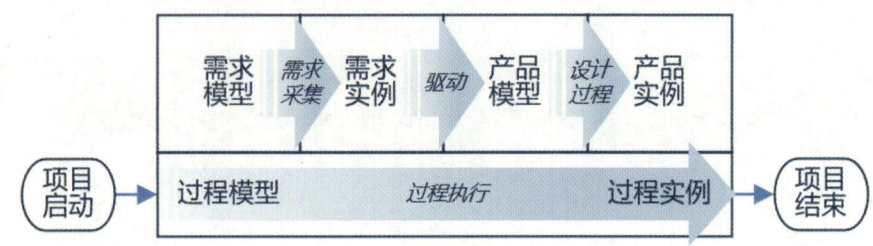

图 7-22 配置模型实例化为配置实例

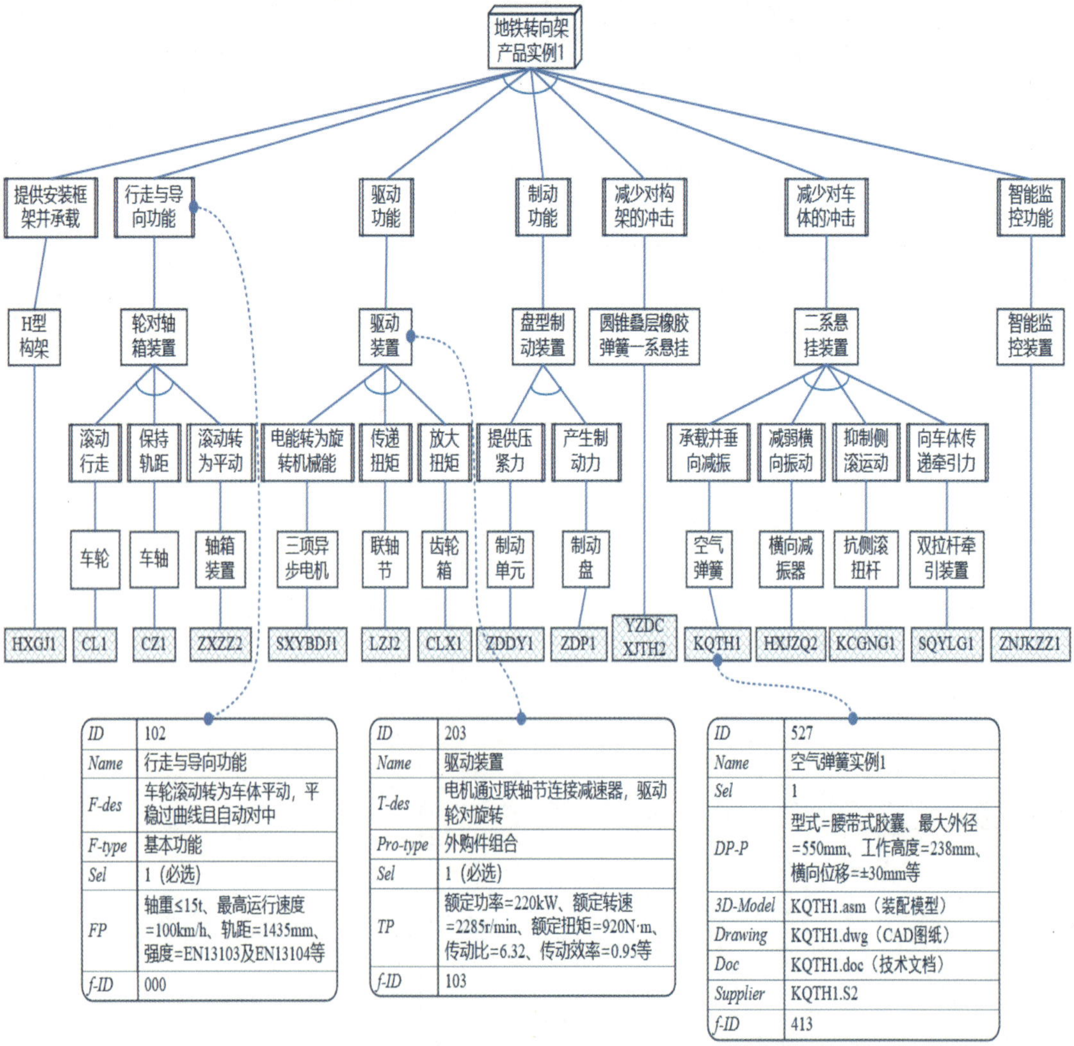

图 7-23 地铁转向架产品实例描述

第 7 章　轨道交通车辆产品平台配置设计应用　155

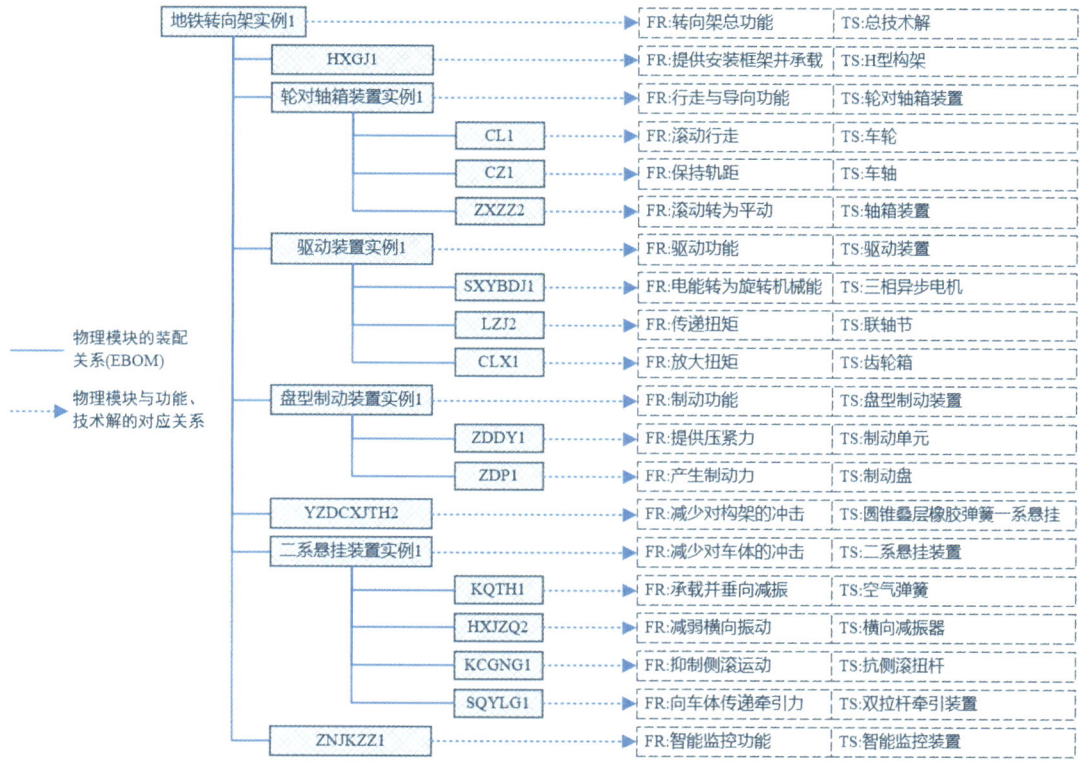

图 7-24　地铁转向架产品实例的 EBOM 描述

表 7-5　地铁转向架需求实例描述

对象	需求类别	需求项	需求取值（示例）
地铁转向架	功能需求	智能监控功能	有
		踏面清扫功能	有
		排障功能	有
		除冰雪功能	无
	性能需求	最高运行速度	100 km/h
		轴重	≤15 t
		紧急制动距离	296 m（±5%）
		紧急制动减速度	≥1.2 m/s^2
		启动加速度	≥1.0 m/s^2
		脱轨系数	≤0.8
		轮重减载率	≤0.6
		运行平稳性	≤2.5
		设计寿命	30 年

续表

对象	需求类别	需求项	需求取值（示例）
地铁转向架	结构需求	转向架型式	无摇枕外置式轴箱结构
		悬挂方式	两系悬挂
		承载方式	中央牵引装置+空气弹簧
		固定轴距	2300 mm
……	……	……	……

3. 过程实例

在设计任务执行过程中，随着产品模型的逐步实例化，过程模型也在被逐步实例化。针对特定客户需求的地铁转向架产品设计完成后，即可形成相应的设计过程实例。过程实例中的每个设计任务单元被赋予具体的执行人员，输入输出数据被赋予具体的取值，在设计系统中还将记录设计任务的起止时间和操作页面等，即设计过程实例记录了设计历史。设计过程实例可表达为图 7-25。

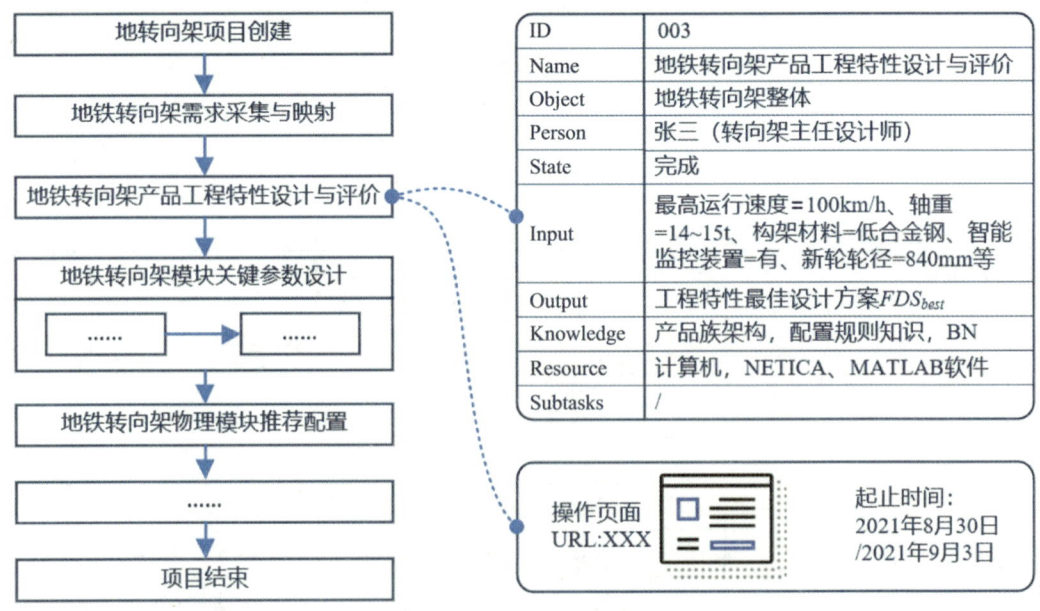

图 7-25 地铁转向架设计过程实例描述

7.2 面向订单需求的产品物理模块配置

订单产品工程特性设计与产品架构确定后则进行物理模块配置，即将产品架构实例化为特定的产品实例，以满足客户定制需求。根据产品架构、顶层设计参数等进行物理模块配置，首先需要将顶层设计参数映射为模块属性参数，明确对各个模块的技术属性要求，再从产品平台模块和已有产品实例（包含于配置模型）中获取可重用或需变型的物理模块，并通过配置变更对不满足需求的模块进行调整，获得产品物理模块的配置方案。现有配置求解研究中，ETO 产品通常是采用遍历产品结构树和实例推理或规则推理、参数化变型设计等方法获得其物理模块配置[155, 73]，但这种方法的效率较低，且不具备寻优的能力。为了提升复杂 ETO 产品的物理模块配置效率，并支持搜索优化的配置方案，将重点关注采用多目标智能优化算法从产品平台模块和已有产品实例中获取物理模块配置方案的过程，旨在为设计人员快速地推荐出优化的配置方案，并作为后续设计过程的基础。

现有基于智能算法的配置求解研究多是以成本、性能、环保性等为优化目标，构建模块的组合优化模型，并采用智能寻优算法从配置空间中搜索出最优配置解或帕累托最优解集[87-89]，适用于 MTO、ATO 类产品的配置求解。对复杂 ETO 产品而言，个性化的客户需求通常要求其模块具有特殊的性能参数、结构尺寸、材料等，配置模型中预定义的物理模块往往无法准确地匹配个性化的技术要求，因此，该类产品的物理模块优化配置中将存在准确匹配与相似匹配两种情况。此外，该类产品需要按订单组织设计与生产，交货期较长，自制与外购物理模块的生产过程将不可避免地受生产中多种不确定性因素、供应链动态变化等的影响，导致所配置物理模块的生产成本与时间无法准确预测，数据存在不确定性[156, 157]。

针对上述复杂 ETO 产品物理模块配置的两个特点，提出一种适应其特点的多目标优化配置方法。该方法以生产成本、交货期、技术需求匹配度为优化目标，其中技术需求匹配度是用于衡量物理模块配置方案对模块技术要求的满足程度，以尽可能获取满足程度高的配置方案；采用正态分布与 3σ 原则描述物理模块生产成本与时间数据的不确定性，支持配置优化时分析配置方案最差、最可能、最好的情况；采用 NSGA-II 算法求解优化模型，获得物理模块配置方案的帕累托最优解集；最后采用 TOPSIS 决策出最佳方案。以地铁转向架的物理模块配置为例，构建其多目标优化模型并求解最优配置方案，验证所提的方法。

7.2.1 物理模块配置框架

复杂 ETO 产品的物理模块配置过程包含模块关键属性参数设计、物理模块多目标优化配置、物理模块配置方案变更三个阶段，如图 7-26 所示，重点关注物理模块的多目标优化配置过程（即第二阶段）。

1. 第一阶段：模块关键属性参数设计

根据订单产品架构与配置模型中的产品族设计过程模型，确定订单产品的参数设计过程。以此过程为指导，以客户需求和顶层设计参数为输入，结合配置规则知识、设计经验与已有产品实例数据等，由各专业设计师协同完成模块关键属性参数的设计，设计结果将作为后续技术需求匹配的目标值。

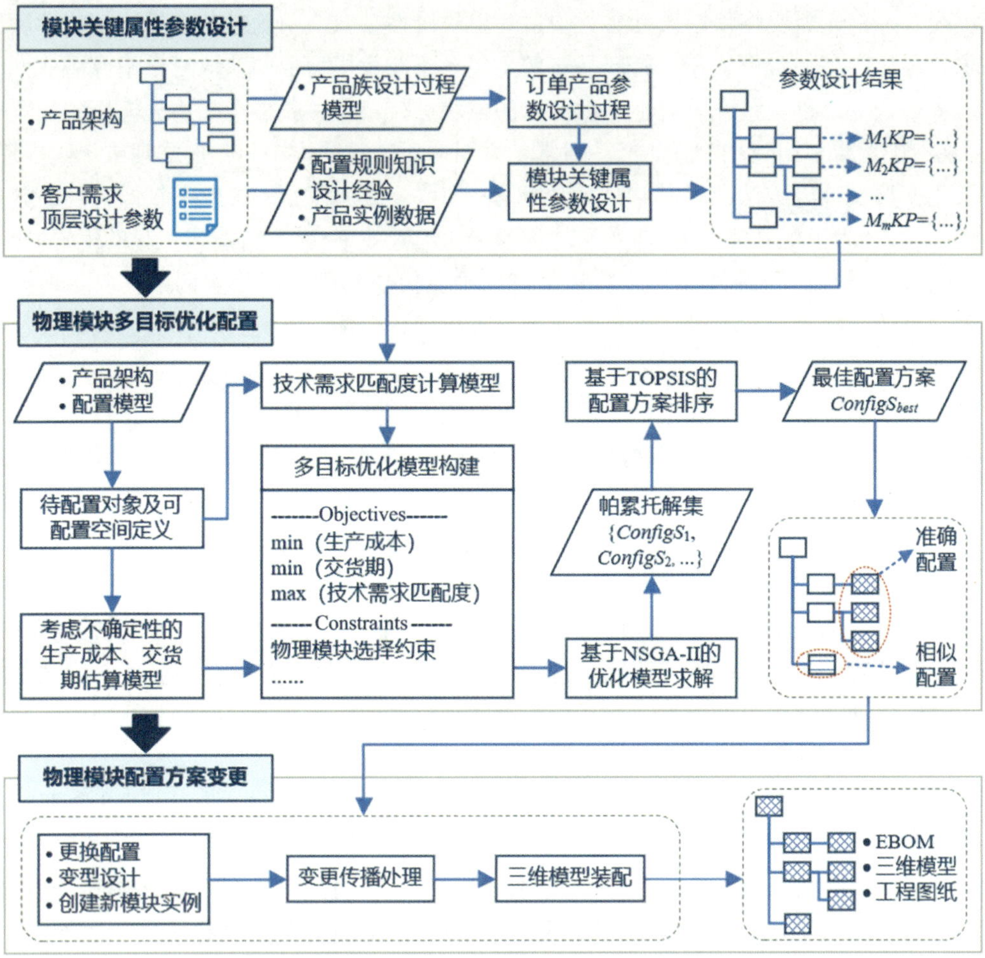

图 7-26　复杂 ETO 产品的物理模块配置框架

2. 第二阶段：物理模块多目标优化配置

（1）根据产品架构、配置模型定义订单产品的待配置对象与可配置空间。对外购模块，考虑同种技术规格的物理模块可以由不同的供应商提供，且可能具有不同的价格和交货期，因此其可配置空间是由不同供应商提供的不同技术规格的物理模块构成。对自制模块，不同技术规格的物理模块即构成其可配置空间。

（2）以订单产品的物理模块采购、制造、装配、交货过程将花费的成本与时间作为物理模块配置方案的评价指标，构建生产成本与交货期的估算模型，并以正态分布的方式考虑成本与时间数据的不确定性。采用加权欧氏距离方法，以第一阶段求得的模块关键属性参数为输入，构建配置方案的技术需求匹配度计算模型。以生产成本最低、交货期最短、技术需求匹配度最大为目标，结合物理模块的选择约束、客户的时间与成本约束等构建物理模块的多目标优化配置模型。

（3）采用 NSGA-II 算法求解出物理模块配置方案的帕累托最优解集，并根据物理模块的成本与时间数据的上下边界值计算优化目标值的最好、最差情况。采用 TOPSIS 方法以量化的方式对配置方案进行排序，以此决策出最佳方案。最佳方案可能准确匹配了所有的技术需求，也可能有部分物理模块未准确匹配技术需求，即存在相似配置。若准确匹配了技术需求，则可直接进入后续的仿真评价环节；若存在相似配置，则需要通过配置变更对其进行调整。

3. 第三阶段：物理模块配置方案变更

采用更换配置、变型设计或创建新模块实例等配置变更方式对物理模块的相似配置进行修改，并处理所引起的变更传播。配置变更后，须将所配置的物理模块装配为产品整机三维模型。若后续产品配置方案的配置规则校验、仿真评价未通过，则仍需再次执行配置变更过程，直至评价通过，获得最终的配置方案。

提出的复杂 ETO 产品物理模块优化配置方法的特点如下：

（1）考虑了生产成本、交货期、技术需求匹配度三个优化目标。其中，技术需求匹配度是针对复杂 ETO 产品物理模块配置中存在准确匹配与相似匹配两种情况，为了衡量配置方案对模块技术要求的满足程度而提出的一个目标。该优化配置方法虽然无法直接获得 ETO 产品的最终配置方案，但可提供一个优化的、准确或近似的配置方案作为后续设计过程的基础。

（2）考虑了由生产过程不确定性、供应链动态变化等因素造成的自制与外购物理模块的成本、时间数据的不确定性，并采用正态分布与 3σ 原则进行描述，以支持分析配置方案优化目标的上下边界值和均值，使设计人员了解配置方案最差、最可能与最好的情况，更好地支持设计决策。

（3）对外购物理模块，将其配置定义为选择特定供应商提供的特定技术规格的物理模块，因此配置得到的方案为物理模块及其供应商选择的组合方案。

7.2.2 模块关键属性参数设计

订单产品工程特性设计确定了产品的顶层设计参数和产品架构，为了实现各个模块的物理模块配置、完成产品架构的实例化，需要根据需求与顶层设计参数计算出各个模块关键属性参数的技术要求值，即模块关键属性参数设计。根据所确定的订单产品架构，对配置模型中已定义的产品族设计过程模型进行修剪（即去掉不存在的模块设计任务单元），即可得到针对订单产品的设计过程模型。以此过程模型中的参数设计过程（图 7-13 的任务 4）为指导，以顶层设计参数和客户需求为输入，结合配置规则知识、设计经验和已有产品实例数据等，由各专业设计师协同完成模块关键属性参数的设计。例如地铁转向架设计中，可根据车辆轴重、最高运行速度、加减速性能要求等计算出牵引电机的额定功率和扭矩等的技术要求值。考虑特定产品的参数设计过程与相关知识均是已有的，按照既有流程与方法即可计算出模块的关键属性参数值。

设订单产品的待配置模块有 m 个，记为 M_i，$i \in \{1, 2, \cdots, m\}$。模块 M_i 的关键属

性参数设计结果表示为 $M_iKP=\{KP_{i,1}=d_{i,1,*},\ KP_{i,2}=d_{i,2,*},\ \cdots,\ KP_{i,n}=d_{i,n,*}\}$。其中，$M_iKP$ 表示模块 M_i 的关键属性参数集合，$KP_{i,n}$ 表示模块 M_i 的第 n 个关键属性参数，$d_{i,n,*}$ 表示模块 M_i 的第 n 个关键属性参数所取的特定值。所有待配置模块的关键属性参数设计结果构成集合 $PKP=\{M_1KP,\ M_2KP,\ \cdots,\ M_mKP\}$。

7.2.3 物理模块化多目标优化配置

7.2.3.1 待配置对象与可配置空间

产品架构描述了订单产品的功能与技术解选择，即产品的抽象模块构成，物理模块配置即是以满足模块关键属性参数要求值（上述求得的 M_iKP）、生产成本与交货期尽可能小为目标，为所有的抽象模块选择具体的物理模块实例。因此，订单产品的待配置对象是抽象模块 M_i，$i\in\{1,\ 2,\ \cdots,\ m\}$，其可配置空间由两部分构成：产品架构中关联的产品平台物理模块、已有产品实例中可用的非平台物理模块，如图 7-27 所示。图中，范围①内的 $TS_{1,1,1}$、$TS_{1,2,1}$、$TS_{1,3,1}$ 等 6 个抽象模块（技术解）为待配置对象。这些待配置对象与可用的平台、非平台物理模块相关联，并构成其可配置空间。例如，$TS_{1,2,1}$ 有两个可用的平台物理模块 $DP_{1,2,1,1}$ 和 $DP_{1,2,1,2}$，以及一个可用的非平台物理模块 $DP_{1,2,1,3}$。而某些待配置对象，如 $TS_{2,1,2}$，由于未经过平台化、简统化设计，与其相关联的两个物理模块均为非平台物理模块。

考虑在向设计人员推荐优化的物理模块配置方案时，为保证良好的技术经济性，优先使用平台类的物理模块。因此在物理模块多目标优化配置时，对于已平台化的抽象模块，将其可配置空间限制在平台物理模块内，即图中②表示的范围，如 $TS_{1,2,1}$ 只能在 $DP_{1,2,1,1}$ 和 $DP_{1,2,1,2}$ 中进行选择。在后续的配置方案变更环节，为了更好地满足客户需求，对于已平台化的抽象模块设计人员也可根据实际情况选用非平台物理模块，即此时的可配置空间为图中②与③共同构成的空间。以图 7-27 为例，优化配置时的配置空间理论大小为 $2\times2\times2\times2\times3\times3=144$，配置方案变更时的空间理论大小为 $3\times3\times3\times2\times3\times3=486$。虽然配置方案变更时的空间更大，但变更是在优化配置而得的结果上进行局部调整，并不需要搜索全部的空间。

对于外购的模块，通常一个主机厂会与多家零部件供应商保持战略合作，因此某种技术规格的物理模块可以由多家供应商供应。由于各家供应商的生产能力、成本控制、运输距离以及所采用具体技术等方面的差异，会造成不同供应商供应同种技术规格的物理模块时，其供应价格与交货期不同，甚至物理模块内部的零部件构成也不完全相同。因此，配置外购的物理模块时，其具体的可配置对象是指由特定供应商供应的特定技术规格的物理模块，即配置后不仅选定了物理模块的技术规格，同时也选定了物理模块的供应商。外购模块的可配置空间示意为图 7-28 所示。例如，图中的模块 M_1 有 3 种技术规格，并且可分别由供应商 S1 和 S2 供应，因此该模块有 6 个可配置物理模块，即其可配置空间大小为 6。

第 7 章　轨道交通车辆产品平台配置设计应用 | 161

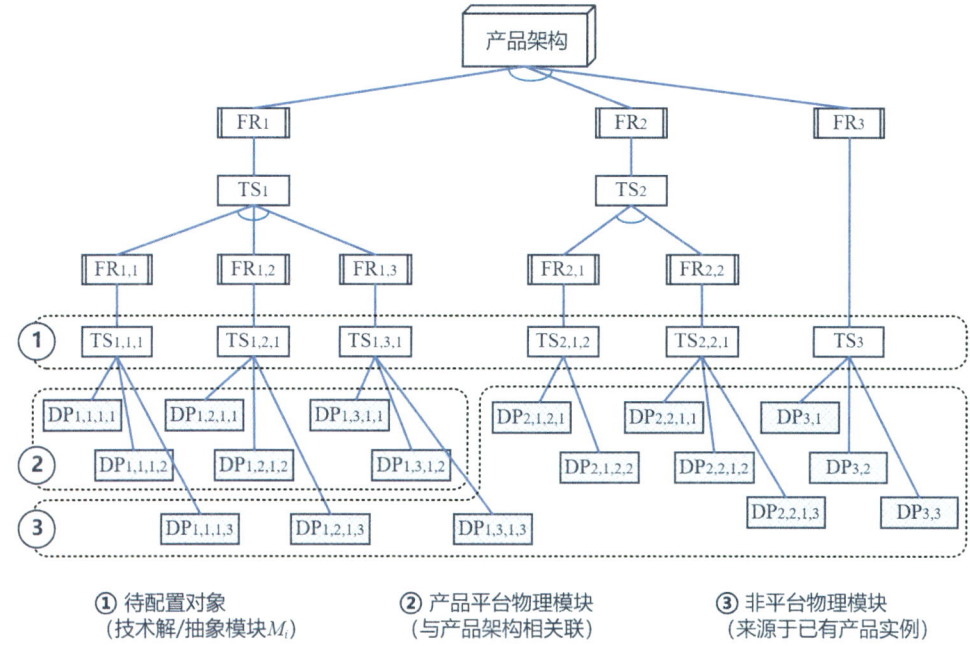

图 7-27　订单产品的待配置对象与可配置空间

对于自制的模块，通常主机厂已设计、生产过一系列不同技术规格的物理模块。对此类模块，一种技术规格的物理模块即为一个可配置物理模块。

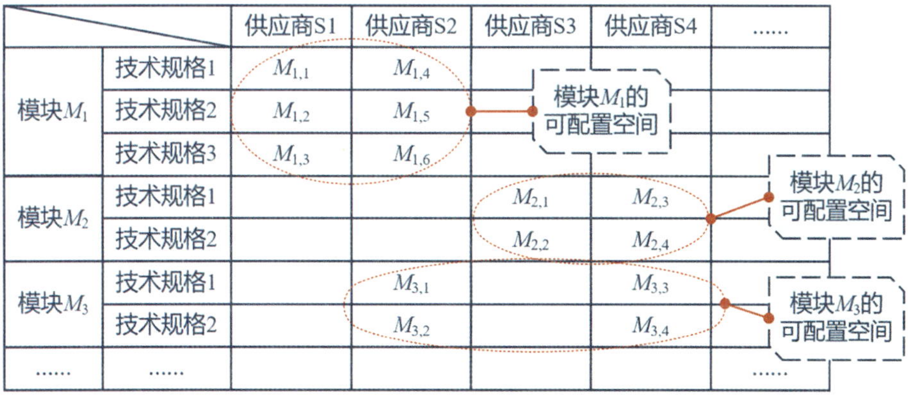

图 7-28　外购模块的可配置空间示意

综上，根据订单产品架构可以确定产品的待配置对象，以及与架构相关联的产品平台物理模块，从已有产品实例中可以索引出可用的非平台物理模块，两类物理模块共同构成可配置空间。此外，优化配置时需要物理模块的技术属性参数、供应商信息以及物理模块的制造、采购、装配相关的成本与时间信息等。因此，订单产品的待配置对象与可配置空间及其相关属性可按表 7-6 的方式组织描述。获得配置方案后，即可索引出所配置物理模块的图纸、文档、三维模型等。

表 7-6 待配置对象与可配置空间及其相关属性

待配置对象	可配置空间	技术属性参数	供应商信息	成本信息	时间信息
M_1	$M_{1,1}$	（包括性能参数、尺寸参数、材料属性、重量、装配数量等）	（包括供应商名称、供应商至主机厂的运输距离等）	（物理模块的制造、采购、装配成本）	（物理模块的制造、采购、装配时间）
	$M_{1,2}$				
	$M_{1,3}$				
M_2	$M_{2,1}$				
	$M_{2,2}$				
…	…				

7.2.3.2 物理模块配置多目标优化模型

7.2.3.3 生产成本与交货期估算模型

为获得生产成本尽可能低、交货期尽可能短的物理模块配置方案，首先需要建立物理模块配置方案的生产成本与交货期估算模型。考虑订单产品的完成过程如图 7-29 所示。图中生产前过程包括需求分析、定制设计、工艺设计与生产计划制定等环节，这部分所花费的成本 C_A 与时间 T_A 主要取决于企业的管理因素、信息化水平、工具软件应用情况等，较少受具体订单产品的设计差异所影响。而生产过程中自制物理模块的加工制造、外购物理模块的采购运输等均会受不同订单产品的设计差异所影响。例如，订单产品配置了不同技术规格（不同的性能、结构、材料等）的物理模块，将导致自制物理模块的原材料采购成本与制造工时不同，外购物理模块的采购成本与交货期不同。因此，出于比较不同产品物理模块配置方案优劣的目的，只考虑订单产品生产过程中所花费的成本与时间，即 C_B 与 T_B。

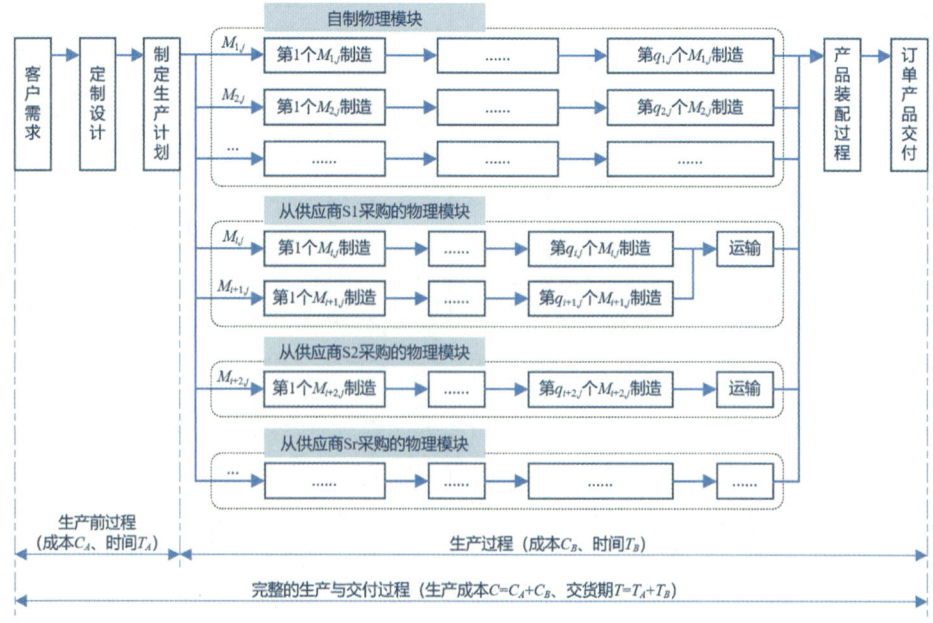

图 7-29 订单产品的完成过程

1. 生产成本估算模型

以 $M_{i,j}$ 表示模块 i 的可配置物理模块 j，以 $Sel_{i,j}$ 表示物理模块 $M_{i,j}$ 在配置方案中是否被选择，$Sel_{i,j}=1$ 表示被选择，$Sel_{i,j}=0$ 表示未被选择，即以 $Sel_{i,j}$ 为物理模块配置优化的决策变量。根据上述对订单产品完成过程的分析，以成本 C_B 作为订单产品的生产成本，其中主要包含物理模块的自制与外购成本、装配成本、产品运输成本。需要说明，针对特定的产品架构配置其物理模块时，产品的装配成本受物理模块配置差异的影响很小，可以视为一个与具体物理模块配置方案无关的定值。例如，某种架构的地铁转向架装配时，不同技术规格的车轴和车轮装配时，所需的资源、人工工时、能源消耗等不会有太大的差别。因此，在不影响配置方案生产成本对比的情况下，将装配成本简化为一个定值。C_B 的计算公式如下：

$$C_B = C_1 + C_2 + C_3 + C_4 \\ = \sum_{i=1}^{m}\sum_{j=1}^{m_i}(C_{1,i,j}+C_{2,i,j})q_{i,j}\cdot Sel_{i,j} + C_3 + C_T D_P \sum_{i=1}^{m}\sum_{j=1}^{m_i} W_{i,j}\cdot q_{i,j}\cdot Sel_{i,j} \tag{7-1}$$

式中：C_1 表示产品中所有自制物理模块的生产成本；

C_2 表示产品中所有外购物理模块的采购成本；

C_3 表示产品物理模块的装配成本（定值）；

C_4 表示将产品从主机厂运输给客户的成本；

m_i 表示模块 M_i 的可配置物理模块的数量；

$C_{1,i,j}$ 表示物理模块 $M_{i,j}$ 的自制成本，外购物理模块的 $C_{1,i,j}=0$；

$C_{2,i,j}$ 表示物理模块 $M_{i,j}$ 的采购成本，自制物理模块的 $C_{2,i,j}=0$；

$q_{i,j}$ 表示所需物理模块 $M_{i,j}$ 的数量；

C_T 表示物流运输单价；

D_P 表示产品的运输距离；

$W_{i,j}$ 表示物理模块 $M_{i,j}$ 的重量。

外购物理模块的采购成本包括供应商确定的物理模块销售价格和将物理模块运输到主机厂的成本，计算公式如下：

$$C_{2,i,j} = CS_{i,j} + C_T D_{i,j} W_{i,j} \tag{7-2}$$

式中：$CS_{i,j}$ 表示由供应商确定的物理模块 $M_{i,j}$ 的销售价格；

$D_{i,j}$ 表示从供应商到主机厂的运输距离。

2. 交货期估算模型

以时间 T_B 作为订单产品的交货期，其中主要包含自制物理模块的制造时间、外购物理模块的采购时间、产品的装配时间与运输时间。对自制物理模块（如图 7-29 中的 $M_{1,j}$ 和 $M_{2,j}$），考虑不同物理模块需要的制造资源、工艺路线不同，可认为两者的制造过程是并行的，而同一物理模块的多个数量（如 $q_{1,j}$ 个 $M_{1,j}$）是按照流水线的方式串行制造的，因此其制造时间需按数量累加。对外购物理模块，若某供应商同时供应多种物理模块（如 $M_{i,j}$ 和 $M_{i+1,j}$），与自制模块相同，不同物理模块间也是并行制造的，同一物理模块的多个数量是串行制造的，全部制造完成后即运输到主机厂；若某供应商只供应一种物理模块（如 $M_{i+2,j}$），其多个数量物理模块的制造过程也是串行的，制造完成后即运输到主机厂。根据上述分析，物理模块自制或采购的时间（即装配前的时间）可以按不同自制物理模块的制造时间、不同外购物理模块的制造时间加运输时间中的最大者进行计算。产品的装配时间与装配成本类似，可以简化为一个定值。产品的运输时间按运输距离除以平均运输速度得到。T_B 计算公式如下：

$$T_B = \max(T_1, T_2) + T_3 + T_4 \tag{7-3}$$
$$= \max\left(T_{1,i,j} \cdot q_{i,j} \cdot Sel_{i,j}, \left(T_{2,i,j} \cdot q_{i,j} + \frac{D_{i,j}}{v_T}\right) \cdot Sel_{i,j}\right) + T_3 + \frac{D_P}{v_T}$$

式中：T_1 表示自制物理模块的制造时间；

T_2 表示外购物理模块的采购时间（含制造时间与运输时间）；

T_3 表示产品物理模块的装配时间（定值）；

T_4 表示将产品从主机厂运输给客户的时间；

$T_{1,i,j}$ 表示一个自制物理模块 $M_{i,j}$ 的制造时间；

$T_{2,i,j}$ 表示一个外购物理模块 $M_{i,j}$ 的制造时间；

v_T 表示物理模块或产品的平均运输速度。

7.2.3.4 生产成本与交货期的不确定性

物理模块生产过程中所花费的成本与时间受到许多复杂因素的影响。例如，生产过程中工人的疲劳状况与请假放假、设备突发故障等可能导致工期延长，或多个产品同时生产造成的资源占用与等待，以及供应链中原材料价格波动、供应周期变化等均会影响物理模块和最终产品的生产成本与时间。因此，自制与外购物理模块的生产成本、时间数据将无法准确预测，数据存在着不确定性。为了更好地评估产品物理模块配置方案的成本与时间，以支持设计决策，在度量各个物理模块以及订单产品的生产成本与时间时有必要考虑这种不确定性。

根据式（7-1）~式（7-3），订单产品物理模块配置方案的生产成本与交货期估算所需的数据汇总如表 7-7 所示。表中前 8 项数据均可直接获得或通过计算得到，是确定的数据。而后 7 项数据是主机厂和供应商的生产成本与时间数据，如前所述，这些成本与时间数据受到许多复杂的因素所影响而具有不确定性，可以根据主机厂与供应商的历史生产数据进行估计。

第7章 轨道交通车辆产品平台配置设计应用

表 7-7 生产成本与交货期估算所需的数据

数据符号	含义说明	备注
m	订单产品待配置模块的数量,每一个待配置模块表示为 M_i, $i \in \{1, 2, \cdots, m\}$	这些数据可以根据订单产品架构、配置模型、客户的位置、供应商的位置等直接获得或计算得到,均为确定的数据
m_i	待配置模块 M_i 的可配置物理模块数量,每一个可配置物理模块表示为 $M_{i,j}$, $j \in \{1, 2, \cdots, m_i\}$	
$q_{i,j}$	待配置产品中所需物理模块 $M_{i,j}$ 的数量	
$W_{i,j}$	物理模块 $M_{i,j}$ 的重量	
D_P	产品从主机厂运输到客户的距离	
$D_{i,j}$	$M_{i,j}$ 的供应商到主机厂的运输距离	
C_T	产品、物理模块的运输单价	运输单价与运输速度的不确定性较小,可视为确定的数据
v_T	产品、物理模块的平均运输速度	
$C_{1,i,j}$	物理模块 $M_{i,j}$ 的自制成本	这些数据受生产过程、供应链中复杂的因素所影响,具有不确定性,可以根据主机厂与供应商的历史生产数据进行估计
$C_{2,i,j}$	物理模块 $M_{i,j}$ 的采购成本	
C_3	产品装配所需的成本	
$CS_{i,j}$	由供应商确定的物理模块 $M_{i,j}$ 的销售价格	
$T_{1,i,j}$	一个自制物理模块 $M_{i,j}$ 的制造时间	
$T_{2,i,j}$	一个外购物理模块 $M_{i,j}$ 的制造时间	
T_3	产品装配所需的时间	

不确定数据的描述目前主要有区间数、模糊数(含隶属度函数)、随机变量(含概率密度函数)等几种方式。其中区间数较容易估计,只需确定数据的上下边界即可,但无法反映出区间内不同数值被接受的程度;模糊数可以反映数据的上下边界与中间值以及不同数值被接受的程度,但通常需要依赖于经验确定边界值和选择隶属度函数;随机变量也可以反映数据的取值范围和不同数值被接受的程度(即概率),但需要有足够的数据样本方可得出其概率分布情况。

考虑可配置的自制或外购物理模块均已被生产过多次,尤其是平台类的物理模块,主机厂和供应商均具备大量与物理模块生产成本、时间相关的数据。以地铁转向架的车轴与车轮为例,每台转向架中有 2 根车轴和 4 个车轮,一辆 6 编组的地铁列车共有 24 根车轴和 48 个车轮,一个地铁产品订单可能需要生产数十列地铁列车,即需要采购或生产的车轴与车轮多达数百个。因此,可以通过主机厂或供应商既有的生产数据统计出某种技术规格物理模块的生产成本与时间数据的概率分布。进一步地,考虑影响物理模块的生产成本与时间数据的各种因素之间具有相互独立性,例如影响生产成本的因素有原材料价格、加工工时、运输成本等,这些因素之间互不影响,并且通过相互叠加的作用来影响物理模块最终的生产成本。因此,根据中心极限定理,可以采用正态分布来描述生产成本与时间数据的不确定性，即将物理模块的生产成本与时间数据视为正态随机变量。

正态随机变量 X 服从正态分布，记为 $X \sim N(\mu, \sigma^2)$，其中 μ 为均值，σ 为标准差，其概率密度函数曲线如图7-30所示。根据 3σ 原则，X 取 $(\mu-3\sigma, \mu+3\sigma)$ 范围内值的概率为 99.73%，取更大或更小值的概率很低，因此在不考虑少数极端取值的情况下，可以将 X 的上下边界值分别定义为 $\mu+3\sigma$ 与 $\mu-3\sigma$，且平均值为 μ。

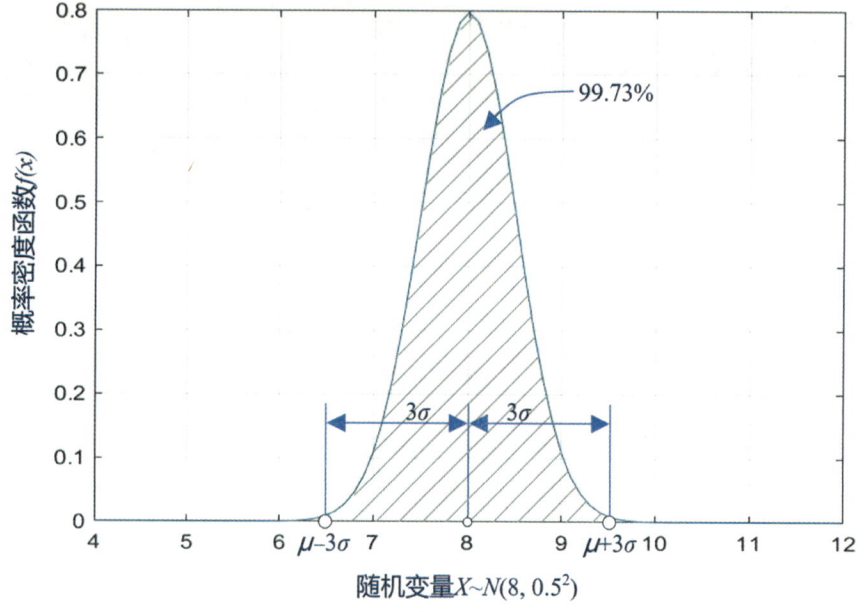

图 7-30　正态分布的概率密度函数曲线与边界值定义

基于正态分布与 3σ 原则，可方便地获取正态随机变量的上下边界值与均值，可表示为一个三元组 (X_l, X_m, X_u)，l、m、u 分别表示 X 的下边界值、均值和上边界值。在物理模块优化配置问题中，将物理模块的生产成本与时间数据视为正态随机变量，并获取其上下边界值与均值，目的是便于后续分析产品配置方案的生产成本与交货期的最好、最可能与最差的情况。需要说明的是，此处没有直接根据既有生产成本与时间数据统计其边界值，是考虑实际数据分布中会有某些可能的边界值不存在或存在少数极大或极小异常取值等情况，直接取既有数据中的最大最小值作为其上下边界值是不恰当的，因为这可能导致边界值估计不足或由于少数极端取值的影响而出现边界值估计过于夸张的问题。此处采用先获取数据的正态分布，再利用 3σ 原则获取其上下边界值的方法，则是以数据的分布规律为依据去获取合理的边界值，并且不必依赖于主观经验。这种方法可示意为图 7-31。图中，示例的随机变量是某种技术规格的物理模块的采购成本数据，可以看出，若直接取既有数据的最大最小值，则其上下边界值分别为 9.5 与 4；若按照正态分布与 3σ 原则，则其上下边界值分别为 11.01 和 4.74。可见，使用这种方法可以避免忽略某些可能的边界值（如 11.01），同时也能降低少数极端取值的不良影响（如 4）。

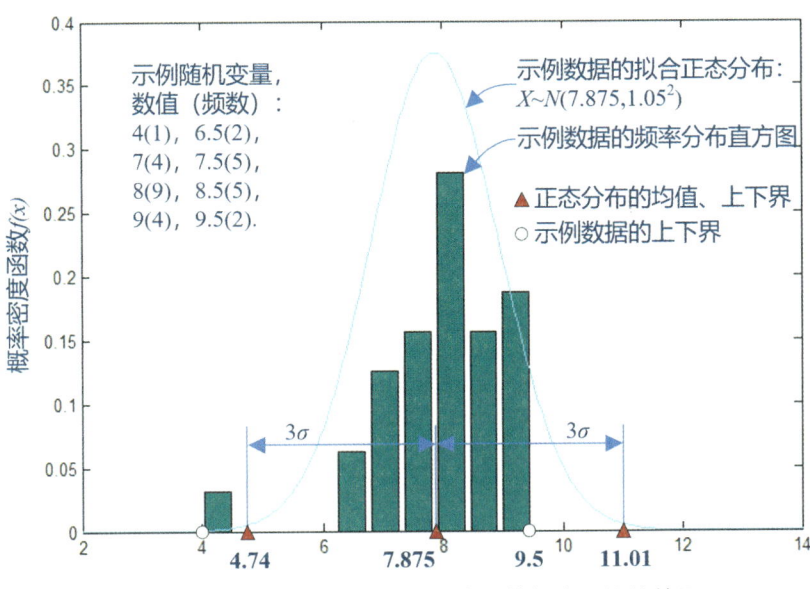

图 7-31 正态分布 3σ 边界值与实际数据边界值的差异

根据上述方法，对可配置物理模块的生产成本与时间数据（即表 7-7 中的后 7 项数据），可先通过对既有数据的统计分析获取其正态分布，再利用 3σ 原则将其转换为含有下边界值、均值、上边界值的三元组，以表达数据的不确定性。例如，物理模块 $M_{i,j}$ 的自制成本 $C_{1,i,j}$ 最终可表示为（$C_{1,i,j\text{-}l}$，$C_{1,i,j\text{-}m}$，$C_{1,i,j\text{-}u}$），分别表示 $C_{1,i,j}$ 的下边界值、均值和上边界值。通过该方法获取配置空间中所有物理模块的生产成本与时间数据的三元组后，需将这些数据组织在表 7-6 中，供物理模块优化配置时调用，并支持分析配置方案优化目标值的各种情况。

7.2.3.5 技术需求匹配度计算模型

根据模块关键属性参数设计结果 $PKP=\{M_1KP, M_2KP, \cdots, M_mKP\}$ 和配置空间中物理模块的技术属性参数值，采用加权欧氏距离方法计算出所有物理模块与模块技术要求值之间的相似度，作为物理模块对技术需求的匹配度。对某个特定的物理模块配置方案，则是将各物理模块的技术需求匹配度进行加权累加得到。

技术需求匹配度的计算步骤如下：

1. 定义模块 M_i 的目标向量和物理模块属性参数矩阵

将模块 M_i 的关键属性参数设计结果 $M_iKP=\{KP_{i,1}=d_{i,1,*}, KP_{i,2}=d_{i,2,*}, \cdots, KP_{i,n}=d_{i,n,*}\}$ 定义为目标向量。提取与模块 M_i 关联的物理模块的技术属性参数值，构成物理模块属性参数矩阵 M_iS，如式（7-4）。式中 k 表示物理模块的第 k 个属性参数，$k\in\{1, 2\cdots, n\}$，所提取的物理模块属性参数项与目标向量中的属性参数项保持一致，均为 n 项。若某项参数的取值为字符型数据，可以把目标向量中的值定义为 1，而物理模块的相应参数值与目标值相同则定义为 1，不同则定义为 0。

$$M_iS = \begin{bmatrix} KP_{i,1,1} & KP_{i,1,2} & \cdots & KP_{i,1,n} \\ KP_{i,2,1} & KP_{i,2,2} & \cdots & KP_{i,2,n} \\ \vdots & \vdots & & \vdots \\ KP_{i,m_i,1} & KP_{i,m_i,2} & \cdots & KP_{i,m_i,n} \end{bmatrix} = (KP_{i,j,k})_{m_i \times n} \quad (7\text{-}4)$$

2. 求相似矩阵 M_iS'

不同属性参数的尺度不同，为了避免大尺度数据对小尺度数据的湮没，影响计算结果的准确性，需要结合目标向量 M_iKP 对矩阵 M_iS 进行归一化，获得相似矩阵 M_iS'。如式（7-5）和（7-6）所示。

$$M_iS' = \begin{bmatrix} KP'_{i,1,1} & KP'_{i,1,2} & \cdots & KP'_{i,1,n} \\ KP'_{i,2,1} & KP'_{i,2,2} & \cdots & KP'_{i,2,n} \\ \vdots & \vdots & & \vdots \\ KP'_{i,m_i,1} & KP'_{i,m_i,2} & \cdots & KP'_{i,m_i,n} \end{bmatrix} = (KP'_{i,j,k})_{m_i \times n} \quad (7\text{-}5)$$

$$KP'_{i,j,k} = \frac{|KP_{i,k} - KP_{i,j,k}|}{\sum_{j=1}^{m_i} |KP_{i,k} - KP_{i,j,k}|} \quad (7\text{-}6)$$

3. 计算模块 $M_{i,j}$ 的技术需求匹配度

考虑不同模块属性参数的重要度不同，对模块技术需求匹配度的影响程度有差异。可采用层次分析法（Analytic Hierarchy Process，AHP）计算模块属性参数 $KP_{i,k}$ 的相对重要度，具体过程可参见[105]。将模块 M_i 的属性参数重要度记为向量 $\omega_i = (\omega_{i,1}, \omega_{i,1}, \cdots, \omega_{i,n})$，则模块 $M_{i,j}$ 与目标向量间的相似度（即技术需求匹配度）按加权欧式距离的方法计算，如式（7-7）所示。模块 $M_{i,j}$ 的技术需求匹配度计算结果 $TRM_{i,j}$ 可记录到表 7-6 中，供优化配置时计算配置方案总体的技术需求匹配度。

$$TRM_{i,j} = 1 - \sqrt{\sum_{k=1}^{n} \omega_{i,k} \cdot (KP'_{i,j,k})^2} \quad (7\text{-}7)$$

4. 计算物理模块配置方案的技术需求匹配度

与模块属性参数同理，不同模块的重要度不同，对产品物理模块配置方案总体的技术需求匹配度的影响程度也会有差异。采用 AHP 方法计算不同模块的重要度，记为向量 $\omega_P = (\omega_1, \omega_2, \cdots, \omega_m)$，则物理模块配置方案总体的技术需求匹配度为：

$$TRM = \sum_{i=1}^{m} \sum_{j=1}^{m_i} \omega_i \cdot TRM_{i,j} \cdot Sel_{i,j} \quad (7\text{-}8)$$

7.2.3.6 多目标优化模型构建

以物理模块配置方案的生产成本与交货期尽可能小、技术需求匹配度尽可能大为目

标构建多目标优化模型。为了方便求解,将技术需求匹配度函数取倒数,将其转化为尽可能取小,即三个目标均为越小越好。产品物理模块配置方案是根据决策变量 $Sel_{i,j}$ 的取值确定的,因此,配置方案可表示为决策向量 $x=(Sel_{1,1}, Sel_{1,2}, \cdots, Sel_{2,1}, Sel_{2,2}, \cdots, Sel_{i,j}, \cdots)$,$i \in \{1, 2, \cdots, m\}$,$j \in \{1, 2, \cdots, m_i\}$。结合式(7-1)~式(7-8),构建物理模块配置的多目标优化模型如下:

$$F(x) = \min\{C_B, T_B, TRM^{-1}\} \tag{7-9}$$

$$\text{s.t.} \quad Sel_{i,j} \in \{0,1\}, i=1,2,\ldots m; j=1,2\ldots,m_i \tag{7-10}$$

$$\sum_{j=1}^{m_i} Sel_{i,j} = 1 \tag{7-11}$$

$$\sum_{k=1}^{n} \omega_{i,k} = 1 \tag{7-12}$$

$$\sum_{i=1}^{m} \omega_i = 1 \tag{7-13}$$

$$C_B \leq \frac{C_{\text{customer}}}{1+\alpha} - C_A \tag{7-14}$$

$$T_B \leq T_{\text{customer}} - T_A \tag{7-15}$$

式中:C_{customer} 为客户所能接受的最高价格;

　　　α 为企业的利润率;

　　　T_{customer} 为客户所能接受的最长交货期。

式(7-10)~式(7-15)为物理模块配置的约束条件。其中,式(7-10)表示决策变量 $Sel_{i,j}$ 只能取 0 或 1;式(7-11)表示对模块 M_i 只能从其可配置空间中选择一种物理模块;式(7-12)表示模块 M_i 的 n 项属性参数的重要度之和为 1;式(7-13)表示 m 个待配置模块的重要度之和为 1;式(7-14)表示产品的生产前成本 C_A 与生产成本 C_B 之和应控制在客户能接受的最高价格去除利润后的值之内;式(7-15)表示产品的生产前时间 T_A 与生产时间 T_B 之和应控制在客户能接受的最长交货期之内。最后两项约束表达了客户对产品成本与交货期的要求,结合优化目标,该优化问题可描述为:搜索满足客户的成本与交货期要求且成本尽可能低、交货期尽可能短、技术需求匹配度尽可能大的配置方案。

需要说明,此处并没有加入物理模块技术属性参数之间的约束关系[图 7-11 中的第(10)类约束关系],用以限制物理模块的不可行组合。这是基于以下两点考虑:

(1)在模块关键属性参数设计时,已经考虑了模块技术属性参数间的约束关系,所设计得到的模块关键属性参数值即为可行的参数取值,此处配置时只需要寻找能满足或接近这些技术要求值的物理模块即可。

(2)考虑到若没有完全满足技术要求值的物理模块存在,该优化模型需要搜索出尽可能满足技术要求值的物理模块配置方案（即相似的配置），因此若此处加入技术属性参数约束（即强制要求配置方案满足这些约束条件），则可能会在搜索过程中过滤掉相似的配置方案（因为对技术要求值而言这些方案只是相似，不一定满足约束），导致该配置问题无解。

7.2.3.7 基于 NSGA-II 的多目标优化模型求解

NSGA-II 是一种有效的多目标优化算法，其求解速度快、收敛性好，已被应用于许多工程优化问题。即采用 NSGA-II 算法求解物理模块的多目标优化配置问题，算法的求解过程如图 7-32 所示。关键步骤解释如下：

1. 染色体编码与种群初始化

采用该方法求解多目标优化问题，首先需要将优化变量编码为染色体，即以染色体来表示物理模块配置方案。为了直观，采用符号编码染色体，可表示为图 7-33 所示。图中，一条染色体表示一个配置方案（一个个体），由若干个基因座组成，一个基因座表示一个待配置模块 M_i，基因座赋以具体值即为选定某个物理模块 $M_{i,j}$，待配置模块的可配置空间构成等位基因（可选的基因值）。根据染色体的编码方式，在可配置空间内随机生成 N 条染色体，形成初始种群。

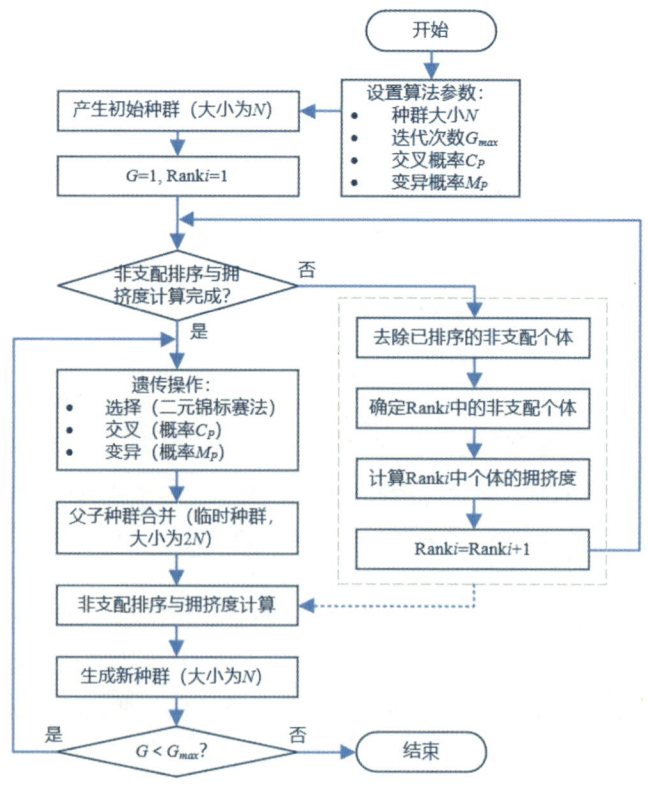

图 7-32　基于 NSGA-II 的优化配置求解流程

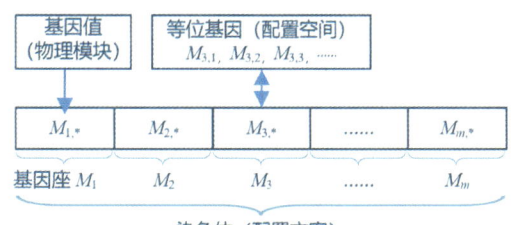

图 7-33 染色体的编码方式

2. 非支配排序与拥挤度计算

NSGA-II 算法以非支配排序和拥挤度来对种群中个体进行优劣排序。非支配排序是以支配关系为依据的。对多目标优化问题中的两个个体 A、B，当 A 在至少一个目标上的表现优于 B，且在其他目标上的表现不比 B 差时，即可称 A 支配 B，非支配个体是指不受任何个体所支配的个体。例如，最小化双目标优化问题有 3 个个体，其目标值分别为（4,5）、（6,6）、（5,4），则（4,5）和（5,4）互不支配，为非支配个体，且两者均支配（6,6）。非支配排序即是按支配关系将种群中所有个体划分为不同的支配层级，第 1 层级个体支配所有剩余个体，第 2 层级个体支配除第 1 层级个体外的所有个体，依此类推，可将所有个体分为若干个支配层级。

拥挤度表示某个个体与其周围个体的密集程度，拥挤度越大的个体表示其周围的个体分布越稀疏。该算法为了保证种群分布的多样性，令拥挤度大的个体更优。因此，对处于同一支配层级内的个体，按拥挤度进行排序。个体的拥挤度是通过与其相邻的两个个体在每个目标函数上的归一化距离之和来计算的，如下所示：

$$Dis(i) = \sum_{j=1}^{r} \left| \frac{f_j(i+1) - f_j(i-1)}{f_j(\max) - f_j(\min)} \right| \tag{7-16}$$

式中：$Dis(i)$ 表示个体 i 的拥挤度；

r 表示目标函数的数量；

$f_j(i+1)$ 与 $f_j(i-1)$ 分别表示个体 $i+1$ 与 $i-1$ 的第 j 个目标函数值；

$f_j(\max)$ 与 $f_j(\min)$ 分别表示某代种群所有个体的第 j 个目标函数的最大值与最小值，对处于边界的个体，其拥挤度取无穷大。

对种群中个体进行优劣排序的方法是：首先按照支配层级进行排序，即支配层级序号低的个体更优，对处于同一支配层级的个体，则按照拥挤度进行排序，即拥挤度大的个体更优。对不满足约束（客户的成本与时间约束）的个体，将其三个目标函数值增加一个较大的惩罚值，使其在优劣排序中尽量靠后，从而淘汰这种个体。

3. 遗传操作（选择、交叉、变异）

选择操作是从种群中选择若干个较优的个体，为之后的交叉、变异做准备。采用二元锦标赛法进行选择，即从种群中随机选取两个个体，根据非支配排序与拥挤度计算结

果判断两个个体优劣性，并保留较优的个体。

交叉操作是模仿有性生殖中的基因重组过程，通过交换两个父代个体的染色体片段，形成两个新的个体，用于交叉的两个个体由上述选择操作得到。采用均匀交叉的方式，即父代个体中每个基因座上的基因值以相同的概率进行交叉。重复执行选择与交叉操作，直到生成 N 个新个体。

变异操作是模仿基因突变的过程，对交叉后的个体按照一定的变异概率改变染色体的片段（随机改变为等位基因中的其他值），形成新的个体。采用均匀变异的方式，即对个体中的每个基因座以相同的概率进行变异。选择、交叉、变异操作后即形成数量为 N 的子代种群。

4. 精英个体保留

将父代种群（第一代时为初始种群）与遗传操作形成的子代种群合并，形成大小为 $2N$ 的临时种群。对临时种群进行非支配排序与拥挤度计算，并按照优劣排序选择前 N 个个体，即将表现优良的个体保留，其余 N 个个体丢弃。至此，第一次迭代结束。所选择的 N 个个体将作为下一次迭代的父代种群，继续进行遗传操作。

5. 迭代过程终止

重复执行遗传操作、种群合并、精英个体保留等过程，直至迭代次数达到所设置最大迭代次数，算法终止。将最后一代种群中的第 1 支配层级的个体输出，作为寻优的结果，即多目标优化问题的帕累托最优解集。

基于 NSGA-II 求解物理模块的多目标优化配置时，由于自制与外购物理模块的生产成本、时间数据具有不确定性，且已表达为含上下边界值和均值的三元组，首先使用这些不确定数据的均值进行多目标寻优，以获得帕累托最优配置方案集。对获得的配置方案，再利用不确定数据的上下边界值计算其生产成本与交货期的最差、最好的情况，这可分别视为在数据不确定的情况下对配置方案所做最保守与最乐观的判断。将求解得到的物理模块配置方案帕累托最优解集表示为 $ConfigS=\{ConfigS_1, ConfigS_2, \cdots, ConfigS_t\}$，每个配置方案的生产成本与交货期的最好、最可能、最差的情况可表示为 $ConfigS_i - C_B = (C_{i,\text{best}}, C_{i,\text{median}}, C_{i,\text{worst}})$ 与 $ConfigS_i - T_B = (T_{i,\text{best}}, T_{i,\text{median}}, T_{i,\text{worst}})$。此外，每个配置方案的技术需求匹配度可通过求得的目标值取倒数得到，其取值范围为 $0 < TRM \leqslant 1$。

经 NSGA-II 求解得到的帕累托最优解集提供了一个可供设计师或客户选择的配置方案集合，这些配置方案之间均为非支配的关系，设计师或客户可根据自身偏好从解集中选择所需的配置方案，也可进一步采用量化排序的方式进行选择。

7.2.3.8 基于 TOPSIS 的最佳解选择

为从帕累托解集中选择一个最佳配置方案作为后续设计的基础，采用逼近理想解排序法 TOPSIS 对多个非支配解进行量化排序，并根据排序选择最佳解。TOPSIS 的计算过程如下：

第7章 轨道交通车辆产品平台配置设计应用

1. 构建归一化决策矩阵

将 t 个帕累托最优配置方案的生产成本与交货期的均值以及技术需求匹配度取值构建为 t 行 3 列的决策矩阵,如下所示:

$$\mathbf{DM} = \begin{bmatrix} C_{1,\text{median}} & T_{1,\text{median}} & TRM_1 \\ C_{2,\text{median}} & T_{2,\text{median}} & TRM_2 \\ \vdots & \vdots & \vdots \\ C_{t,\text{median}} & T_{t,\text{median}} & TRM_t \end{bmatrix} \quad (7\text{-}17)$$

为了消除不同数据的量纲差异对计算结果的影响,对矩阵 $\mathbf{DM}$ 进行归一化处理,归一化后的决策矩阵记为 $\mathbf{DM}'$。归一化的方法如式(7-18)所示:

$$\begin{cases} C'_{i,\text{median}} = \dfrac{C_{i,\text{median}}}{\sqrt{\sum_{i=1}^{t}(C_{i,\text{median}})^2}} \\ T'_{i,\text{median}} = \dfrac{T_{i,\text{median}}}{\sqrt{\sum_{i=1}^{t}(T_{i,\text{median}})^2}} \\ TRM'_i = \dfrac{TRM_i}{\sqrt{\sum_{i=1}^{t}(TRM_i)^2}} \end{cases} \quad (7\text{-}18)$$

2. 构造正负理想解

从决策矩阵 $\mathbf{DM}'$ 中分别选择上述三个指标最优与最差的取值(成本与时间取最小值为最优、最大值为最差,技术需求匹配度取最大值为最优、最小值为最差),将最优的取值组合为一个虚拟的正理想解 $ConfigS^+$,将最差的取值组合为一个虚拟的负理想解 $ConfigS^-$。正负理想解的指标值表示如下:

$$\begin{cases} ConfigS^+ = \left(C'_{+,\text{median}}, T'_{+,\text{median}}, TRM'_+ \right) \\ ConfigS^- = \left(C'_{-,\text{median}}, T'_{-,\text{median}}, TRM'_- \right) \end{cases} \quad (7\text{-}19)$$

3. 计算非支配解与正负理想解的距离

采用欧氏距离方法分别计算每一个非支配解 $ConfigS_i$ 与正、负理想解的距离 D_i^+ 与 D_i^-,如式(7-20)、(7-21)所示。式中,ω_C、ω_T、ω_{TRM} 分别表示客户对产品的生产成本、交货期、技术需求匹配度的相对重要度判断,可通过 AHP 方法获得,三个目标的相对重要度之和为 1。

$$D_i^+ = \sqrt{\omega_C (C'_{i,\text{median}} - C'_{+,\text{median}})^2 + \omega_T (T'_{i,\text{median}} - T'_{+,\text{median}})^2 + \omega_{TRM} (TRM'_i - TRM'_+)^2}$$

$$(7\text{-}20)$$

$$D_i^- = \sqrt{\omega_C(C'_{i,\text{median}} - C'_{-,\text{median}})^2 + \omega_T(T'_{i,\text{median}} - T'_{-,\text{median}})^2 + \omega_{TRM}(TRM'_i - TRM'_-)^2}$$

（7-21）

4. 计算非支配解与正理想解的相对贴近度

计算每一个非支配解 $ConfigS_i$ 与正理想解的相对贴近度 RC_i，如式（7-22）所示。相对贴近度越大表明非支配解距离正理想解越近、距离负理想解越远，因此可按相对贴近度大小对非支配解集降序排列，并选择相对贴近度最大的非支配解为最佳解。

$$RC_i = \frac{D_i^-}{D_i^+ + D_i^-}$$

（7-22）

7.2.4 物理模块配置方案变更

针对上述选择的最佳配置方案，若其技术需求匹配度为 1（即物理模块均为准确配置），或技术需求匹配度小于 1（即存在相似配置），但配置方案可接受，则可进入配置规则校验、仿真评价环节，以进一步验证设计方案的功能、性能是否满足需求。若其技术需求匹配度小于 1 且配置方案不可行，则需要通过配置变更过程对相似的物理模块进行调整，以满足所有技术要求。物理模块配置方案的变更过程可描述为图 7-34 所示，各部分解释如下：

（1）配置变更的方式。配置方案的变更可采用更换物理模块配置、物理模块变型设计、创建新物理模块实例三种方式，分别说明如下：

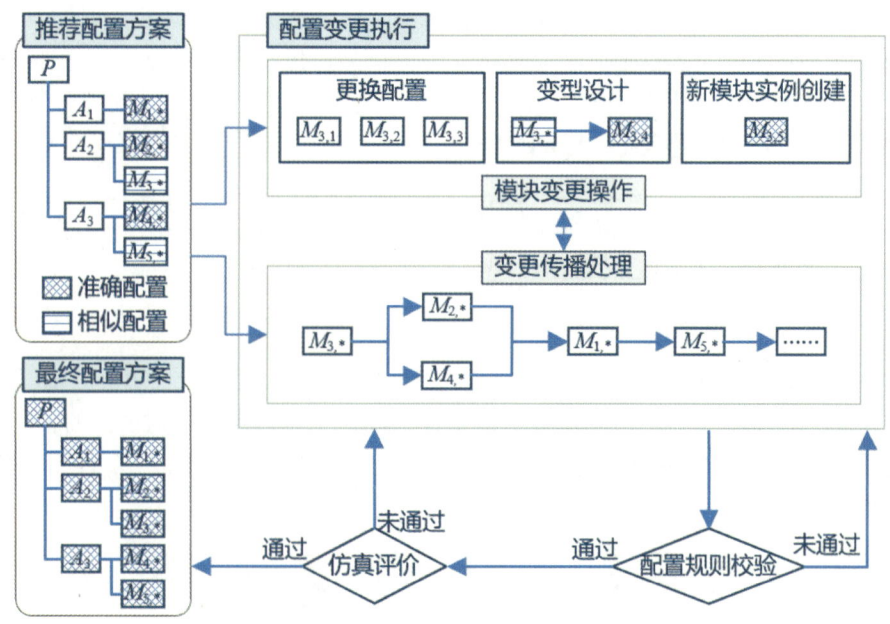

图 7-34 物理模块配置方案变更过程

① 更换物理模块配置：在由产品平台物理模块和已有产品实例中可用非平台物理模块共同构成的配置空间中，设计人员可将相似物理模块配置更换为匹配度更高的物理模块。例如，优化配置时推荐了某个相似的平台类物理模块，此时设计人员可选择匹配度更高的非平台物理模块（若存在）将其替换。

② 物理模块变型设计：对于在配置空间中无法找到满意的物理模块的情况，可通过对相似物理模块的变型设计生成一个新的、满足技术要求的物理模块实例。可以结合既有成熟的三维建模软件与参数化变型设计技术实现相似模块的快速变型并获得新的物理模块。

③ 创建新物理模块实例：除变型设计外，设计人员也可以采用三维建模软件自行创建新的、满足技术要求的物理模块实例，并替换原有相似的物理模块。

（2）三种配置变更方式的使用。具体执行某个配置方案的变更时，应首先考虑通过更换物理模块配置是否能满足技术要求，若不能，则再使用变型设计或创建新物理模块实例，即首先考虑是否能重用既有物理模块。此外，一般情况下对相似配置进行变型设计比创建新物理模块更加简单、快速，因此应优先考虑使用变型设计的方式。即，对某个相似的物理模块，上述三种配置变更方式使用的优先程度递减。对整个配置方案的变更而言，三种配置变更方式可以混合使用，例如，某一相似配置采用更换配置的方式实现变更而另一相似配置采用变型设计的方式，或某一相似配置先采用更换配置选取匹配度更高的物理模块，再采用变型设计对其进行调整。

（3）处理变更传播的影响。由于模块之间存在许多关联关系，对某个相似物理模块进行变更调整后，需要评价这一变更是否会影响其他物理模块以及具体的影响传播路径。若存在变更影响传播，则需要按照变更传播路径对受影响的相关物理模块进行变更调整，以保证配置方案的一致性。因此，配置方案变更的过程是一个各专业设计人员相互协同的过程。

（4）配置规则校验。配置变更完成后，为了保证变更调整后配置方案的可行性，需要对其进行配置规则校验，即根据配置模型中定义的配置规则（主要是技术属性参数间的约束规则），校验配置方案中物理模块的技术属性参数值之间是否兼容。若不兼容，则需要对相关物理模块再进行变更调整，直至配置规则校验通过；若兼容，则配置方案变更完成，可进入仿真评价环节。

（5）配置变更与仿真评价的闭环迭代。后续经仿真评价不符合需求的物理模块配置也需要通过配置变更进行调整，即构成一个变更调整与仿真评价的闭环迭代优化过程，仿真评价通过后即确定最终的订单产品物理模块配置方案。

7.2.5 实例分析

以得到的面向客户定制需求 CR_{test} 的地铁转向架产品架构为基础，继续对其进行物理模块配置。在本例中，以一台动车转向架的物理模块配置为例，拖车转向架与动车转向架的配置相似，只是不包含驱动装置，因此不再赘述。

7.2.5.1 地铁转向架模块关键属性参数设计

以顶层设计参数值（如最高运行速度、轴重、平均加速度、紧急制动减速度等）和客户需求中的其他要求（如脱轨系数、运行平稳性、线路条件等）以及列车总体设计方案为输入，根据模块关键属性参数设计过程对图 7-27 产品架构中的待配置模块（技术解）的关键参数进行设计。需要说明，本例中的智能监控装置有温度传感器与加速度传感器，两种传感器可以在转向架上的多个位置安装，为了简便，均将其视为规格相同的成套装置，即温度传感器和加速度传感器各为 1 套。现假设面向客户需求 CR_{test} 的地铁转向架模块关键属性参数设计结果如表 7-8 所示。

表 7-8 地铁转向架模块关键属性参数设计结果

待配置模块	关键属性参数设计结果（技术要求值）
M_1（H 型构架）	$M_1KP=\{$主体材料 $KP_{1,1}$=16MnR，侧梁中心距 $KP_{1,2}$=1930 mm，侧梁断面宽 $KP_{1,3}$=200 mm，侧梁断面高 $KP_{1,4}$=300 mm，横梁中心距 $KP_{1,5}$=450 mm，横梁钢管直径 $KP_{1,6}$=185 mm$\}$
M_2（车轮）	$M_2KP=\{$材料 $KP_{2,1}$=CL60，踏面形状 $KP_{2,2}$=LM 型磨耗形踏面，新轮轮径 $KP_{2,3}$=840 mm，全磨耗轮径 $KP_{2,4}$=770 mm，轮辋宽度 $KP_{2,5}$=135 mm，轮毂宽度 $KP_{2,6}$=170 mm$\}$
M_3（车轴）	$M_3KP=\{$材料 $KP_{3,1}$=JZ40，轴颈间距 $KP_{3,2}$=1930 mm，轴颈直径 $KP_{3,3}$=120 mm，轴身直径 $KP_{3,4}$=160 mm，轮座直径 $KP_{3,5}$=185 mm$\}$
M_4（轴箱装置）	$M_4KP=\{$箱体材料 $KP_{4,1}$=球墨铸铁，轴承内径 $KP_{4,2}$=120 mm，转臂长度 $KP_{4,3}$=480 mm$\}$
M_5（永磁同步电机）	$M_5KP=\{$额定功率 $KP_{5,1}$=180 kW，额定电压 $KP_{5,2}$=550 V，额定电流 $KP_{5,3}$=205 A，额定转速 $KP_{5,4}$=2255 r/min，额定频率 $KP_{5,5}$=75.2 Hz，最大转矩 $KP_{5,6}$=1400 N·m$\}$
M_6（联轴节）	$M_6KP=\{$许用转速 $KP_{6,1}$=3500 r/min，许用转矩 $KP_{6,2}$=1800 N·m，轴孔直径 $KP_{6,3}$=60 mm，轴孔长度 $KP_{6,4}$=125 mm，类型 $KP_{6,5}$=齿式柔性联轴节$\}$
M_7（齿轮箱）	$M_7KP=\{$许用功率 $KP_{7,1}$=210 kW，最高输入转速 $KP_{7,2}$=3500 r/min，许用输出转矩 $KP_{7,3}$=9600 N·m，传动比 $KP_{7,4}$=6.3，中心距 $KP_{7,5}$=360 mm，箱体材料 $KP_{7,6}$=球墨铸铁$\}$
M_8（制动单元）	$M_8KP=\{$制动缸活塞直径 $KP_{8,1}$=254 mm，制动缸最大压力 $KP_{8,2}$=600 kPa，夹钳放大倍率 $KP_{8,3}$=2.6，动作灵敏度 $KP_{8,4}$≤50 kPa$\}$

第 7 章 轨道交通车辆产品平台配置设计应用

续表

待配置模块	关键属性参数设计结果（技术要求值）
M_9（制动盘）	$M_9KP=\{$材料 $KP_{9,1}=$蠕墨铸铁，外径 $KP_{9,2}=640$ mm，内径 $KP_{9,3}=300$ mm，最高工作温度 $KP_{9,4}=300$ ℃，厚度 $KP_{9,5}=135$ mm$\}$
M_{10}（轴箱弹簧）	$M_{10}KP=\{$结构型式 $KP_{10,1}=$单卷，安装最大外径 $KP_{10,2}=200$ mm，安装高度 $KP_{10,3}=240$ mm，垂向刚度 $KP_{10,4}=0.9$ MN/m，横向刚度 $KP_{10,5}=5$ MN/m$\}$
M_{11}（垂向减振器）	$M_{11}KP=\{$压缩全长 $KP_{11,1}=310$ mm，行程 $KP_{11,2}=140$ mm，阻尼系数 $KP_{11,3}=50$ kN·s/m，接头刚度 $KP_{11,4}=2$ MN/m$\}$
M_{12}（转臂定位节点）	$M_{12}KP=\{$纵向刚度 $KP_{12,1}=10$ MN/m，横向刚度 $KP_{12,2}=3$ MN/m，外径 $KP_{12,3}=100$ mm$\}$
M_{13}（空气弹簧）	$M_{13}KP=\{$有效直径 $KP_{13,1}=540$ mm，空载垂向静刚度 $KP_{13,2}=196$ N/mm，工作高度 $KP_{13,3}=238$ mm，空载横向静刚度 $KP_{13,4}=170$ N/mm$\}$
M_{14}（横向减振器）	$M_{14}KP=\{$压缩全长 $KP_{14,1}=360$ mm，行程 $KP_{14,2}=120$ mm，阻尼系数 $KP_{14,3}=30$ kN·s/m，接头刚度 $KP_{14,4}=2$ MN/m$\}$
M_{15}（抗侧滚扭杆）	$M_{15}KP=\{$侧滚刚度 $KP_{15,1}=2.5$ MN·m/rad，连杆间距 $KP_{15,2}=2380$ mm，连杆长度 $KP_{15,3}=576$ mm，扭转臂有效长度 $KP_{15,4}=220$ mm$\}$
M_{16}（单拉杆牵引装置）	$M_{16}KP=\{$牵引杆长度 $KP_{16,1}=460$ mm，节点径向刚度 $KP_{16,2}=25$ MN/m，拉杆材料 $KP_{16,3}=$40Cr$\}$
M_{17}（温度传感器）	$M_{17}KP=\{$量程 $KP_{17,1}=1200$℃，分辨率 $KP_{17,2}=0.5$℃，热响应时间 $KP_{17,3}=0.03$ s$\}$
M_{18}（加速度传感器）	$M_{18}KP=\{$量程 $KP_{18,1}=200$ g，灵敏度 $KP_{18,2}=10$ mV/g$\}$

7.2.5.2 地铁转向架物理模块的优化配置

1. 物理模块的可配置空间

待配置对象即为表 7-8 中所示的 18 个模块。通过收集企业产品族架构中的平台物理模块和产品实例中可用的非平台物理模块，构建本例中地铁转向架的物理模块可配置空间。数据说明如下：

（1）数量 $q_{i,j}$ 表示配置一个动车转向架所需某种物理模块的数量。

（2）物理模块的技术需求匹配度 $TRM_{i,j}$ 是根据表 7-8 中各模块的技术要求值和式（7-4）~式（7-7）计算得到，为了简便，每个模块中的属性参数重要度按同等重要计算。

（3）自制、外购物理模块的成本与时间数据是根据正态分布与 3σ 原则获取的上下边界值和均值，为了简洁，表示为"均值 $\pm 3\sigma$ 值"。

（4）对外购件，$C_{2,i,j}$ 由 $CS_{i,j}$ 加运输费用得到[式（7-2）]，运输单价按 1.5 元/吨·千米计算。运输距离 $D_{i,j}$ 后括号中的 S1、S2 等表示不同的供应商。

（5）自制与外购物理模块的制造时间以小时表示，每天按工作 8 小时计算，表中的时间数据除以 8 可以换算为工作日天数。

（6）待配置模块下的符号△表示自制模块、符号□表示外购模块、符号◎表示平台物理模块、符号○表示非平台物理模块。

2. 多目标优化模型的构建与求解

按式（7-1）计算地铁转向架物理模块配置方案的生产成本。其中，装配成本可基于企业内已有相同架构的动车转向架装配成本数据样本，采用正态分布与 3σ 原则获取其上下边界值与均值，为（21.6±1）万元。此外，转向架为地铁列车中的一个子系统，不是一个独立的产品，主机厂将其装配完成后还需要进一步装配为整车，因此，本例中不存在将转向架运输至客户的过程，即不存在产品运输成本。

按式（7-3）计算地铁转向架物理模块配置方案的交货期。其中，外购物理模块的采购时间包含制造时间与运输时间，从供应商运输至主机厂的平均运输速度按 80 km/h 计算，运输时间即为 $D_{i,j}$ 除以 80。装配时间也可基于已有相同架构的动车转向架装配时间数据样本，采用正态分布与 3σ 原则获取其上下边界值与均值，为（16±2）小时。与生产成本计算同理，本例中不存在将转向架运输至客户的时间。

按式（7-8）计算地铁转向架物理模块配置方案的总体技术需求匹配度。18 个待配置模块的相对权重通过 AHP 方法计算得到，为（0.08，0.06，0.07，0.06，0.08，0.05，0.08，0.06，0.04，0.05，0.05，0.06，0.06，0.05，0.04，0.04，0.035，0.035）。

现假设客户对一台动车转向架能接受的最高价格是 256 万元，能接受的最长交货期为 18 个工作日。企业利润率按 20%计算，生产前成本按 10 万元计算，则本例中物理模块配置方案的生产成本约束为 $C_B \leq 203$ 万元。生产前时间按 8 个工作日计算，则本例中物理模块配置方案的生产时间约束为 $T_B \leq 10$ 工作日，即 80 小时。

按照式（7-9）~式（7-15）构建多目标优化模型，并采用 Python 实现 NSGA-II 算法，以求解本例中的多目标优化配置问题。以各个物理模块的成本与时间数据的均值为输入，搜索帕累托最优配置解。考虑该优化问题的规模较大，设置算法参数为：种群大小为 350，迭代次数为 800 次，交叉概率为 0.81，变异概率为 0.18。最终求解出的帕累托最优解集如图 7-35 所示，共 28 个帕累托解。

帕累托解集中每个配置方案的物理模块选择情况及其目标值如表 7-9 所示。以各个配置方案中所选物理模块的生产成本与时间数据的上下边界值分别计算配置方案生产成本与交货期的最好、最差情况，结果如表 7-9 中的三元组所示。

第 7 章 轨道交通车辆产品平台配置设计应用

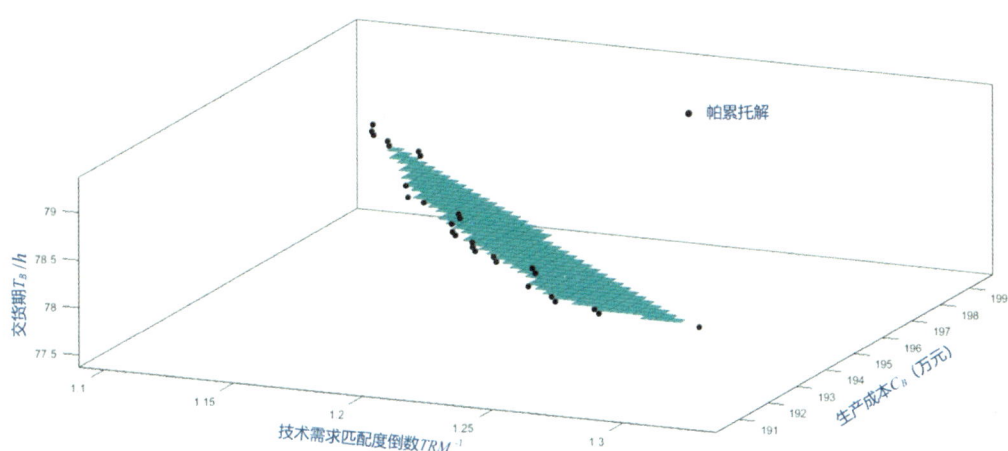

图 7-35 物理模块配置方案的帕累托解集

表 7-9 地铁转向架物理模块配置的帕累托解集及其目标值

名称	具体配置方案	C_B/万元	T_B/h	TRM
ConfigS$_1$	$M_{1,1}$—$M_{2,2}$—$M_{3,2}$—$M_{4,1}$—$M_{5,1}$—$M_{6,1}$—$M_{7,3}$—$M_{8,3}$—$M_{9,1}$—$M_{10,1}$—$M_{11,1}$—$M_{12,1}$—$M_{13,1}$—$M_{14,1}$—$M_{15,2}$—$M_{16,2}$—$M_{17,1}$—$M_{18,1}$	(181.42, 192.79, 204.16)	(68.375, 78.375, 88.375)	0.808 85
ConfigS$_2$	$M_{1,1}$—$M_{2,2}$—$M_{3,2}$—$M_{4,2}$—$M_{5,1}$—$M_{6,1}$—$M_{7,3}$—$M_{8,3}$—$M_{9,1}$—$M_{10,1}$—$M_{11,1}$—$M_{12,1}$—$M_{13,1}$—$M_{14,1}$—$M_{15,2}$—$M_{16,2}$—$M_{17,1}$—$M_{18,1}$	(181.784, 193.154, 204.524)	(68.375, 78.375, 88.375)	0.821 5
ConfigS$_3$	$M_{1,1}$—$M_{2,2}$—$M_{3,2}$—$M_{4,2}$—$M_{5,1}$—$M_{6,1}$—$M_{7,2}$—$M_{8,1}$—$M_{9,1}$—$M_{10,1}$—$M_{11,1}$—$M_{12,1}$—$M_{13,1}$—$M_{14,1}$—$M_{15,2}$—$M_{16,2}$—$M_{17,1}$—$M_{18,1}$	(182.456, 193.826, 205.156)	(69.75, 78.375, 88.375)	0.832 03
ConfigS$_4$	$M_{1,1}$—$M_{2,2}$—$M_{3,3}$—$M_{4,2}$—$M_{5,1}$—$M_{6,1}$—$M_{7,2}$—$M_{8,3}$—$M_{9,1}$—$M_{10,2}$—$M_{11,1}$—$M_{12,1}$—$M_{13,1}$—$M_{14,1}$—$M_{15,2}$—$M_{16,2}$—$M_{17,1}$—$M_{18,1}$	(184.912, 196.382, 207.852)	(69.75, 78.375, 88.375)	0.871 51
ConfigS$_5$	$M_{1,2}$—$M_{2,2}$—$M_{3,2}$—$M_{4,2}$—$M_{5,1}$—$M_{6,1}$—$M_{7,2}$—$M_{8,3}$—$M_{9,1}$—$M_{10,1}$—$M_{11,1}$—$M_{12,1}$—$M_{13,1}$—$M_{14,1}$—$M_{15,2}$—$M_{16,2}$—$M_{17,1}$—$M_{18,1}$	(187.204, 198.574, 209.944)	(69.75, 78.375, 88.375)	0.896 15
ConfigS$_6$	$M_{1,1}$—$M_{2,2}$—$M_{3,1}$—$M_{4,2}$—$M_{5,1}$—$M_{6,1}$—$M_{7,3}$—$M_{8,3}$—$M_{9,1}$—$M_{10,1}$—$M_{11,1}$—$M_{12,1}$—$M_{13,1}$—$M_{14,1}$—$M_{15,2}$—$M_{16,2}$—$M_{17,1}$—$M_{18,1}$	(181.578, 192.948, 204.318)	(68.375, 78.375, 88.375)	0.819 2
ConfigS$_7$	$M_{1,1}$—$M_{2,2}$—$M_{3,2}$—$M_{4,2}$—$M_{5,1}$—$M_{6,1}$—$M_{7,2}$—$M_{8,3}$—$M_{9,1}$—$M_{10,1}$—$M_{11,1}$—$M_{12,1}$—$M_{13,1}$—$M_{14,1}$—$M_{15,2}$—$M_{16,2}$—$M_{17,1}$—$M_{18,1}$	(184.204, 195.574, 206.944)	(69.75, 78.375, 88.375)	0.859 51

续表

名称	具体配置方案	C_B/万元	T_B/h	TRM
…	…	…	…	…
ConfigS$_{28}$	$M_{1,2}$—$M_{2,2}$—$M_{3,3}$—$M_{4,2}$—$M_{5,1}$—$M_{6,1}$—$M_{7,2}$—$M_{8,3}$—$M_{9,1}$—$M_{10,2}$—$M_{11,1}$—$M_{12,1}$—$M_{13,1}$—$M_{14,1}$—$M_{15,2}$—$M_{16,2}$—$M_{17,1}$—$M_{18,1}$	(187.912, 199.382, 210.852)	(69.75, 78.375, 88.375)	0.908 15

从表中可看出，28 个方案之间均为非支配关系，且每个方案的生产成本与交货期的均值均满足客户提出的约束。值得注意的是，求出的各个配置方案的交货期均值相同，均为 78.375 小时，这是因为交货期取决于各个物理模块生产或采购时间中的最长者，在本例中时间最长者为物理模块 $M_{5,1}$（所有配置方案均选择了 $M_{5,1}$），因此交货期的均值相同。这也导致了图 7-35 中的帕累托前沿面为平面，帕累托解集在 TRM^{-1}-C_B 平面的投影如图 7-36 所示。

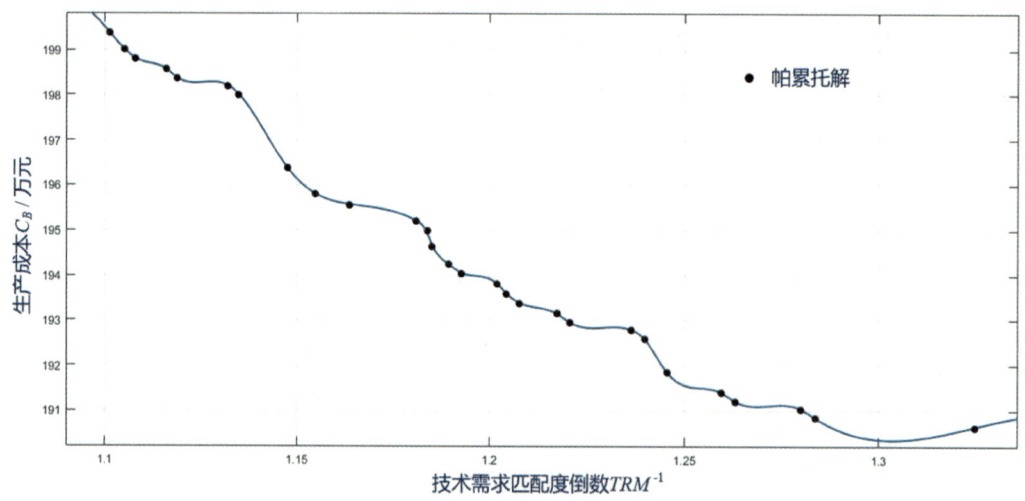

图 7-36　帕累托解集在 TRM^{-1} 和 C_B 平面的投影

根据表 7-9 各个配置方案生产成本与交货期的取值范围，设计人员可以更好地判断各个方案可能的情况，以辅助设计人员与客户沟通并支持设计决策。以生产成本为例，上表中各个配置方案的成本均值均满足客户约束（≤203 万元），但上限值则不一定，多数方案的成本上限值大于 203 万元，因此存在不满足约束的可能。若设计人员或客户对此持保守态度，不愿意冒超过成本约束的风险，则可以从 28 个方案中选择成本上限值最低的方案，例如配置方案 ConfigS$_{11}$、ConfigS$_{15}$ 的成本上限值分别为 202.206 万元、202.57 万元，均小于 203 万元。再如，上述方案的交货期均值虽都满足约束（≤80 小时），但也都存在着超期的可能，因此也需要与客户沟通并说明情况，看是否能接受可能的超期量或是否可适当延长交货期等。

3. 最佳解选择

非支配解的目标值之间互有优劣,但优劣的程度是有差异的,因此可进一步采用 TOPSIS 方法选择所偏好的最佳解。设客户对生产成本、交货期与技术需求匹配度的相对权重分别为 0.3、0.2、0.5。根据式(7-17)与(7-18)构建决策矩阵与归一化矩阵如表 7-10 所示,从中构造出正负理想解分别为 $ConfigS^+$ =(0.185 05,0.188 98,0.203 96)、$ConfigS^-$ =(0.193 55,0.188 98,0.169 51)。

表 7-10 决策矩阵与归一化矩阵

名称	决策矩阵			归一化决策矩阵		
	$C_{B,\text{median}}$	$T_{B,\text{median}}$	TRM	$C'_{B,\text{median}}$	$T'_{B,\text{median}}$	TRM'
$ConfigS_1$	192.79	78.375	0.80885	0.18715	0.18898	0.18166
$ConfigS_2$	193.154	78.375	0.8215	0.1875	0.18898	0.1845
$ConfigS_3$	193.826	78.375	0.83203	0.18815	0.18898	0.18686
$ConfigS_4$	196.382	78.375	0.87151	0.19063	0.18898	0.19573
$ConfigS_5$	198.574	78.375	0.89615	0.19276	0.18898	0.20126
$ConfigS_6$	192.948	78.375	0.8192	0.1873	0.18898	0.18398
$ConfigS_7$	195.574	78.375	0.85951	0.18985	0.18898	0.19303
$ConfigS_8$	194.266	78.375	0.84088	0.18858	0.18898	0.18885
$ConfigS_9$	195.004	78.375	0.84454	0.1893	0.18898	0.18967
$ConfigS_{10}$	191.846	78.375	0.80288	0.18623	0.18898	0.18031
$ConfigS_{11}$	190.836	78.375	0.77906	0.18525	0.18898	0.17496
$ConfigS_{12}$	195.808	78.375	0.86605	0.19008	0.18898	0.1945
$ConfigS_{13}$	198.808	78.375	0.90269	0.19299	0.18898	0.20273
$ConfigS_{14}$	192.584	78.375	0.80654	0.18695	0.18898	0.18114
$ConfigS_{15}$	191.2	78.375	0.79172	0.1856	0.18898	0.17781
$ConfigS_{16}$	193.594	78.375	0.83036	0.18793	0.18898	0.18649
$ConfigS_{17}$	198.21	78.375	0.88349	0.19241	0.18898	0.19842
$ConfigS_{18}$	194.634	78.375	0.84403	0.18894	0.18898	0.18956
$ConfigS_{19}$	194.06	78.375	0.83857	0.18838	0.18898	0.18833
$ConfigS_{20}$	198.368	78.375	0.89384	0.19256	0.18898	0.20074
$ConfigS_{21}$	191.042	78.375	0.78137	0.18545	0.18898	0.17548
$ConfigS_{22}$	190.634	78.375	0.75476	0.18505	0.18898	0.16951
$ConfigS_{23}$	195.21	78.375	0.84685	0.1895	0.18898	0.19019
$ConfigS_{24}$	193.388	78.375	0.82805	0.18773	0.18898	0.18597
$ConfigS_{25}$	199.014	78.375	0.905	0.19319	0.18898	0.20325
$ConfigS_{26}$	198.004	78.375	0.88118	0.19221	0.18898	0.1979
$ConfigS_{27}$	191.406	78.375	0.79403	0.1858	0.18898	0.17833
$ConfigS_{28}$	199.382	78.375	0.90815	0.19355	0.18898	0.20396

根据式（7-20）、（7-21）、（7-22）计算每个非支配解与正负理想解的距离以及非支配解与正理想解的相对贴近度如表 7-11 所示。可以看出，相对贴近度最大的配置方案是 $ConfigS_{25}$（其物理模块配置为：$M_{1,2}$—$M_{2,2}$—$M_{3,2}$—$M_{4,2}$—$M_{5,1}$—$M_{6,1}$—$M_{7,2}$—$M_{8,3}$—$M_{9,1}$—$M_{10,2}$—$M_{11,1}$—$M_{12,1}$—$M_{13,1}$—$M_{14,1}$—$M_{15,2}$—$M_{16,2}$—$M_{17,1}$—$M_{18,1}$），因此将其作为最佳解。

表 7-11 非支配解与正负理想解的距离及相对贴近度

配置方案	D_i^+	D_i^-	RC_i	配置方案	D_i^+	D_i^-	RC_i
$ConfigS_1$	0.01581	0.00928	0.36973	$ConfigS_{15}$	0.01849	0.00731	0.28317
$ConfigS_2$	0.01383	0.0111	0.44534	$ConfigS_{16}$	0.01246	0.01239	0.49872
$ConfigS_3$	0.01221	0.01262	0.50827	$ConfigS_{17}$	0.00562	0.02045	0.7844
$ConfigS_4$	0.00658	0.01861	0.73889	$ConfigS_{18}$	0.01041	0.0144	0.58049
$ConfigS_5$	0.00463	0.02246	0.82892	$ConfigS_{19}$	0.0112	0.01361	0.54845
$ConfigS_6$	0.01418	0.01079	0.43206	$ConfigS_{20}$	0.0047	0.02209	0.82454
$ConfigS_7$	0.00816	0.01676	0.67245	$ConfigS_{21}$	0.02014	0.00613	0.23325
$ConfigS_8$	0.01086	0.01394	0.56217	$ConfigS_{22}$	0.02436	0.00465	0.16039
$ConfigS_9$	0.01037	0.01444	0.58214	$ConfigS_{23}$	0.01004	0.01479	0.59572
$ConfigS_{10}$	0.01673	0.00863	0.34021	$ConfigS_{24}$	0.01281	0.01207	0.4851
$ConfigS_{11}$	0.0205	0.00596	0.22528	$ConfigS_{25}$	0.00449	0.02386	0.84174
$ConfigS_{12}$	0.00723	0.01777	0.71077	$ConfigS_{26}$	0.00581	0.02009	0.77571
$ConfigS_{13}$	0.00443	0.02349	0.84123	$ConfigS_{27}$	0.01813	0.00754	0.29377
$ConfigS_{14}$	0.01617	0.00898	0.35707	$ConfigS_{28}$	0.00465	0.02436	0.83961

将 $ConfigS_{25}$ 与其余配置方案进行对比分析。例如与 $ConfigS_1$ 相比，$ConfigS_{25}$ 的生产成本均值稍高、交货期均值相同、技术需求匹配度较大，并且两者的技术需求匹配度的差异程度要大于生产成本的差异程度，同时由于技术需求匹配度的相对权重（0.5）高于生产成本的（0.3），因此可以定性地判断 $ConfigS_{25}$ 要比 $ConfigS_1$ 更加贴近客户需求，是更好的方案。同理，将 $ConfigS_{25}$ 与其他方案进行对比，都可以判断出 $ConfigS_{25}$ 是更好的方案。因此，本例中采用 TOPSIS 方法选择出的最佳解是合理的。

7.2.5.3 地铁转向架物理模块的配置变更

上述选择的配置方案 $ConfigS_{25}$ 的技术需求匹配度为 0.905。根据配置空间中每个模块的技术需求匹配度可知，$ConfigS_{25}$ 中包含 11 个准确配置和 7 个相似配置，相似配置有：构架 $M_{1,2}$（$TRM_{1,2}=0.856$）、车轴 $M_{3,2}$（$TRM_{3,2}=0.746$）、轴箱装置 $M_{4,2}$（$TRM_{4,2}=0.867$）、齿轮箱 $M_{7,2}$（$TRM_{7,2}=0.897$）、转臂定位节点 $M_{12,1}$（$TRM_{12,1}=0.802$）、空气弹簧 $M_{13,1}$（$TRM_{13,1}=0.542$）、单拉杆牵引装置 $M_{16,2}$（$TRM_{16,2}=0.747$）。

第 7 章　轨道交通车辆产品平台配置设计应用　183

设计人员首先判断这些相似的物理模块配置是否可接受，可接受的则不做变更，不可接受的则需要变更。这些相似配置模块中，齿轮箱 $M_{7,2}$ 与空气弹簧 $M_{13,1}$ 为外购的平台类模块，寻优时只是在平台模块集合中进行了搜索，因此可以再尝试从已有产品实例中搜索匹配度更高的物理模块，若找不到匹配解，则需要联系供应商采购满足技术要求的新物理模块。构架 $M_{1,2}$、单拉杆牵引装置 $M_{16,2}$ 为自制的非平台模块，可以以所选物理模块为基础进行变型设计，以满足技术要求。而车轴 $M_{3,2}$、轴箱装置 $M_{4,2}$、转臂定位节点 $M_{12,1}$ 为外购的非平台模块，因此需要联系供应商采购满足技术要求的新物理模块。执行上述配置变更操作时，需要处理所引起的变更传播，对受影响的物理模块进行必要的调整。配置变更完成后，则进行配置规则校验、仿真验证等过程，直至获得最终的配置方案。

第8章

轨道交通车辆产品平台系统开发及应用

第 8 章 轨道交通车辆产品平台系统开发及应用 | 185

产品平台策略已被应用于轨道交通车辆设计领域，中车大部分大主机厂都已开展了动车组、地铁、机车等产品平台建设，并且基于 PDM/PLM 系统开发了产品平台管理工具。然而，目前企业所构建的产品平台大部分没有考虑外部数据与内部数据的动态性，同时所研制的产品平台管理工具也多是通用模块库，难以实现产品平台的持续性定位、规划、构建、应用以及更新。因此，基于轨道交通车辆可持续产品平台设计理论及其技术研究成果，研制了一套支持可持续产品平台设计的管理软件。首先，分析了系统的应用背景，调研了系统的业务需求，设计了系统的总体架构与主要功能模块；然后，采用 C/S 嵌套 B/S 架构的方式开发了轨道交通车辆可持续产品平台系统软件；最后，以 A 型地铁产品平台为例对本系统进行了验证。

8.1 系统研制背景

进入 21 世纪以来，鉴于轨道交通车辆的特点，国家大力支持轨道交通建设。在国家政策与市场需求的双向拉动下，国内轨道交通发展迅速。轨道交通车辆作为轨道交通系统的运输载体，其车辆制造商（中车）迎来了良好的发展机遇，但也面临严峻挑战。其一是轨道交通车辆的零部件重用率低，产品存在很多无价值的差异性，从而难以获得最佳规模经济效益；其二是轨道交通车辆的市场适应性差，产品对动态多变的客户需求响应不足，从而难以最大程度地获取范围经济效益。

轨道交通车辆产品平台系统软件正是在此背景下，以前述轨道交通车辆产品平台定位、规划、构建以及更新研究为基础，通过与中车工程师深入交流而研制的一套支撑轨道交通车辆产品快速定制设计的软件平台。下面论述系统的方案设计与系统的开发实现。

8.2 系统方案设计

8.2.1 系统业务需求分析

轨道交通车辆产品平台系统软件，适用于机车、客车、货车、动车、城轨等车辆产品。系统包括两部分：其一是"产品平台设计系统"，旨在管理产品的需求、产品结构树、模块实例等基础数据，然后通过基础数据实现产品平台定位、产品平台规划、产品平台构建以及产品平台更新；其二是"产品定制设计系统"，旨在基于构建的产品平台，通过需求映射、配置设计、变型设计实现需求驱动的轨道交通车辆快速定制设计。"产品平台设计系统"主要面向信息化管理人员与平台设计人员，而"产品定制设计系统"面向产品设计人员。通过与中车各大主机厂的信息化管理人员与设计人员交流，整理出轨道交通车辆产品平台系统的如下业务需求：

（1）基础数据管理：面向信息化管理人员。对轨道交通车辆的交易数据、需求数据、产品结构树数据、模块实例数据进行规范化管理，包括规范各类数据的名称术语（增加、删除、修改），定义各类数据规范化的采集模板（增加、删除、修改），以及管理各类数据的实例（增加、删除、修改）；此外，为了保证数据管理子系统对其他对象（如车体、动力系统）、其他车种（如动车、客车、机车）等的适用性，在设计各类数据的管理方式时，还需要考虑不同对象之间的共性与差异性，以保证系统的管理方式具有通用性，以及具备良好的可扩展性与操作便利性。

（2）产品平台定位：面向平台设计人员。对轨道交通车辆产品平台的基本信息与市场范围属性信息进行规划化管理（增加、删除、修改）；定义轨道交通车辆产品平台信息的采集模板（增加、删除、修改）；基于产品平台信息模板确定所定位产品平台的基本信息与市场范围属性信息（增加、删除、修改）。

（3）产品平台规划与构建：面向平台设计人员。针对待建产品平台项目，开展公共与差异化模块规划，识别出公共模块、适应性模块以及个性化模块；基于公共与差异化模块规划结果，关联公共模块实例以及适应性模块的配置实例或变型模板。

（4）产品平台更新：面向平台设计人员。实时查看已构建产品平台的生命周期、经济性与技术性指标，并且诊断产品平台的状态，包括"正常运营"与"异常运营"；针对"异常运营"的产品平台，识别待更新决策项，然后开展产品平台更新决策。

（5）产品平台应用：面向产品设计人员。新建项目订单，采集订单需求，并且定位满足客户需求的产品平台；基于映射规则实现需求到设计特征的映射与赋值，然后对模块开展配置设计或变型设计生成满足客户需求的模块实例；基于配置设计与变型设计结果开展装配设计生成整机产品。

8.2.2 系统总体架构设计

基于系统业务需求分析，开展轨道交通车辆可持续产品平台系统的总体架构设计。系统采用 C/S 架构嵌套 B/S 架构，应用 Java 开发系统的前台应用层，以 MySQL 开发后台数据库，以 CATIA/CREO 为产品三维模型可视化展现平台。整个软件的设计框架包括用户层、功能层、数据层以及软硬件层四层结构，如图 8-1 所示。

1. 用户层

用户层提供了用户与系统交互的接口，包括信息化管理员、平台工程师、产品设计师以及系统管理员。信息化管理员主要负责维护企业的基础数据，如交易数据、订单需求数据、产品结构树以及模块实例。平台设计师则负责产品平台定位、产品平台规划与构建、产品平台更新。产品设计师负责基于产品平台快速派生满足新订单需求的产品实例，包括总体、系统以及模块设计师。系统管理员则是对系统的菜单、角色、人员进行管理。

第8章 轨道交通车辆产品平台系统开发及应用

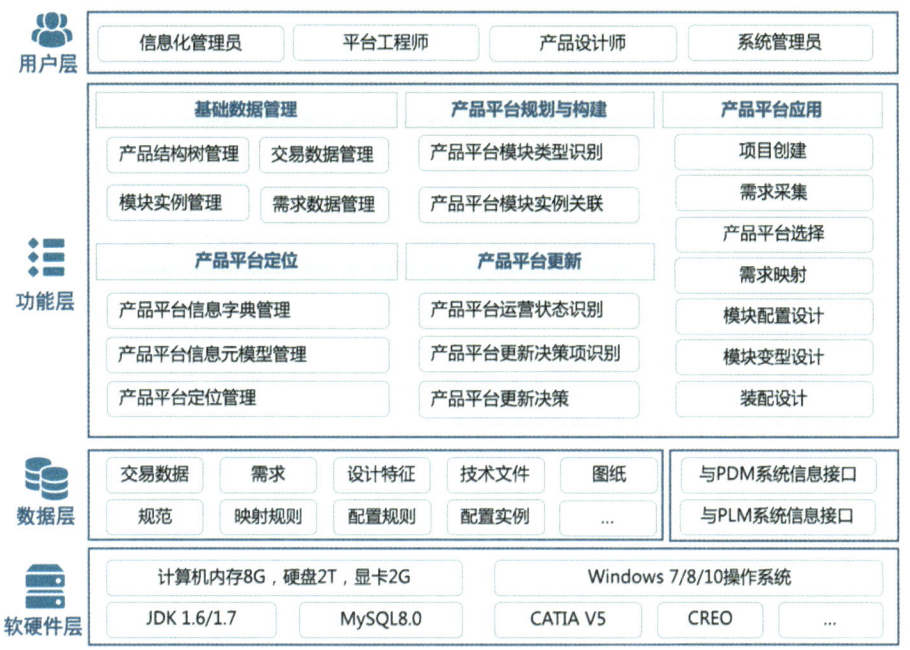

图 8-1 轨道交通车辆产品平台系统的总体架构

2. 功能层

功能层是整个系统的核心,是信息化管理员、平台工程师、产品设计师业务需求的具体实现,包括基础数据管理、产品平台定位、产品平台规划与构建、产品平台应用以及产品平台更新。

3. 数据层

数据层提供了整个系统所需的数据,包括交易数据、需求数据、设计特征数据、技术文件、图纸、模型、标准、规范等。采用 MySQL8.0 构建各类数据库,从而支持城轨车辆产品平台的定位、规划、构建、应用以及更新。理论上,为使可持续产品平台系统软件更好地应用于企业研发中,应该建立与 PDM/PLM 系统之间的信息交互接口,现阶段的系统软件还未建立,将在后续实施过程中逐步完善。

4. 软硬件层

软硬件层提供了城轨车辆可持续产品平台系统的开发环境与运用环境,如计算机内存 8G、显卡 2G 等硬件要求,JDK1.6/1.7、MySQL8.0、CREO 等软件要求。

8.2.3 功能模块方案设计

8.2.3.1 基础数据管理系统

基础数据管理系统作为城轨车辆可持续产品平台系统的数据支撑,提供了产品平台定位、产品平台规划、产品平台构建、产品平台应用所需的数据。系统主要有4个子功能模块,分别是产品结构树管理、产品交易数据管理、产品需求数据管理、产品模块库管理。

1. 产品结构树管理

产品结构树以一种树状方式描述了产品模块的层次关系,树上的节点代表系统、部件或零件级模块。产品结构树信息管理包括三部分:产品结构名称字典管理、产品元结构树管理、产品实例结构树管理,其示意图如图8-2所示。

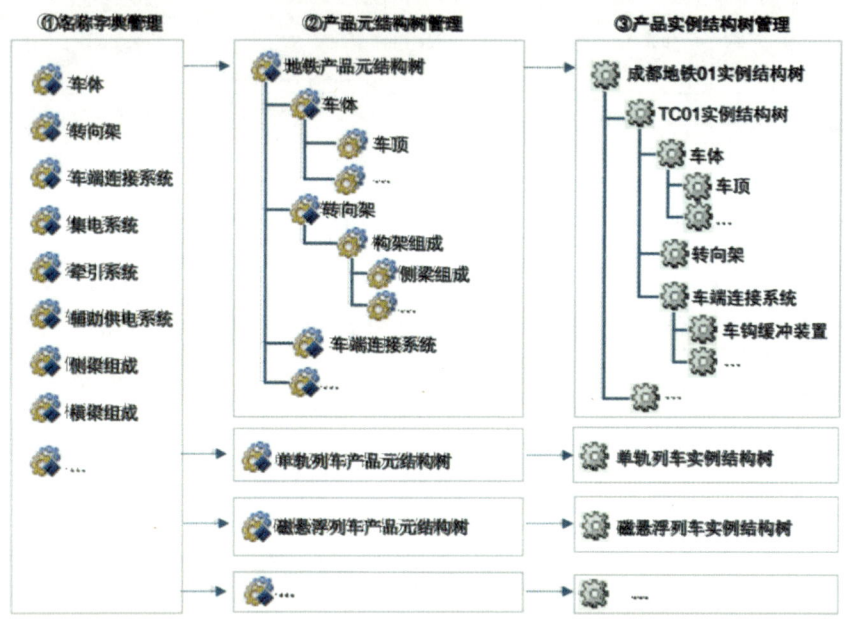

图8-2 产品结构树管理示意图

产品结构名称字典管理旨在规范城轨车辆的结构名称,它是构成产品结构树的基础,是最底层的数据,一旦结构节点发生变化,据其构建的元结构树与实例结构树也将发生变化。系统可以对结构名称字典进行管理,包括增加、删除以及修改等操作。产品元结构树是基于已有产品实例提炼的产品结构树全集,基于产品元结构树可以快速派生出城轨车辆的实例结构树。例如,基于地铁产品元结构树可以快速派生出成都地铁01、成都地铁02项目的实例结构树。系统可以对产品元结构与实例结构树进行管理,包括增加、删除、修改等操作。

2. 产品交易数据管理

产品交易数据记录了产品的交易时间、购买者、销售量、销售价格等信息,反映了已交易产品在市场们受大众欢迎的程度。产品交易数据管理包括三部分:产品交易信息字典管理、产品交易信息元模型管理、产品交易信息实例管理。产品交易信息字典管理旨在对城轨车辆的交易信息名称进行规范化管理，如订单名称、成交时间、成交量（辆）、成交量（列）、价格（万元/列）、价格（万元/总）、运营商、制造商等。系统可以对各名称字典进行管理，包括增加、删除、修改等操作。产品交易信息元模型是基于已有产品交易实例提炼的交易信息采集模板，基于产品交易信息元模型可以快速采集城轨车辆的交易信息实例。系统同样可以对交易信息元模型与实例进行管理，包括增加、删除、修改等操作。

3. 产品需求数据管理

需求是产品设计的源头与终点，也是产品平台设计的基础。产品需求信息管理包括三大部分：需求信息字典管理、需求信息元模型管理、需求信息实例管理，如图 8-3 所示。产品需求信息字典管理旨在对城轨车辆的需求名称进行规范化管理，包括属性信息字典与文档信息字典 2 类。其中，属性信息字典又分为环境需求、线路需求、供电需求等子类，而文档信息则指产品的招标技术条件与需求规格说明书等。系统可以对各需求信息字典进行管理，包括增加、删除、修改等操作。产品需求信息元模型是基于已有产品需求实例提炼的需求信息采集模板，基于产品需求信息元模可以快速采集城轨车辆的需求信息实例。需求信息元模型与实例需要按照列车级、系统级、零部件级模块进行管理，包括增加、删除、修改等操作。

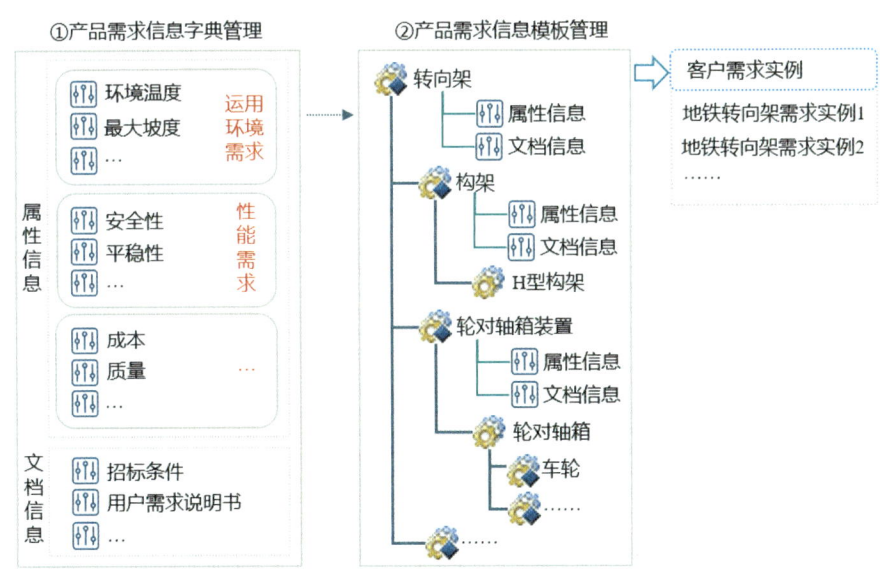

图 8-3　客户需求的管理方式

4. 产品模块库管理

产品模块库是指城轨车辆的模块实例库，是基于产品结构树进行管理，是产品平台的重要组成部分。产品模块库管理包括三大部分：模块信息字典管理、模块信息元模型管理、模块信息实例管理，其示意如图 8-4 所示。

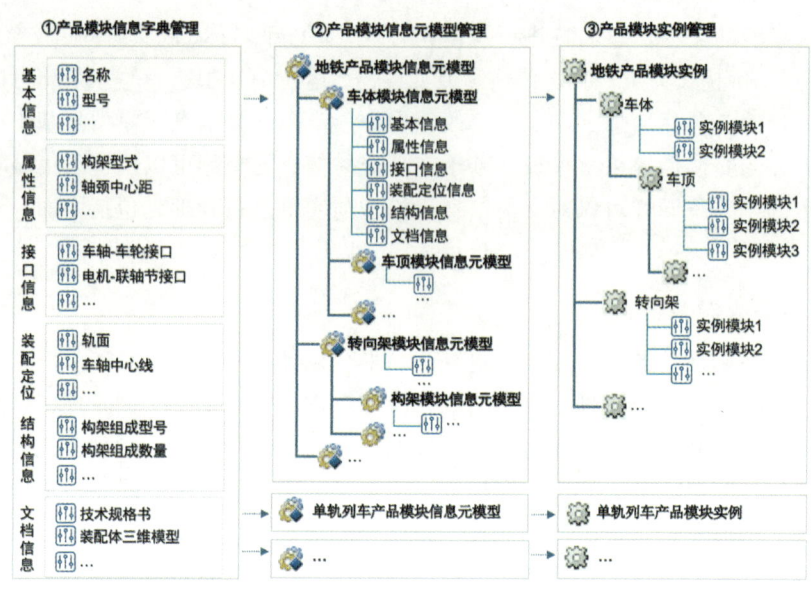

图 8-4　产品模块库管理示意图

产品模块信息字典管理旨在对城轨车辆模块的技术参数名称进行规范化管理，包括基本信息、属性信息、接口信息、装配定位信息、结构信息、文档信息字典 6 类，其中属性信息字典又分为型式属性、尺寸属性、性能属性、材料属性、使用属性 5 个子类，接口信息分为接口名称、接口主模型、接口类型、接口参数 4 个子类，装配定位信息分为定位名称、定位示意图、定位骨架模型、定位基准、定位尺寸 5 个子类。系统可以对各类信息字典进行管理，包括增加、删除、修改等操作。产品模块信息元模型是基于已有模块实例提炼的模块信息采集模板，基于产品模块信息元模型可以快速派生出城轨车辆的模块实例。系统可以对模块信息元模型与实例进行管理，包括增加、删除、修改等操作。

8.2.3.2　产品平台定位

产品平台定位是帮助企业在恰当的市场区间开展产品平台建设并且确定产品平台所覆盖的市场范围。产品平台定位包括三大部分：产品平台信息字典管理、产品平台信息元模型管理、产品平台定位管理，其示意图如图 8-5 所示。

产品平台信息字典管理旨在对产品平台的信息名称进行规范化管理，包括基本信息字典与市场细分属性字典。系统可以对各类信息字典进行管理，包括增加、删除、修改等操作。产品平台信息元模型管理是为提高产品平台定位信息的一致性以及管理效率，采用元模型思想，基于产品平台信息字典构建城轨车辆产品平台信息元模型，为产品平台定位信息的管理奠定了基础，如此既能够减少选择项点的重复操作，又能保证项点的统一。产品平台定位管理是在产品平台信息元模型的基础上，对产品平台的基本信息与市场细分属性信息进行赋值，从而得到面向不同市场区间的多个产品平台。系统可以对产品平台信息元模型与定位结果进行管理，包括增加、删除、修改等操作。

第 8 章 轨道交通车辆产品平台系统开发及应用

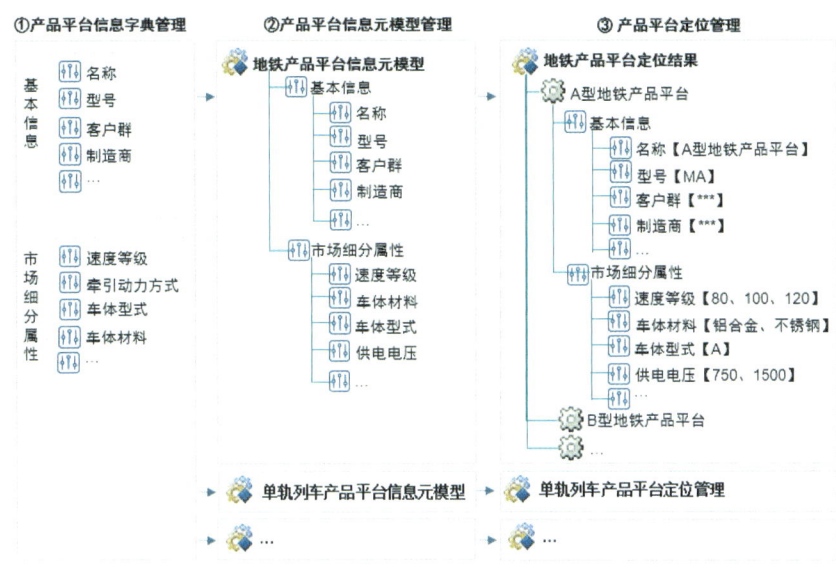

图 8-5 产品平台定位示意图

8.2.3.3 产品平台规划与构建

产品平台规划与构建是基于产品平台定位结果，管理产品平台的模块类型，并且配置模块实例或变型模板。产品平台规划与构建管理包括两部分：产品平台模块类型识别、产品平台模块实例关联，其示意图如图 8-6 所示。

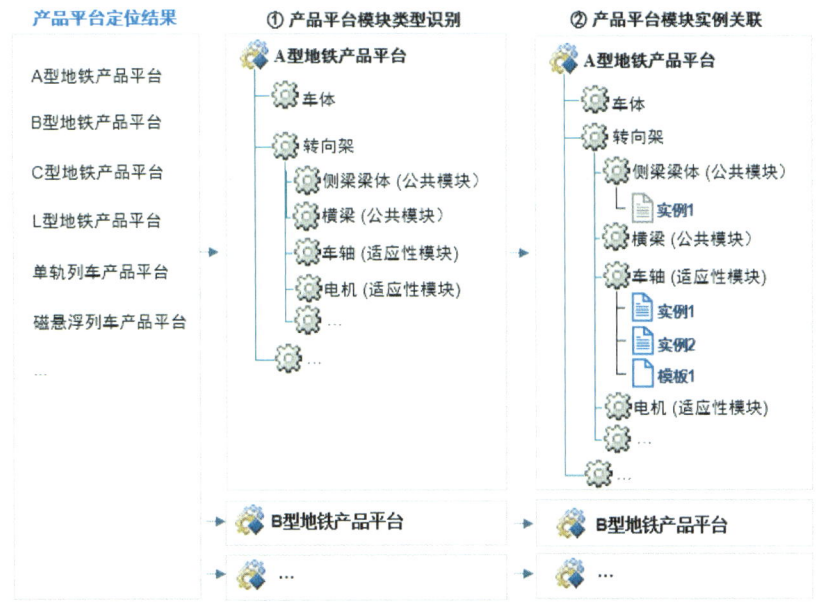

图 8-6 产品平台规划与构建示意图

产品平台模块类型识别是基于公共与差异化模块规划结果，设置模块的类型，包括公共模块、适应性模块以及个性化模块。产品平台模块实例关联是基于产品平台架构设计结果，向平台模块绑定配置实例或变型模板。

8.2.3.4　产品平台应用

产品平台应用是基于所构建的产品平台，面向新的项目订单需求，通过需求采集、产品平台选择、需求映射、配置设计、变型设计以及装配设计快速生成满足客户需求的城轨车辆产品，其示意图如图 8-7 所示。

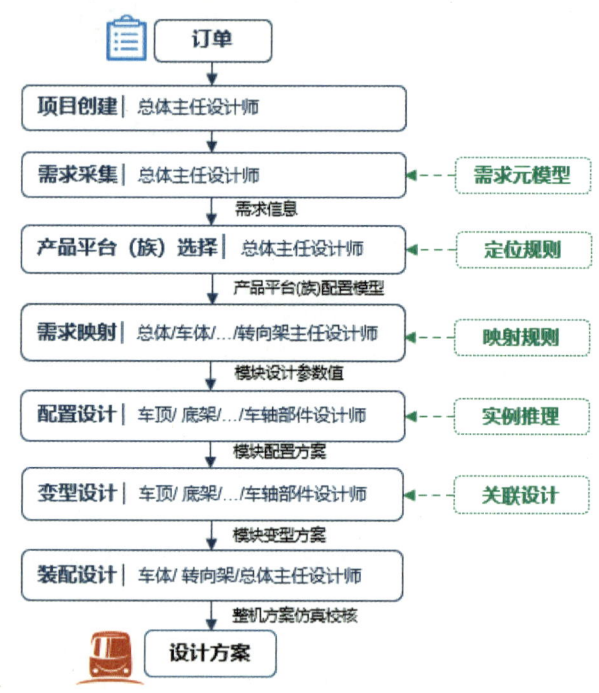

图 8-7　产品平台应用示意图

首先，创建新项目并且基于需求元模型采集客户需求；然后，基于产品平台定位规则确定当前项目所属产品平台；再次，基于映射规则实现客户需求到模块设计参数的快速赋值，并且基于实例推理技术开展模块配置设计，基于关联设计技术开展模块变型设计；最后，以配置设计与变型设计结果为输入，基于骨架完成整车装配，在仿真校核成功后形成满足订单需求的整车设计方案。

8.2.3.5　产品平台更新

产品平台更新是在恰当的时间对已构建的产品平台进行模块类型转化、模块实例变更等更新操作，从而维持产品平台的稳健与适应能力。产品平台更新包括三大部分：产品平台运营状态识别、产品平台更新决策项识别、产品平台更新决策，其示意图如图 8-8 所示。

第 8 章 轨道交通车辆产品平台系统开发及应用 193

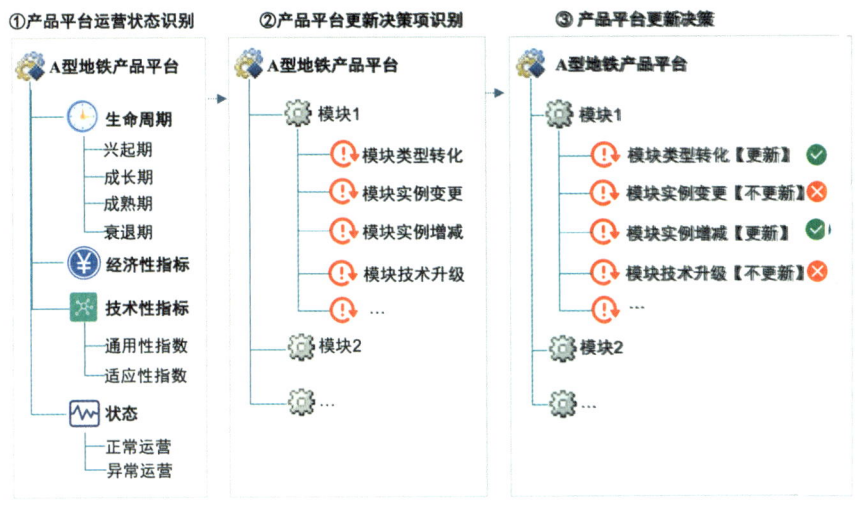

图 8-8 产品平台更新示意图

产品平台运营状态识别是基于划分产品平台的生命周期，计算经济性与技术性指标，从而推断出产品平台的状态，包括"正常运营"与"异常运营"。**系统提供查看产品平台生命周期、经济性指标、技术性指标以及产品平台状态的功能。**当所建产品平台显示"异常运营"时，平台维护人员需要开展更新决策。首先，选择异常运营的产品平台，遍历所有模块节点，识别待更新决策项，如模块类型转化、**模块实例变更**、**模块技术升级**等；然后，平台维护人员面向每条待更新决策项，基于**风险型决策方法计算模块变更与不变更的期望效益**，然后做出模块是否更新的决定。

8.3 系统开发及应用验证

采用 C/S 嵌套 B/S 架构的方式开发了轨道交通车辆产品平台系统。以 A 型地铁产品平台规划、构建、应用以及更新为例，对系统进行了应用验证。

在面向订单需求进行产品定制设计之前，需要以产品结构树、需求、模块实例等数据为基础，开展产品平台定位、产品平台规划与产品平台构建工作，形成产品平台架构（配置模型），从而为需求驱动的轨道交通车辆快速设计提供数据支持。

8.3.1 基础数据管理

信息化管理人员登录系统，管理产品结构树、产品交易数据、产品需求数据以及产品模块库，为产品平台定位、产品平台规划与产品平台构建提供数据支持。以上信息均按照信息字典、信息元模型以及信息实例三层架构进行管理。限于篇幅，以模块库为例进行说明，其他基础数据管理方式类似。

产品模块信息字典的管理界面如图 8-9 所示。信息化管理人员可以编辑信息类别，包括基本信息、属性信息、接口信息、文档信息、结构信息、接口信息、装配定位信息。每类信息下都有字典名称，用户可以执行增加、删除、编辑操作。

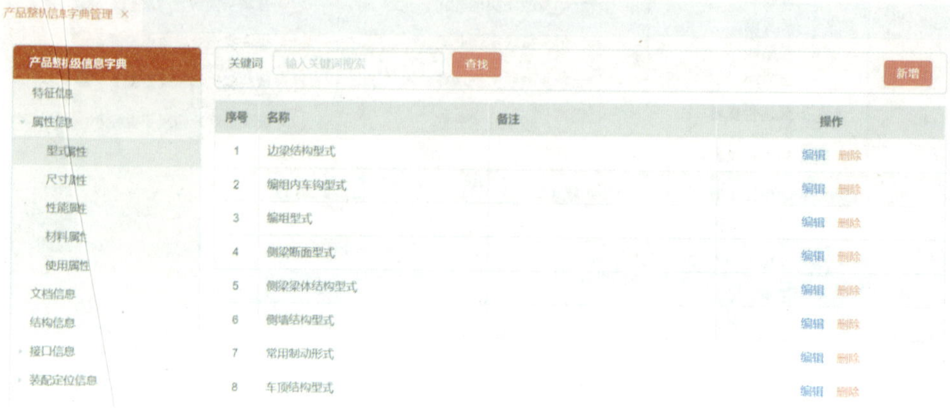

图 8-9 产品模块信息字典管理界面

基于产品元结构树，信息化管理人员需要面向每个模块构建信息元模型，地铁车轮模块信息元模型的管理界面如图 8-10 所示。元模型是基于已有实例提炼的产品模块信息的采集模板，包括基本信息、属性信息、接口信息、装配定位信息、文档信息以及结构信息，需要定义每类信息的数据类型、数据单位以及值域等，从而为模块实例的构建奠定基础。地铁车轮模块信息元模型的定义界面如图 8-11 所示。

产品模块实例是基于产品模块信息元模型赋值后的结果，一个模块信息元模型可以生成多个模块实例。车轮模块实例的管理界面如图 8-12 所示，基于地铁车轮元模型可以创建多个车轮模块实例，如"厦门 01-车轮""天津 05-车轮""福州 01-车轮"三个实例。"厦门 01-车轮"的实例信息如图 8-13 所示，信息化管理人员可以基于模块信息元模型快速对属性、接口、装配定位、文档以及结构等信息进行赋值，从而高效、高质量创建模块实例。

图 8-10 产品模块信息元模型管理界面（车轮）

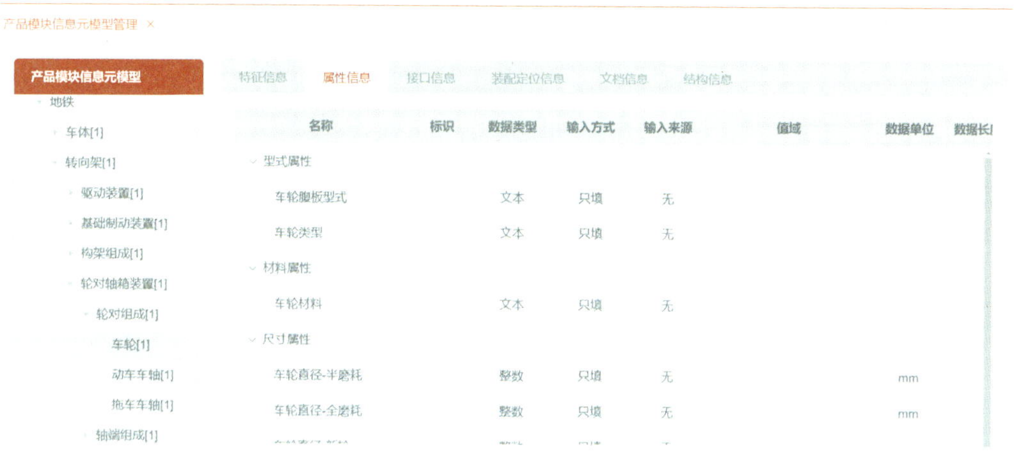

第 8 章 轨道交通车辆产品平台系统开发及应用 195

图 8-11 产品模块信息元模型定义界面（车轮）

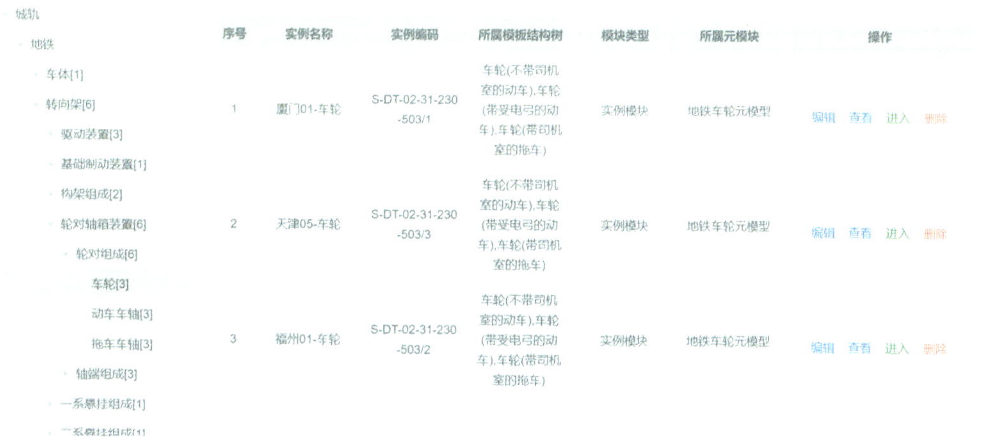

图 8-12 产品模块实例管理界面（车轮）

图 8-13 产品模块实例信息界面（车轮）

8.3.2 产品平台定位

产品平台定位是确定企业在哪些市场区间开展产品平台建设并且界定其市场范围，包括产品平台信息字典管理、产品平台信息元模型管理以及产品平台定位管理。产品平台信息字典的管理界面如图 8-14 所示。信息化管理人员可以编辑信息类别，包括基本特征信息与市场细分属性信息。每类信息下都有字典名称，用户可以执行增加、删除、编辑操作。

图 8-14　产品平台信息字典管理界面

以产品平台信息字典为基础，信息化管理人员需要构建城轨车辆的产品平台信息元模型，定义基础特征信息与市场细分属性信息的数据类型、数据单位、以及值域等，从而为产品平台定位信息创建奠定基础。其中，地铁产品平台信息元模型管理界面如图 8-15 所示。

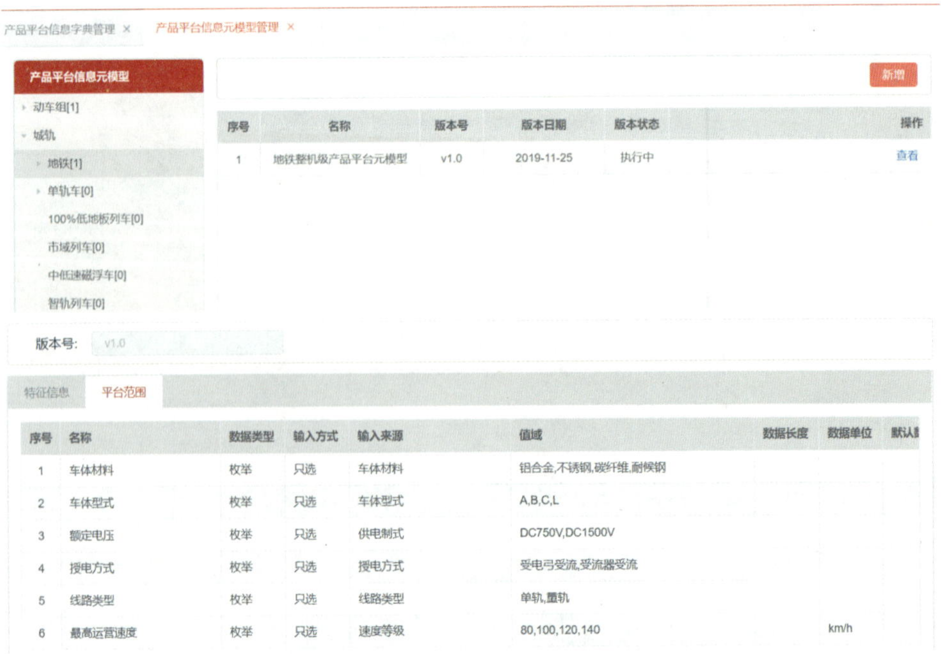

图 8-15　地铁产品平台信息元模型界面

基于产品平台信息元模型，可以快速完成产品平台定位信息的规范化管理。例如，基于地铁产品平台信息元模型将能有效帮助信息化管理人员高效、准确规划 A 型地铁产品平台的范围信息，如图 8-16 所示。其中，车体型式为"A"，最高运营速度分别为"80 km/h、100 km/h、120 km/h"，车体材料为"铝合金、不锈钢、碳纤维"等。

图 8-16　A 型产品平台定位结果界面

8.3.3　产品平台规划与构建

基于 A 型地铁产品平台定位结果，开展 A 型地铁产品平台规划，即规划产品平台的模块类型，包括公共模块、适应性模块、个性化模块，如图 8-17 所示。

图 8-17　A 型地铁产品平台规划界面

基于产品平台规划结果,开展公共模块与适应性模块构建,将模块配置实例与变型模板关联到平台模块上,如图 8-18 所示。其中,公共模块只关联一个实例,而适应性模块可以关联多个配置实例或变型模板。

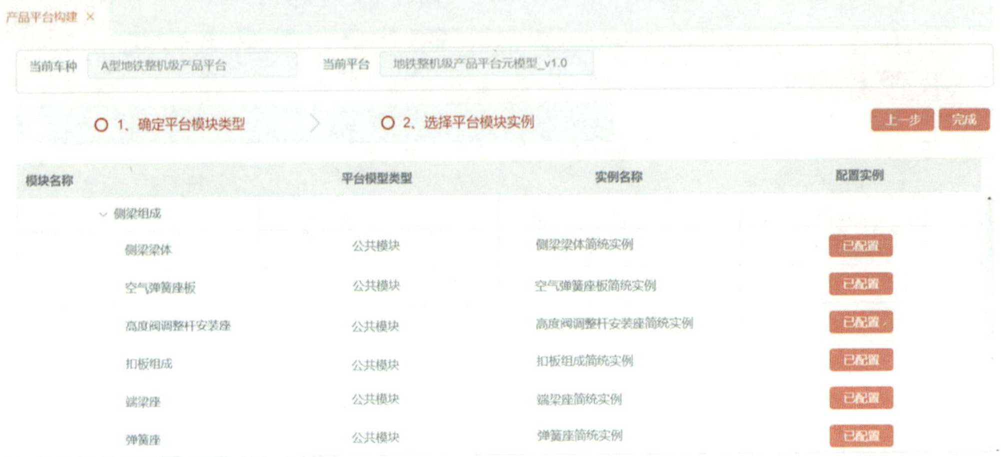

图 8-18 A 型地铁产品平台构建界面

8.3.4 产品平台应用

面向产品设计人员,基于已构建的产品平台开展模块化产品定制设计。首先,创建新的项目编号并且基于需求元模型开展需求采集,界面如图 8-19 所示。为提高需求采集的效率,在采集过程中可以参考已有需求实例。

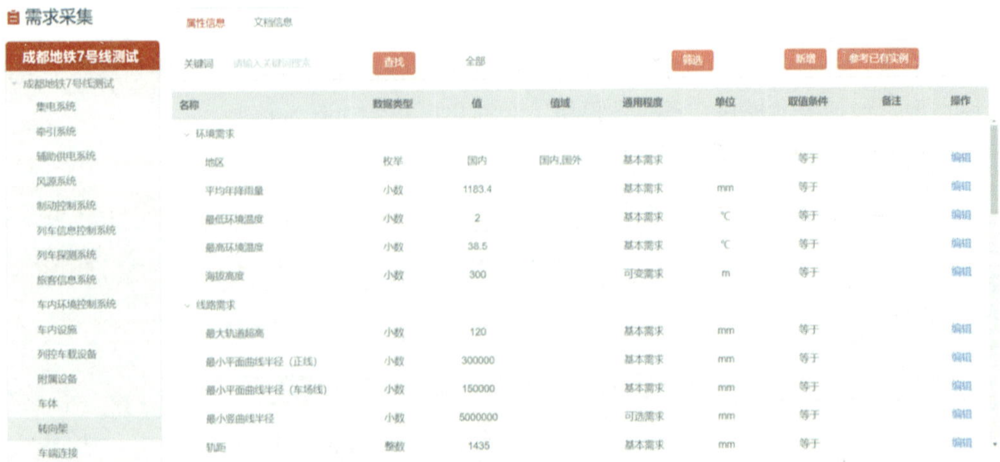

图 8-19 某项目需求采集界面

完成需求采集以后,通过定位规则识别该项目属于 A 型地铁产品平台,如图 8-20

所示。在该界面可以查看所选择的 A 型地铁产品平台的范围，从而帮助设计师了解产品平台选择成功与失败的原因。

产品平台选择

产品平台市场细分变量

序号	细分变量	取值	单位	备注
1	车体材料	铝合金		
2	车体型式	A		
3	额定电压	DC1500V	V	
4	授电方式	受电弓受流		
5	线路类型	重轨		

产品平台选择结果

所属产品族	产品族范围	所属产品平台	产品平台范围
A 型80公里地铁整机级产品族	查看	A 型地铁整机级产品平台	查看

下一步　返回

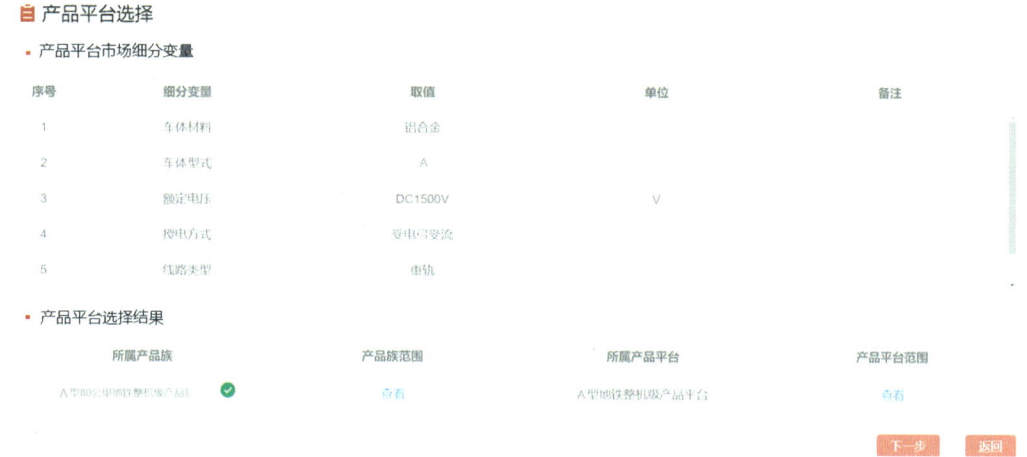

图 8-20　A 型地铁产品平台选择界面

完成产品平台选择以后，面向新项目采集的需求，基于映射规则实现整机级与模块级设计参数赋值，如图 8-21 所示。设计师可以对映射结果，即输出的设计参数进行编辑修改。

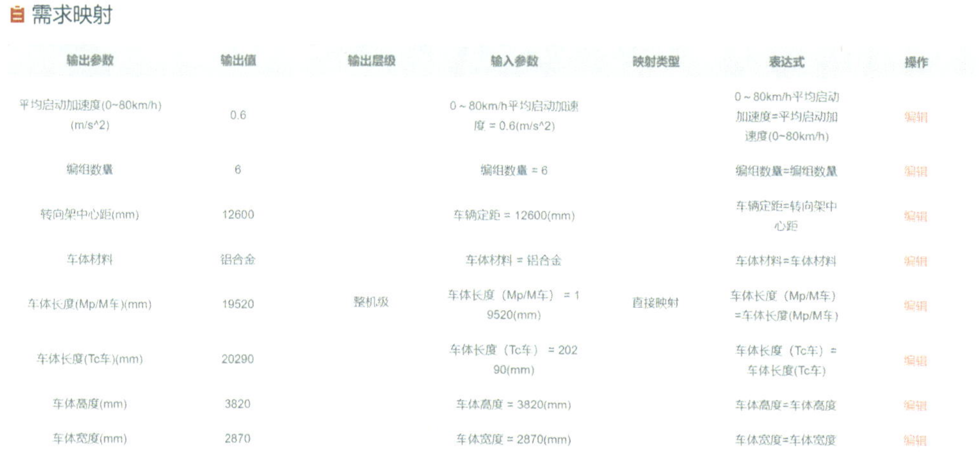
需求映射

输出参数	输出值	输出层级	输入参数	映射类型	表达式	操作
平均启动加速度(0~80km/h)(m/s^2)	0.6		0～80km/h平均启动加速度 = 0.6(m/s^2)		0～80km/h平均启动加速度=平均启动加速度(0~80km/h)	编辑
编组数量	6		编组数量 = 6		编组数量=编组数量	编辑
转向架中心距(mm)	12600		车辆定距 = 12600(mm)		车辆定距=转向架中心距	编辑
车体材料	铝合金		车体材料 = 铝合金		车体材料=车体材料	编辑
车体长度(Mp/M车)(mm)	19520	整机级	车体长度（Mp/M车） = 19520(mm)	直接映射	车体长度（Mp/M车）=车体长度(Mp/M车)	编辑
车体长度(Tc车)(mm)	20290		车体长度（Tc车） = 20290(mm)		车体长度（Tc车）=车体长度(Tc车)	编辑
车体高度(mm)	3820		车体高度 = 3820(mm)		车体高度=车体高度	编辑
车体宽度(mm)	2870		车体宽度 = 2870(mm)		车体宽度=车体宽度	编辑

图 8-21　某型产品需求映射界面

然后，以模块实例库为数据基础，采用实例推理技术开展模块配置设计，如图 8-22 所示。设计师可以查看推荐实例的相似度。针对配置不成功的适应性模块（自制件），设计师可以进一步基于变型模板开展变型设计，车轴在 CREO 平台的变型设计如图 8-23 所示。完成产品配置设计与变型设计以后，从性能、结构、尺寸、材料、接口 5 个方面开展配置设计结果校核，当校核成功以后基于骨架模型完成整机装配，某 A 型地铁转向架的装配如图 8-24 所示。

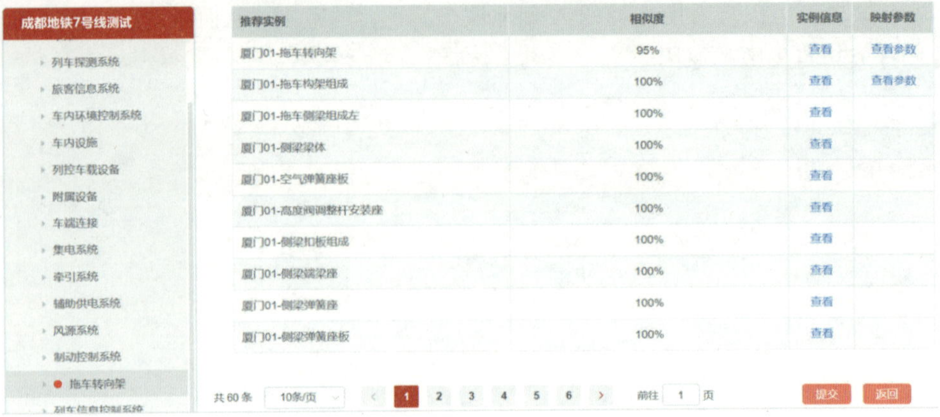

200　轨道交通车辆模块化产品平台构建及应用

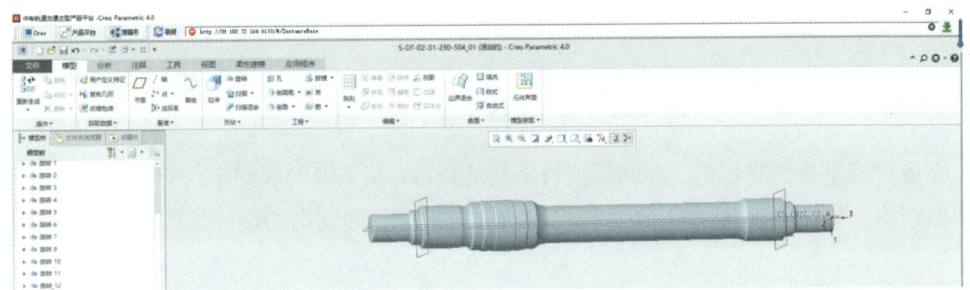

图 8-22　某型产品配置设计界面

图 8-23　某型产品车轴变型设计界面

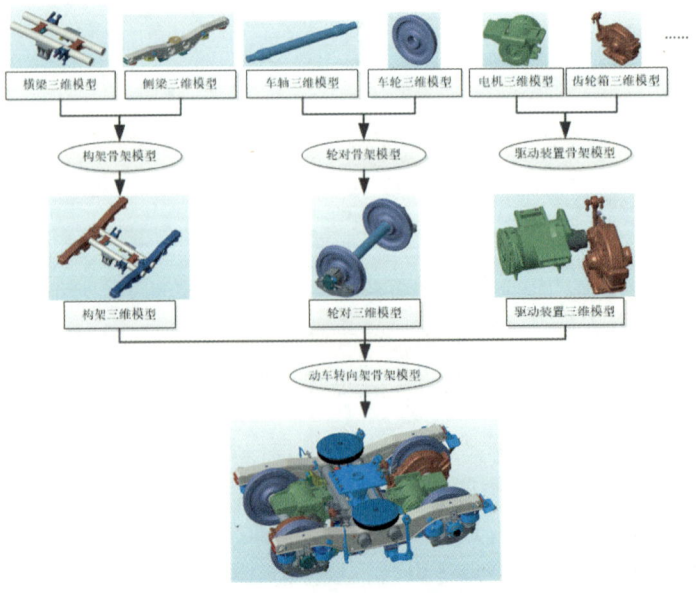

图 8-24　某 A 型地铁转向架装配界面

8.3.5 产品平台更新

产品平台更新是在恰当的时间对已构建的产品平台进行模块类型转化、模块实例变更等更新操作，从而保证产品平台的可持续盈利能力。产品平台更新管理包括三大部分：产品平台运营状态识别、产品平台更新决策项识别、产品平台更新决策。首先可以通过"产品平台运营状态识别"查看所构建的产品平台是否正常运营，如图 8-25 所示。由于所有城轨车辆产品平台才开始构建，处于兴起期，因此并不需要更新。但为了验证系统的有效性，将模拟的数据导入系统中进行验证，以 A 型地铁产品平台为例，发现在 2029 年发生异常运营，单击"查看详情"可以查询产品平台的生命周期、经济性与技术性指标，如图 8-26 所示。

序号	名称	运营状态	操作
1	A型地铁列车产品平台	✗	查看详情
2	B型地铁列车产品平台	✓	查看详情
3	C型地铁列车产品平台	✓	查看详情
4	L型地铁列车产品平台	✓	查看详情
5	单轨列车产品平台	✓	查看详情
6	APM列车产品平台	✓	查看详情
7	磁悬浮列车产品平台	✓	查看详情
8	现代有轨列车产品平台	✓	查看详情

图 8-25　产品平台运营状态识别结果界面

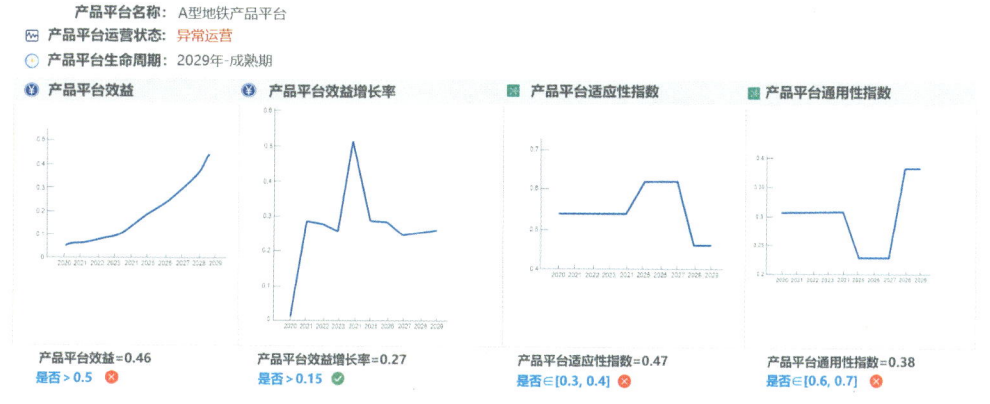

图 8-26　产品平台运营状态详情界面

进一步，针对异常运营的产品平台，可以查看待更新决策项并开展更新决策，如图 8-27 所示。以侧梁梁体为例，基于构建的模块分类器，识别出侧梁梁体的模块类型从公共模块转化为适应性模块，工程师可以基于提出的Ⅰ类更新决策模型，考虑市场与客户偏好度两个不确定因素计算模块执行更新方案的期望效益值，从而判断是否进行更新。

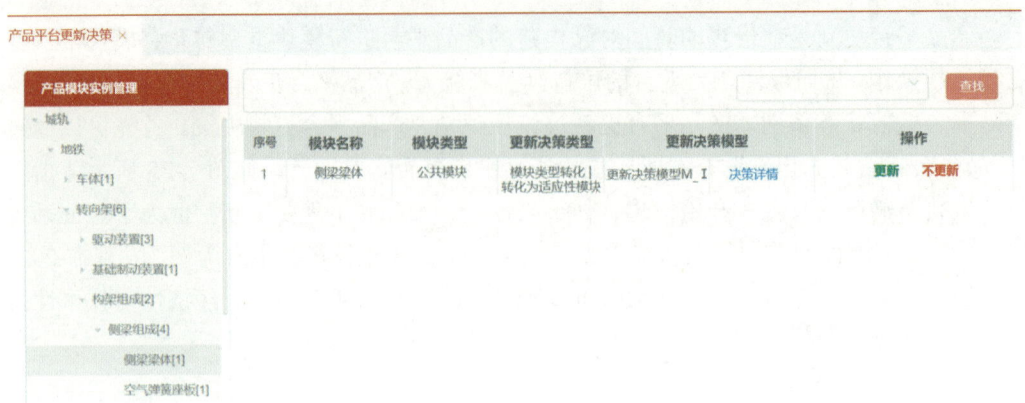

图 8-27　产品平台更新决策界面

根据系统逻辑架构和物理架构，以及数据管理子系统和订单产品定制设计子系统的功能方案设计，采用 C/B/S 架构、Java 开发语言、MySQL8.0 数据库管理软件等开发了地铁转向架的定制设计系统，并与 Creo4.0 集成于一个客户端框架中。

参考文献

[1] GONZALEZ-ZUGASTI J P, OTTO K N, BAKER J D. Assessing value in platformed product family design[J]. Research in Engineering Design, 2001, 13（1）: 30-41.

[2] SIMPSON T W, MAIER J R, MISTREE F. Product platform design: method and application[J]. Research in Engineering Design, 2001, 13（1）: 2-22.

[3] SUH E S, DE WECK O L, CHANG D. Flexible product platforms: framework and case study[J]. Research in Engineering Design, 2007, 18（2）: 67-89.

[4] SCHUH G, LENDERS M, ARNOSCHT J. Focussing product innovation and fostering economies of scale based on adaptive product platforms[J]. CIRP Annals, 2009, 58（1）: 131-134.

[5] GU P, XUE D, NEE A Y C. Adaptable design: concepts, methods, and applications[J]. Proceedings of the Institution of Mechanical Engineers, Part B: Journal of Engineering Manufacture, 2009, 223（11）: 1367-1387.

[6] KUMAR D, CHEN W, SIMPSON T W. A market-driven approach to product family design[J]. International Journal of Production Research, 2009, 47（1）: 71-104.

[7] KIM S, MOON S K. Sustainable platform identification for product family design[J]. Journal of Cleaner Production, 2017, 143: 567-581.

[8] KIM S, MOON S K. Sustainable product family configuration based on a platform strategy[J]. Journal of Engineering Design, 2017, 28（10-12）: 731-764.

[9] SIMPSON T W. Product platform design and customization: Status and promise[J]. Ai Edam, 2004, 18（1）: 3-20.

[10] LIU Z, WONG Y S, LEE K S. Modularity analysis and commonality design: a framework for the top-down platform and product family design[J]. International Journal of Production Research, 2010, 48（12）: 3657-3680.

[11] STONE R B, WOOD K L, CRAWFORD R H. A heuristic method for identifying modules for product architectures[J]. Design Studies, 2000, 21（1）: 5-31.

[12] DAHMUS J B, GONZALEZ-ZUGASTI J P, Otto K N. Modular product architecture[J]. Design Studies, 2001, 22（5）: 409-424.

[13] 何宝文. 汽车营销学[M]. 北京: 机械工业出版社, 2010.

[14] MEYER M H. Revitalize your product lines through continuous platform renewal[J]. Research-Technology Management,1997,40(2):17-28.

[15] ZHANG Y,JIAO J,MA Y. Market segmentation for product family positioning based on fuzzy clustering[J]. Journal of Engineering Design,2007,18(3):227-241.

[16] 刘兴中,韩鑫,黎荣,等. 基于数据挖掘的产品族规划方法[J]. 机械设计与研究,2018,034(005):7-11.

[17] THEVENOT H J,STEVA E D,OKUDAN G E,et al. A multiattribute utility theory-based method for product line selection[J]. Journal of Mechanical Design,2007,129(11):1179-1184.

[18] GONZALEZ-ZUGASTI,J P,OTTO K N,WHITCOMB C A. Options-based multi-objective evaluation of product platforms[J]. Naval Engineers Journal,2007,119(3):89-106.

[19] JIN M,TIAN X. The research for flexible product family manufacturing based on real options[J]. Journal of Industrial Engineering and Management(JIEM),2015,8(1):72-84.

[20] LI Z,CHENG Z,FENG Y,et al. An integrated method for flexible platform modular architecture design[J]. Journal of Engineering Design,2013,24(1):25-44.

[21] MARTIN M V,ISHII K. Design for variety:developing standardized and modularized product platform architectures[J]. Research in Engineering Design,2002,13(4):213-235.

[22] HOU W,SHAN C,YU Y,et al. Modular platform optimization in conceptual vehicle body design via modified graph-based decomposition algorithm and cost-based priority method[J]. Structural and Multidisciplinary Optimization,2017,55(6):2087-2097.

[23] LIU Z,WONG Y S,LEE K S. Integrated approach to modularize the conceptual product family architecture[J]. The International Journal of Advanced Manufacturing Technology,2008,36(1-2):83-96.

[24] MOON S K,SIMPSON T W,KUMARA S R T. A methodology for knowledge discovery to support product family design[J]. Annals of Operations Research,2010,174(1):201-218.

[25] JUNG S,SIMPSON T W. An integrated approach to product family redesign using commonality and variety metrics[J]. Research in Engineering Design,2016,27(4):391-412.

[26] HU J,CARDIN M A. Generating flexibility in the design of engineering systems to enable better sustainability and lifecycle performance[J]. Research in Engineering Design,2015,26(2):121-143.

[27] PERLMAN Y. The effect of risk aversion on product family design under uncertain consumer segments[J]. International Journal of Production Research, 2013, 51(2): 504-514.

[28] SIMPSON T W, BOBUK A, SLINGERLAND L A, et al. From user requirements to commonality specifications: an integrated approach to product family design[J]. Research in Engineering Design, 2012, 23(2): 141-153.

[29] ULRICH K. The role of product architecture in the manufacturing firm[J]. Research Policy, 1995, 24(3): 419-440.

[30] 任坤华, 韩鑫, 张海柱, 王晨曦. 地铁转向架柔性产品平台设计方法研究[J]. 城市轨道交通研究, 2020.

[31] 李易峰. 转向架模块化产品平台构建与应用研究[D]. 成都：西南交通大学, 2017.

[32] 陈刚桦. 地铁转向架产品平台设计[D]. 成都：西南交通大学, 2018.

[33] 钟元木, 黎伟洋, 韩鑫. 地铁车辆车体快速设计方法[J]. 城市轨道交通研究, 2019, 22(03): 107-111.

[34] JIAO J, ZHANG L, ZHANG Y, et al. Association rule mining for product and process variety mapping[J]. International Journal of Computer Integrated Manufacturing, 2008, 21(1): 111-124.

[35] 刘小鹏, 吴俊军, 周济. 机床模块接口的系列化及其应用[J]. 机械与电子, 2000(4): 6-9.

[36] 蔡远文, 解维奇, 郭会, 等. 面向在轨服务航天器模块接口标准化设计[J]. 兵工自动化, 2009, 28(12): 22-24.

[37] HU C, PENG Q, GU P. Adaptable interface design for open-architecture products[J]. Computer-Aided Design and Applications, 2015, 12(2): 156-165.

[38] ZHANG J, XUE G, DU H L, et al. Enhancing interface adaptability of open architecture products[J]. Research in Engineering Design, 2017, 28(4): 545-560.

[39] JIAO J R, SIMPSON T W, SIDDIQUE Z. Product family design and platform-based product development: a state-of-the-art review[J]. Journal of Intelligent Manufacturing, 2007, 18(1): 5-29.

[40] 张换高, 王炎, 刘力萌, 等. 基于 TRIZ 理论的产品平台进化研究[J]. 机械设计与研究, 2017(04): 9-13.

[41] 王浩伦, 侯亮, 邹毅. 产品平台演进模式及动力机制研究[J]. 科研管理, 2011(09): 119-126.

[42] 王生辉, 张京红. 基于核心技术的产品平台创新战略[J]. 科学学与科学技术管理, 2004(2): 87-90.

[43] 安玉伟. 大规模定制产品平台更新熵权——模糊物元决策[J]. 计算机工程与应

用，2009，45（10）：16-19.

[44] 王浩伦，甘卫华. 产品族创新策略选择的多属性决策方法[J]. 计算机工程与应用，2015（07）：28-33.

[45] 王浩伦，侯亮，程贤福，等. 基于模糊软集和证据理论的产品族状态评价[J]. 计算机集成制造系统，2015，21（10）：2577-2586.

[46] SILVEIRA G D, BORENSTEIN D, FOGLIATTO F S. Mass Customization: Literature Review and Research Directions[J]. International Journal of Production Economics，2001，72（1）：1-13.

[47] HONG G, XUE D, TU Y. Rapid identification of the optimal product configuration and its parameters based on customer-centric product modeling for one-of-a-kind production[J]. Computers in Industry，2010，61（3）：270-279.

[48] 赵韩，刘生强. 基于多维关联规则驱动的新产品配置研究[J]. 合肥工业大学学报：自然科学版，2016，39（12）：1585-1591.

[49] 耿秀丽，张在房，褚学宁. 基于变精度粗糙集的产品配置规则提取及增量式更新[J]. 上海交通大学学报，2010，44（7）：878-882.

[50] KUSIAK A. Optimising product configurations with a data-mining approach[J]. International Journal of Production Research，2009，47（7）：1733-1751.

[51] CHEN Z, WANG L. Adaptable product configuration system based on neural network[J]. International Journal of Production Research，2009，47（18）：5037-5066.

[52] 王世伟，谭建荣，张树有，等. 基于GBOM的产品配置研究[J]. 计算机辅助设计与图形学学报，2004（05）：655-659.

[53] 但斌，冯韬. 基于GBOM的产品族结构模型和配置方法[J]. 管理学报，2005，2（4）：422-425.

[54] 刘裕，麦家健，李磊. 基于与或树的柔性BOM结构及其产品配置算法[J]. 计算机工程，2005，31（21）：189-191.

[55] 刘晓冰，袁长峰，邢英杰，等. 基于类和特征的产品配置建模[J]. 计算机集成制造系统，2005，11（8）：1057-1063.

[56] ZHANG J S, WANG Q F, WAN L, et al. Configuration-oriented product modelling and knowledge management for made-to-order manufacturing enterprises[J]. International Journal of Advanced Manufacturing Technology，2005，25（1）：41-52.

[57] 鲁玉军. 面向大批量定制的ETO产品配置设计方法研究[D]. 杭州：浙江大学，2007.

[58] CRAENEN B G W, EIBEN A E, VAN HEMERT J I. Comparing evolutionary algorithms on binary constraint satisfaction problems[J]. IEEE Transactions on Evolutionary Computation，2003，7（5）：424-444.

[59] JANNACH D, ZANKER M. Modeling and solving distributed configuration problems: A CSP-based approach[J]. IEEE Transactions on Knowledge & Data Engineering, 2013, 25（3）: 603-618.

[60] XIE H, HENDERSON P, KERNAHAN M. Modelling and solving engineering product configuration problems by constraint satisfaction[J]. International Journal of Production Research, 2005, 43（20）: 4455-4469.

[61] YANG D, DONG M. Applying constraint satisfaction approach to solve product configuration problems with cardinality-based configuration rules[J]. Journal of Intelligent Manufacturing, 2013, 24（1）: 99-111.

[62] YANG D, DONG M, CHANG X K. A dynamic constraint satisfaction approach for configuring structural products under mass customization[J]. Engineering Applications of Artificial Intelligence, 2012, 25（8）: 1723-1737.

[63] CHANDRASEKARAN B, JOSEPHSON J R, BENJAMINS V R. What are ontologies, and why do we need them?[J]. IEEE Intelligent Systems and Their Applications, 1999, 14（1）: 20-26.

[64] 张劲松, 王启富, 万立, 等. 基于本体的产品配置建模研究[J]. 计算机集成制造系统, 2003, 9（5）: 344-350.

[65] FELFERNIG A, FRIEDRICH G, JANNACH D. Conceptual modeling for configuration of mass-customizable products[J]. Advanced Engineering Informatics, 2001, 15（2）: 165-176.

[66] YANG D, MIAO R, WU H, et al. Product configuration knowledge modeling using ontology web language[J]. Expert Systems with Applications, 2009, 36（3）: 4399-4411.

[67] 但斌, 姚玲, 经有国, 等. 基于产品族实例本体模型的产品配置方法研究[J]. 计算机集成制造系统, 2009, 15（4）: 645-651.

[68] JIAO J, TSENG M M. A methodology of developing product family architecture for mass customization[J]. Journal of Intelligent Manufacturing, 1999, 10（1）: 3-20.

[69] QUÉVA M, MÄNNISTÖ T, RICCI L, et al. Modelling configuration knowledge in heterogeneous product families[C]//Configuration Workshop. 2011.

[70] FANG J, WEI X. A knowledge support approach for the preliminary design of platform-based products in Engineering-To-Order manufacturing[J]. Advanced Engineering Informatics, 2020, 46: 101196.

[71] ZHANG L L. Product configuration: A review of the state-of-the-art and future research[J]. International Journal of Production Research, 2014, 52（21）: 6381-6398.

[72] 顾巧祥,纪杨建,祁国宁,等. 基于ECA规则和事物特性表的产品配置模型[J]. 浙江大学学报(工学版), 2006, 40(5): 753-758.

[73] 黄长林,谭建荣,张树有,等. 按单设计型复杂产品多层次配置设计方法研究[J]. 计算机集成制造系统, 2007, 13(7): 1261-1267.

[74] BACCHUS F, CHEN X, VAN BEEK P. Binary vs. non-binary constraints[J]. Artificial Intelligence, 2002, 140(1-2): 1-37.

[75] TERRIOUX C, JEGOU P. Bounded backtracking for the valued constraint satisfaction problems[J]. LNCS 2833: Proceedings of the 9th International Conference on Principles and Practice of Constraint Programming, Kinsale, Sep 29-Oct 3, 2003. Berlin, Heidelberg: Springer, 2003: 709-723.

[76] BACCHUS F, VAN BEEK P. On the conversion between non-binary and binary constraint satisfaction problems[C]// Proceedings of the 15 th National Conference on Artificial Intelligence. Reston, Va., USA: AAAI, 1998: 311-318.

[77] 单汨源,袁际军. 基于非二元约束满足的配置问题求解方法[J]. 计算机工程, 2008, 34(7): 205-208.

[78] 袁际军,单汨源,王克喜. 基于关联约束非二元弧一致性的约束满足问题求解[J]. 计算机科学, 2008, 35(5): 158-162.

[79] WANG S W, TAN J R, ZHANG S Y, et al. Case-based product configuration and reuse in mass customization[J]. Chinese Journal of Mechanical Engineering, 2004, 17(2): 233-236.

[80] ZHU G N, HU J, QI J, et al. An integrated feature selection and cluster analysis techniques for case-based reasoning[J]. Engineering Applications of Artificial Intelligence, 2015, 39: 14–22.

[81] 赵燕伟,苏楠,张峰,等. 基于可拓实例推理的产品族配置设计方法[J]. 机械工程学报, 2010, 46(15): 146-154.

[82] WANG P, GONG Y, XIE H, et al. Applying CBR to machine tool product configuration design oriented to customer requirements[J]. Chinese Journal of Mechanical Engineering, 2017(1): 60-76.

[83] 孙毅,单继宏,孙中炜,等. 基于实例与规则集成的模架配置方法[J]. 中国机械工程, 2009, 20(4): 428-432.

[84] 肖刚,包志炎,高飞,等. 基于相似实例的板构件产品配置方法[J]. 计算机集成制造系统, 2010, 16(2): 233-238.

[85] LEE H J, LEE J K. An effective customization procedure with configurable standard models[J]. Decision Support Systems, 2005, 41(1): 262-278.

[86] 但斌,覃燕红,王江平. 基于实例和CSP的产品配置方法[J]. 重庆大学学报, 2008(05): 511-514+519.

[87] ZHOU C, LIN Z, LIU C. Customer-driven product configuration optimization for assemble-to-order manufacturing enterprises[J]. The International Journal of Advanced Manufacturing Technology, 2008, 38 (1): 185-194.

[88] WEI W, FAN W, LI Z. Multi-objective optimization and evaluation method of modular product configuration design scheme[J]. The International Journal of Advanced Manufacturing Technology, 2014, 75 (9): 1527-1536.

[89] TANG D B, WANG Q, ULLAH I. Optimisation of product configuration in consideration of customer satisfaction and low carbon[J]. International Journal of Production Research, 2016, 55 (12): 3349-3373.

[90] ZHENG H, YANG S, LOU S, et al. Knowledge-based integrated product design framework towards sustainable low-carbon manufacturing[J]. Advanced Engineering Informatics, 2021, 48 (10–12): 101258.

[91] LEVANDOWSKI C E, JIAO J R, JOHANNESSON H. A two-stage model of adaptable product platform for engineering-to-order configuration design[J]. Journal of Engineering Design, 2015, 26 (7-9): 220-235.

[92] ZHENG P, XU X, YU S, et al. Personalized product configuration framework in an adaptable open architecture product platform[J]. Journal of Manufacturing Systems, 2017, 43: 422-435.

[93] KRISTIANTO Y, HELO P, JIAO R J. Mass customization design of engineer-to-order products using Benders' decomposition and bi-level stochastic programming[J]. Journal of Intelligent Manufacturing, 2013, 24 (5): 961-975.

[94] DU G, JIAO R J, CHEN M. Joint optimization of product family configuration and scaling design by Stackelberg game[J]. European Journal of Operational Research, 2014, 232 (2): 330-341.

[95] 武浩远, 黎荣, 王建, 钱一山. 客户需求驱动的两阶段配置设计[J]. 机械设计与制造, 2020 (12): 216-220.

[96] 王元珠, 韩才元. 国外机车车辆产品技术平台的发展[J]. 铁道机车与动车, 2007 (2): 1-7.

[97] 李易峰. 转向架模块化产品平台构建与应用研究[D]. 成都: 西南交通大学, 2017.

[98] 林承九. 转向架典型部件参数化产品平台构建与应用研究[D]. 成都: 西南交通大学, 2017.

[99] 陈刚桦. 地铁转向架模块化产品平台技术研究[D]. 成都: 西南交通大学, 2018.

[100] 韩鑫. 城市轨道交通车辆可持续产品平台设计方法研究[D]. 成都: 西南交通大学, 2020.

[101] 张海柱. 面向产品谱系的高速列车转向架定制设计方法研究[D]. 成都: 西南交通大学, 2017.

[102] 曾庆臻. 地铁转向架配置模型构建及求解[D]. 成都：西南交通大学，2018.
[103] 刘兴中. 地铁转向架产品族设计方法研究[D]. 成都：西南交通大学，2018.
[104] 武浩远. 集成供应商选择的地铁转向架配置设计研究[D]. 成都：西南交通大学，2019.
[105] 郑宇飞. 基于BOM的地铁转向架配置设计方法研究[D]. 成都：西南交通大学，2020.
[106] 黄杨成. 基于产品平台的动车组设计方法研究[D]. 天津：天津大学，2008.
[107] 于春广，王晓明. 北京地铁14号线SDA-80型转向架的研制[J]. 机车车辆工艺，2015（1）：15-17.
[108] 陈喜红，王生华，陶功安，等. 地铁A型车辆ZMA080型转向架的技术特征[J]. 城市轨道交通研究，2009，12（11）：8-12.
[109] 罗华军，陶功安，曾艳梅. 地铁A型车辆ZMA100型转向架的技术特征[J]. 电力机车与城轨车辆，2009，32（6）：8-12.
[110] 贺世忠，李涛，汪林峰. 新型高模块化A型地铁转向架设计[J]. 电力机车与城轨车辆，2019，42（3）：35-38.
[111] 江太宏，朱延东，谢青. 内燃机车产品简统化设计的研究[J]. 铁道机车与动车，2009（3）：1-6.
[112] 李曼，潘川红. 市场细分理论与商业银行经营[J]. 社会科学论坛，2001（7）：78-79.
[113] 周从军. 市场理论与图书馆管理——市场细分和目标市场[J]. 图书情报工作，1993，37（5）：6-10.
[114] 范国兵. 一种估计Logistic模型参数的方法及应用实例[J]. 经济数学，2010，27（1）：105-110.
[115] 赵红，王增辉. 一种Logistic模型参数估计的新方法及应用[J]. 经济数学，2014，31（3）：103-105.
[116] 陆雄文. 管理学大辞典[M]. 上海：上海辞书出版社，2013.
[117] JIAO J. Product platform flexibility planning by hybrid real options analysis[J]. IIE Transactions, 2012, 44 (6): 431-445.
[118] 张明明. 基于实物期权的新能源发电项目投资评价研究[D]. 南京：南京航空航天大学，2016.
[119] FLETEN S E, MARIBU K M, WANGENSTEEN I. Optimal investment strategies in decentralized renewable power generation under uncertainty[J]. Energy, 2007, 32 (5): 803-815.
[120] ZHANG M M, ZHOU P, ZHOU D Q. A real options model for renewable energy investment with application to solar photovoltaic power generation in China[J]. Energy Economics, 2016, 59: 213-226.

[121] ZHANG M, ZHOU D, ZHOU P. A real option model for renewable energy policy evaluation with application to solar PV power generation in China[J]. Renewable and Sustainable Energy Reviews, 2014, 40: 944-955.

[122] 刘小阳. 基于复合实物期权的光伏电站投资决策研究[D]. 西安: 西安理工大学, 2019.

[123] ŽIŽLAVSKÝ O. Net present value approach: method for economic assessment of innovation projects[J]. Procedia-Social and Behavioral Sciences, 2014, 156(26): 506-512.

[124] SHAFFIE S S, JAAMAN S H. Monte Carlo on net present value for capital investment in Malaysia[J]. Procedia-Social and Behavioral Sciences, 2016, 219: 688-693.

[125] 樊霞, 刘西林. 实物期权的项目投资组合决策优化研究[J]. 北京: 工业工程与管理, 2006(01): 86-89.

[126] 李崇烨. 基于实物期权的风电项目投资决策研究[D]. 北京: 华北电力大学, 2019.

[127] 张海柱, 韩鑫, 王建, 等. 轨道交通车辆产品平台定义及规划报告[R]. 成都: 西南交通大学, 2019.

[128] CHA S H. Comprehensive Survey on Distance/Similarity Measures between Probability Density Functions[J]. International Journal of Mathematical Models & Methods in Applied ences, 2007, 1(4): 300-307.

[129] WITHANAGE C, PARK T, CHOI H J, et al. Dynamic partial least square path modeling for the front-end product design and development[J]. Journal of Mechanical Design, 2012, 134(10): 100907.

[130] 邹乐强. 最小二乘法原理及其简单应用[J]. 科技信息, 2010, 23: 282-283.

[131] 周志华. 机器学习[M]. 北京: 清华大学出版社, 2016.

[132] 朱元勋. 应用于轮式装载机模块化设计的接口技术研究[D]. 柳州: 广西工学院, 2012.

[133] 肖超, 周玉林, 盛海泳, 等. 工业机器人机械本体模块化设计[J]. 中国机械工程, 2016, 27(08): 1018-1025.

[134] LIOU J J H, CHUANG Y C, ZAVADSKAS E K, et al. Data-driven hybrid multiple attribute decision-making model for green supplier evaluation and performance improvement[J]. Journal of Cleaner Production, 2019, 241: 118-121.

[135] ESCOLAR S, VILLANUEVA F J, SANTOFIMIA M J, et al. A Multiple-Attribute Decision Making-based approach for smart city rankings design[J]. Technological Forecasting and Social Change, 2019, 142: 42-55.

[136] ZENG S, XIAO Y. A method based on TOPSIS and distance measures for hesitant fuzzy multiple attribute decision making[J]. Technological and Economic

Development of Economy, 2018, 24 (3): 969-983.

[137] 赵涛, 林青. 可靠性工程基础[M]. 天津: 天津大学出版社, 1999.

[138] 崔宁博, 张振平, 楼豫红, 等. 基于TOPSIS的区域农业节水发展水平综合评价模型[J]. 应用基础与工程科学学报, 2016, 24 (05): 978-994.

[139] 张孝远, 周建中, 曹广晶, 等. 基于模糊多属性决策的高混凝土坝浇筑方案优选[J]. 四川大学学报(工程科学版), 2011, 43 (04): 32-38.

[140] LEI N, MOON S K. A decision support system for market-driven product positioning and design[J]. Decision Support Systems, 2015, 69: 82-91.

[141] ROUSSEEUW P. Silhouettes: A graphical aid to the interpretation and validation of cluster analysis[J]. Journal of Computational & Applied Mathematics, 1987, 20 (20): 53-65.

[142] HAN X, LI R, WANG J, et al. Identification of key design characteristics for complex product adaptive design[J]. The International Journal of Advanced Manufacturing Technology, 2018, 95 (1): 1215-1231.

[143] MEYER M H, UTTERBACK T J M. Metrics for managing research and development in the context of the product family[J]. Management Science, 1997, 43 (1): 88-111.

[144] 祁之强. 智能电网环境下配电网规划与运营风险型决策模型研究[D]. 北京: 华北电力大学, 2015.

[145] 许浪. 多阶段项目投资组合的风险决策模型[D]. 贵阳: 贵州大学, 2016.

[146] 宁正元, 王李进. 统计与决策常用算法及其实现[M]. 北京: 清华大学出版社, 2009.

[147] XIA Y, XIONG Z, DONG X, et al. Risk assessment and decision-making under uncertainty in tunnel and underground engineering[J]. Entropy, 2017, 19 (10): 1-16.

[148] 辛志杰, 张大卫, 陈永亮, 等. 数控弧齿铣齿机产品族设计建模方法与技术[J]. 中国机械工程, 2008 (14): 1642-1644+1648.

[149] SUH N P. Axiomatic design: advances and applications[M]. New York: Oxford University Press, 2001.

[150] 支华炜, 杜纲. 产品族架构研究综述[J]. 计算机集成制造系统, 2014, 20 (02): 225-241.

[151] JUNG S, SIMPSON T W. An integrated approach to product family redesign using commonality and variety metrics[J]. Research in Engineering Design, 2016, 27 (4): 391-412.

[152] 中国标准化研究院. 机械产品模块化设计规范: GB/T 31982—2015[S]. 北京: 中国标准出版社, 2015.

[153] 毛媛，刘杰，李伯虎. 基于元模型的复杂系统建模方法研究[J]. 系统仿真学报，2002（04）：411-414+454.

[154] 闫雪锋，段国林，姚涛，等. 复杂产品虚拟样机元建模[J]. 计算机集成制造系统，2015，21（04）：934-940.

[155] 冯毅雄，高一聪，鞠永兵，等. 基于混合移植的复杂产品多尺度设计求解[J]. 计算机辅助设计与图形学学报，2012，24（10）：1346-1355.

[156] SONG Q，NI Y，RALESCU D A. The impact of lead-time uncertainty in product configuration[J]. International Journal of Production Research，2021，59（3）：959-981.

[157] 李嘉，杨东. 云制造环境下考虑不确定性的产品配置优化[J]. 系统管理学报，2022，31（02）：384-395.